收益管理

李程 编著

扫码申请更多资源

南京大学出版社

内容简介

收益管理(Revenue Management)技术,已经成为现代管理科学与运筹学的一个重要分支,是公司应对市场挑战,提升市场核心竞争力,争夺、巩固市场,保障快速、平稳发展的必要技术手段和技术支撑。本书并不强调公式与理论的推导,而是注重方法的理解以及结合 Excel 实现并解决问题,注意叙述的通俗化,以案例引出,模型用 Excel 实现。本书主要内容包括:别定价与动态定价、收益管理中的预测方法、超售管理、舱位控制、团体旅客管理、货运收益管理。

本书内容充实,并具有很强的实效性,力求理论联系实际,充分结合收益管理在实际工作中的特定要求,在一些章节后面附有习题,是高等院校旅游管理、工商管理、物流管理等相关专业师生及航空公司管理人员在学习、教学、参考、阅读时的必备材料,也可以作为民航企业、酒店业、物流企业培训参考资料之用。

图书在版编目(CIP)数据

收益管理 / 李程编著. —— 南京:南京大学出版社,2021.1
ISBN 978-7-305-23252-7

Ⅰ. ①收… Ⅱ. ①李… Ⅲ. ①定价 Ⅳ. ①F714.1

中国版本图书馆 CIP 数据核字(2020)第 079823 号

出版发行　南京大学出版社
社　　址　南京市汉口路 22 号　　　邮　编　210093
出版人　金鑫荣

书　　名　收益管理
编　　著　李　程
责任编辑　武　坦　　　　　编辑热线　025-83592315
照　　排　南京南琳图文制作有限公司
印　　刷　常州市武进第三印刷有限公司
开　　本　787×1092　1/16　印张 13　字数 333 千
版　　次　2021 年 1 月第 1 版　2021 年 1 月第 1 次印刷
ISBN 978-7-305-23252-7
定　　价　39.00 元

网址:http://www.njupco.com
官方微博:http://weibo.com/njupco
官方微信号:njuyuexue
销售咨询热线:(025) 83594756

* 版权所有,侵权必究
* 凡购买南大版图书,如有印装质量问题,请与所购图书销售部门联系调换

前　言

收益管理(Revenue Management)技术，已经成为现代管理科学与运筹学的一个重要分支，是公司应对市场挑战，提升市场核心竞争力，争夺、巩固市场，保障快速、平稳发展的必要技术手段和技术支撑，对于提高企业的运营效益、改善对旅客的服务质量等方面具有重要意义。收益管理的基础是预测，手段是超售和存量控制，关键是定价。本书重点围绕预测、超售、舱位控制和定价展开论述，拓展了舱位柔性控制手段和货运收益管理理论。

本书内容充实，并具有很强的实效性，力求理论联系实际，充分结合收益管理在实际工作中的特定要求，在一些章节后面附有习题，是高等院校旅游管理、工商管理、物流管理等相关专业师生及航空公司管理人员在学习、教学、参考、阅读时的必备材料，也可以作为民航企业、酒店业、物流企业培训参考资料之用。本书的主要特色如下：

(1) 内容全。本书在编写过程中分析了目前关于收益管理研究现状，参考了航空公司相关内部材料，吸收了当前相关书籍的优点，做到了内容全、内容新，能满足教学和实际工作的需要。

(2) 结构新。目前，国内有关收益管理的书籍相对匮乏，且知识点相对零散。本书在编写过程中结合学院多年的办学经验和与上航等航空公司的合作经验，从基础理论、算法与模型、管理对策等三方面进行了系统的研究和阐述。

(3) 通俗易懂。本书在编写过程中，编者充分考虑了初学者的需要，对一些相关的基本知识和基本概念都做了详细的介绍。

本书在编写过程中，编者参考了很多业内外人士的观点、书籍和文章，得到了上海工程技术大学有关领导的大力支持,在此谨向他们表示真诚的感谢。同时也非常感谢研究生刘聪灵、邢健、殷芳义提供了很多文献材料,编辑了众多公式。

由于编者水平有限,书中难免存在错误和不妥之处,恳请读者和专家批评指正。

编　者

2020 年 7 月

于上海工程技术大学

目 录

第1章 背景与导言	1
1.1 历史背景	1
1.2 基本概念及理念创新	7
1.3 收益管理的基本方法	16
1.4 航空公司供需匹配业务分析	19
第2章 定价的基本介绍	21
2.1 定价的基本原理	21
2.2 常用定价方法	22
2.3 定价的成本因素	24
2.4 定价的基本流程	26
2.5 航空公司定价发展历程	29
第3章 差别定价与动态定价	32
3.1 差别定价的基础——市场细分	33
3.2 差别定价的定价策略	36
3.3 航空公司多等级票价的制定	38
3.4 动态定价的定价策略	44
3.5 动态定价案例	51
第4章 收益管理中的预测方法	56
4.1 预测方法分类	57
4.2 航班基础数据和特性	67
4.3 航空公司客运量预测	69
4.4 旅客溢出量及潜在旅客需求估计	78
4.5 预测重要性及准确性度量	84
4.6 衡量预测误差的方法	85
第5章 超售管理	86
5.1 超售的基本原理	86
5.2 超售模型	90

5.3 No-show 率预测 ·· 96
5.4 超售策略改进 ·· 104

第6章 舱位控制 ·· 109
6.1 客运舱位结构及其价格歧视原理 ································ 110
6.2 舱位优化控制基础 ·· 113
6.3 经典舱位控制方法 ·· 116
6.4 可召回机制模型 ·· 129
6.5 多航段舱位控制模型 ·· 134
6.6 舱位控制机制柔性前沿 ·· 142

第7章 团体旅客的收益管理 ······································ 145
7.1 团体旅客 ·· 145
7.2 基于团体旅客的超售决策 ······································ 149
7.3 团体定价 ·· 150
7.4 团体旅客的接收策略分析 ······································ 152
7.5 团队旅客收益管理优化 ·· 155

第8章 收益管理挑战与趋势 ······································ 159
8.1 收益管理实施要素 ·· 159
8.2 低成本航空公司的定价策略 ···································· 167
8.3 收益管理的挑战与趋势 ·· 172

第9章 航空公司货运收益管理 ···································· 177
9.1 航空公司货运收益管理研究综述 ································ 177
9.2 航空货运收益管理的实施 ······································ 182
9.3 航空货运产品的优化设计 ······································ 188
9.4 航空货运舱位控制 ·· 191

参考文献 ·· 200

第1章 背景与导言

本章关键字

收益管理(Revenue Management)　　　　　　航空客运业(Airlines)
营销管理(Marketing Management)　　　　　拒绝旅客登机(Denied-boarding)

教学重点

1. 收益管理产生历史背景。
2. 收益管理的核心理念。
3. 民航客运实施收益管理的理论依据。
4. 航空销售中的两大主要问题。
5. 收益管理的主要内容。

> 收益管理是在需求预测的基础上,根据市场的需求情况进行最优化资源配置(包括产品的价格和存量以及超售的比例)以达到最大化收益的目的。即收益管理的基础是预测,手段是超售和存量控制,关键是定价。

1.1 历史背景

20世纪50年代,有专家提出在航空公司引入收益管理的思想。60年代,在全程统一运价的包机运输领域,英美等民用航空发达的国家率先推出折扣机票,这一类型机票是通过定价获取最大顾客剩余价值的原型。60年代末期,这些国家的大多数航空公司已经开始依据周需求的日变化设定平日价与周末价,以调节顾客需求,改善需求低落期的航班运载率。

进入20世纪70年代,社会对折扣运价的需求大幅度增加。为此,美国政府采取了鼓励包机航空公司发展的政策。包机航空公司的运营成本远远低于正班航空公司,其运价非常具有竞争力,因而赢得了很大的市场份额。为了与这些公司抗衡,夺回失去的市场,美利坚航空公司(AA)开始利用其航班上的空余座位向旅客提供同样低的运价。然而,如何避免那些愿意出高价的旅客向这些低价舱位转移,减少这部分可获得的利润,成了一个亟待解决的难题。美利坚航空公司的解决方案——一种有订座数额限制的折扣运价。通过制定一系列限制条件,使得那些能够出高价的旅客无法向低价舱位转移,同时又能够从其他交通工具上吸引大量的旅客,将那些本来可能虚耗的座位售了出去,提高了航班的座位利用率。美利坚航空公司的新运价政策在市场上取得了巨大的成功,很多航空公司随后也采取了同样或类似的运价政策。为了进一步优化,航空公司开始研究旅客的消费行为以及供求规律。人们逐渐发现,大量的统计数据靠人工处理几乎是不可能的。半自动业务研究环境(SABRE)订票系统应运而生,这也是最早使用的收益管理系统。这一系统主要是对未出售机票的价格和分配进行决策,可以进行各种价格水平下的关于航班和待售机票数量的计算工作。同时,系统根据历史数据,本公司航班以及同一航线上的竞争对手的航班状况,提前预测每个航班在各个价格水平上的潜在需求,计算各个价格水平的可售座位数,每日更新整理后传送给全球分销系统。收益管理系统的应用使美利坚航空公司获得巨大成功,因而其他航空公司也纷纷开始效仿,尝试使用收益管理系统。

收益管理是指通过产品的最佳分配和按市场需求定价,把不同的产品按不同的价格卖给不同类型的顾客来使公司提高收益的方法。总的说来,收益管理的应用有三个基本条件:应用条件——航空运输业的发展;理论条件——运筹学与管理科学的发展;技术条件——计算机和网络技术的发展。

收益管理有鲜明的实际应用背景,是随着航空运输的发展而发展的,航空运输的两次行业革命促成了收益管理的产生和发展,收益管理也随着航空运输业实际需求的发展而改变着研究对象。航空公司收益管理就是把每一航班每一航段的每个座位以最好的价格出售,从而获得最大的利益。

从理论上讲,在航班办理值机截止期前可销售的座位有且仅可能只存在一个座位可以选择销售,航班座位利用率便达到了最大,才有机会实现销售收入最大化。例如,20 世纪 60 年代的座位超订是针对旅客订座取消带来的座位浪费问题,70 年代的座位分配是为了解决折扣票价占用座位问题,80 年代网络收益管理的虚拟嵌套和投标价控制等是因为出现枢纽辐射式航线运输网络,90 年代联盟收益管理是因为航空联盟和代码共享越来越重要,另外网上订座和座位拍卖等也带来收益管理新问题。

1.1.1 收益管理的应用背景

首先来看作为收益管理应用起源的航空运输业的发展。可以说,第二次世界大战结束是世界航空运输发展的分界线,"二战"结束之前为航空运输业的早期形成期,"二战"结束后是航空运输的飞速发展期,尤其是两次重大的行业革命——20 世纪 50 年代后期民用喷气飞机的出现和 70 年代后期航空管制放松——使得航空运输业以除了计算机行业外的其他行业无可比拟的速度飞速发展,尤其是 70 年代后期以美国为主的各国实施放松航空运输管制政策,是世界航空运输进入发展成熟期的开始。

自从 1903 年 12 月美国的莱特兄弟首次动力飞行成功后,在美国和欧洲相继出现定期航空服务,这便是航空运输业发展的开端。第一次世界大战后许多航空公司纷纷成立,航空运输业进入一种规范的发展阶段。1919 年的巴黎公约、1944 年的芝加哥公约和其他一些公约对国际航空的技术方面、原则方面、行政等方面做出了规定,各国间的双边航空运输协定对运输经济方面(业务权、航线、承运人、运力和运价等)进行规范。在各个国家内,政府将航空运输业当作一项公众事业进行管制,也就是技术上和经济上的限制;在技术上的限制是确保安全性的限制;在经济上的限制(从产业组织而言)就是市场结构、市场活动和市场效益的限制。

第二次世界大战后，飞机制造技术的发展使得航空运输业可以采用大型的喷气飞机，这使航空公司的运输能力飞快增长，同时其高速性和舒适性又刺激了公众的旅行需求，另外大型飞机也降低了航空公司的运营成本，因此极大地推动了航空运输业的发展，被称之为"航空运输业的第一次行业革命"。

从70年代开始，航空运输业开始从政府管制向放松管制发展，以1978年美国放松航空管制为开始标志，"航空管制放松"蔓延到世界各国，深刻地影响了航空运输的发展，有人称之为"航空运输业的第二次行业革命"。

美国实施管制放松最早最彻底，而且影响最大，1978年10月开始执行航空公司放松管制法，被称之为"几乎是一夜之间完成"。原来负责管制的政府部门民用航空委员会于1985年解散，其剩下的一些职能大部分转给运输部。90年代初美国航空运输业连续几年亏损达12亿美元，1993年克林顿政府成立一个专门委员会对航空业的困境进行研究，提出了许多建议，但是不赞成恢复管制，到目前为止，美国仍然坚持放松管制政策，并积极将该政策推广到国际市场。

放松管制实际上指放松对航空市场的经济管制，安全管制不在讨论之中，主要内容是基于自由市场竞争的原则，取消了市场进入、定价、航线等妨碍和不利于航空公司竞争的限制，概括起来就是放开市场准入管制、航线管制和价格管制。放松航空管制彻底改变了航空运输业，对航空运输市场产生了深远的影响，主要结果是：市场进入放宽——航空公司增加，市场竞争提高，行业结构改变。进入航空运输市场（主要是组建新的航空公司）的限制放宽，使得新的航空公司大量进入市场，尤其是以美国西南航空公司为代表的低成本航空公司进入市场，大大地改变了航空运输业的结构，推动了美国国内航空运输的持续高增长。航线结构改变——从点对点的直达结构转变为枢纽辐射式网络结构。航线结构的改变也影响了旅客的旅行路线以及航空公司的管理方式。票价降低——票价竞争是航空公司竞争的主要表现，低票价导致客运需求的增加。

但是，航空管制放松之路是一条不平坦的道路。由于各个国家和地区的特点不同，其放松管制的方式、时间和程度也各不相同。欧洲的管制放松过程是一个缓慢的逐渐发展过程，欧洲航空运输自由化从1987年开始，经过十年的努力，分别于1987年、1990年和1992年批准实施的三个"一揽子"措施充分反映了这个发展道路的渐进，1997年4月开始，欧洲经济区成员国国内航空运输市场实行完全自由化。加拿大从1985年年末开始放松管制的过程，1988年通过议案修改国家运输法。南美洲的代表——巴西经过几次法规更改，于1992年对国内的地区航空运输放松管制。澳大利亚和新西兰1996年签订单一航空市场协定，开放两国的航空运输市场。在亚洲地区，日本（于1996年）、韩国（于1988年）、印度尼西亚（于80年代初）、马来西亚（于90年代初）、印度（于1991年）、泰国（于1996年）等各国开始在不同程度上对其国内航空运输市场逐步实行管制放松，我国从1980年开始的民航改革（政企分开）比较特别，到现在仍然实行一定的经济管制，摸索自己的改革之路。

从1938年起，美国机票价格一直是由美国航空管理委员会根据航空公司运营成本加上合理的投资利润率而确定。在这种价格体制下，美国航空运输业得到了突飞猛进的发展，航空运力不断增长，乘机出行成为旅客长途出行的主要方式。但是从1973年起，国际油价升高，航空运营成本大幅增加，机票价格随之上涨，同时美国经济出现严重的衰退,乘机人数减少,从而进一步推动了机票价格的上升。航空机票的大幅上涨,引起了舆论的批评。人们开始怀疑原先价格体制的经济效率。经过长期的论战,僵化的价格体制被打破了。1978年美国国会通过了"放松航空管制"法案,美国各家航空公司在国内航线上可以根据自己的意愿自由定价,从而美国国内航空市场从价格管制时代一跃进入了完全竞争的时代。

在航空业价格一经放开,而各家航空公司又面对不断萎缩的市场,并且运力远远过剩的情景之下,最直接而有效的方法就是降低票价来吸引乘客,从而扩大销售数量,达到盈利或至少降低亏损额的目的。因此,当时各种各样的折扣票五花八门,各航空公司都不自觉地互相跟风降价。这种以价格作为主要竞争手段的方式,一直为各航空公司普遍接受。因此在整个80年代与90年代初期,航空公司之间的价格战不断。而在1992年终于暴发了民航史上著名的"航空血战"。1992年4月美利坚航空公司凭借其雄厚的实力,率先挑起票价战,试图以此争取乘客,美西北等其他航空公司纷纷效仿。参战各航空公司共卖了4.7亿张折扣票,造成20亿美元的损失。等到所有参战的航空公司都弹尽粮绝,"血战"才就此结束。经过对那场"血战"的反思,美国民航界深刻认识到变革票价系统的重要性。可以这样说,这场"血战"结束的同时也宣告了票价体系改革时代的开始。票价体系改革使得航空公司在更理性的层次上竞争,不仅使航空公司收益大幅增长,还对传统的营销与运营方式进行了良性冲击,促使航空公司提高经营管理水平、增强国际竞争能力。据统计,1997年世界收益排名前20位的航空公司,几乎都在建立自己的多等级票价系统;而世界最大的100家航空公司当中,约有三分之二已开始运用多等级票价系统。

多等级票价系统的建立,促进了收益管理(Revenue Management)思想的确立。实际上,在1983年的时候美国三角洲航空公司(Delta Airlines, DAL)和美利坚航空公司(America Airlines, AA)就已经在实际业务操作过程中发现了收益管理的基本思想。当时市场部的人员发现两个主要规律:一是乘客的类型千差万别,不是每个人都非得买折扣票。如果对所有航班的旅客资料和订座数据进行分析处理,就能知道哪些票应该尽早低价出售,哪些票应该留给晚些订座但却愿付高价的乘客。二是当航班上有许多空座位时,而这些空座位的变动成本几乎为零。把这些座位挑出来,加上限制条件,以更低的价格出售,将增加收益而对公司无任何损失。但是,在当时这些思想并没有广泛为航空公司所接受。只有美利坚航空首先研发并应用了还略显幼稚的收益管理系统。此系统虽幼稚,但它就像钟表,拥有再差的钟表也比什么都没有的人能更准确地掌握时间。此后,美利坚航空依靠收益管理系统及常旅客计划打败了以低价出售座位的人民快捷航空公司(People Express),使其退出了竞争,同时也退出了历史的舞台。

总的说来,航空运输经济随着世界经济的发展逐渐走向全球化,整个行业出现自由化、联盟化和私有化特征。航空运输业的发展让航空公司经历了一个又一个考验,面临一个又一个问题,这也推动了解决这些问题的收益管理技术的产生和发展。20世纪60年代航空运输的飞速发展带来旅客需求快速增长,也给航空公司带来座位控制的新问题,于是产生了最早的收益管理技术——超订控制;70年代的折扣票价出现,促使收益管理研究者将优化技术应用于座位分配中,这也是收益管理的名称正式出现的时候;80年代的放松管理制带来的市场变化,不仅促进了已有的收益管理技术发展,而且促进了网络收益管理(或者称为起始点收益管理)技术的出现;90年代的航空公司联盟、Internet技术的出现带来收益管理研究和应用的新内容。

1.1.2 收益管理的理论基础

收益管理是从航空运输的实际应用问题中产生的一个概念,它的许多理论来源于运筹学、管理科学、微观经济学等学科,是多学科的结合产物,尤其是管理科学和运筹学的产生与发展,奠定了收益管理的理论基础,美国的亚美利加航空公司的决策技术部研究者称其为"管理科学的新应用"。

运筹学产生于第二世界大战期间的军事应用(运筹学的英文 Operations Research 原意就是作战研究),来自不同学科的科学家在共同解决军事指挥等实际问题中取得了很大的成功。在"二战"之后他们继续对这些方法进行理论研究,发展新方法,并推广应用到民间各行业,他们的工作推动了这一学科的形成、完善和发展。运筹学是一个多分支的应用学科,主要有线性规划、非线性规划、整数规划和动态规划等内容的规划理论,图论与网络分析理论,随机服务系统理论,博弈理论,决策分析理论和仿真技术等分支,这些分支有些是新的理论或者边缘学科,而有些模型和方法的研究起源很早。运筹学比较简短的定义是——在需要对有限资源进行分配的情况下做出人机系统最优设计和操作的科学决策(美国运筹学学会的定义)。收益管理的问题是对航空公司稀有资源配置的决策问题,因此,收益管理研究几乎采用了运筹学大部分学科的理论和模型,尤其是数学规划、动态规划、网络分析技术等,而且几乎运筹学的每一项新发展也很快在收益管理中得到应用。在早期的座位超订和座位分配问题研究中,大多数研究模型是通过对实际问题简化假设后,采用线性规划方法来建模和求解,而动态规划模型在收益管理的问题中比线性规划或者非线性规划方法更加接近应用的实际问题,随着求解技术和工具的发展,现在的研究发展趋势是采用动态规划分析方法。另外,仿真技术、博弈理论等也越来越多地应用于航空公司收益管理的实践之中。

收益管理的研究在运筹学领域也越来越重要。1959 年成立的国际运筹学联合会(IFORS)除了包括各个国家或地区的运筹学协会之外,还包括一个特殊的组织——航空运输组(Airline Group of IFORS,AGIFORS),专门研究运筹学在航空运输中的应用问题,而且在 AGIFORS 中又设立了"订座与收益管理研究小组"专门研究航空公司收益管理的各种应用问题,每年召开一次国际性会议。美国 1952 年成立的运筹学会与 1953 年成立的管理科学学会现在合并为运筹学与管理科学学会(INFORMS),准备设立一个新的分支机构——收益管理部,在 1999 年的费城年会和 2000 年的盐湖城年会上都开辟了收益管理专题讨论区,可见其收益管理研究的重视程度和广泛。

在预测运筹学未来 50 年的发展时,运筹学会国际联合会主席 Peter Bell 指出——管理科学和运筹学在企业收入方面的应用将会引起每个企业的高级执行官关注,从 80 年代中期开始研究的"收益管理技术"已经改变,并且将会继续改变整个应用行业以及管理科学和运筹学学科的面貌。从这里可以看出收益管理的实际应用与理论背景之间深刻的关系,尤其是与运筹学和管理科学的发展相互关联。

1.1.3 收益管理的技术基础

随着计算机和网络技术的飞速发展,几乎每一次进步都很快地反映到航空运输业的应用,并且深刻地影响航空运输业的发展。美国麻省理工学院运输研究室的 Simpson 博士认为"飞机技术曾经是航空运输业竞争的核心,但是计算机和通信技术决定今天的胜利者属于谁"。

1946年在美国诞生了世界上第一台电子计算机,从此计算机行业成为发展最快的行业,其处理能力不断提高,应用范围不断扩大。计算机远程信息处理应用的发展也推动了现代通信之一的数据通信的产生和发展。计算机的发展从其元器件的发展来看,经历了电子管、晶体管、集成电路、大规模以及超大规模集成电路等发展阶段:从第一台计算机诞生到60年代中期是以电子管器件为代表的第一代和以晶体管器件为代表的第二代计算机发展时期;60年代中期进入计算机广泛应用和突飞猛进的以集成电路器件为代表的计算机发展时期,通用化、系列化和标准化计算机代表——IBM360系列机(1964年)的出现在计算机的发展史上具有划时代意义,计算机通信网络开始实现主机与主机、主机与终端间传输数据和文件,航空运输业的计算机应用(尤其是收益管理应用的基础系统之一的计算机订座系统)也是从这一时期开始的;70年代是以大规模集成电路器件为代表的第四代计算机时期,也是微型计算机兴起和网络化的年代,70年代中期出现的ARPANET是世界上第一个真正的计算机网络,也是Internet的前身;70年代以后,超大规模集成电路器件推动计算机进入一个新的发展时期,计算机网络也进入局域网和综合业务数字网时代;90年代初,迅速发展的Internet成为世界上最大的计算机互联网络。

航空运输业可以说是计算机应用的先驱,从50年代后期开始,亚美利加航空公司和IBM公司合作研究开发实时航班座位编目控制的计算机系统,美利坚航空公司作为提高生产率的工具在内部使用,这就是第一套计算机订座系统SABRE的前身。1962年,美利坚航空公司开始接通自建的计算机订座系统——SABRE系统,1964年完成最后的转换,该系统当时将一台主机放在纽约作为主机,与遍布美国的2 000多个终端相连。1976年又推出其"用户SABRE系统",将航班座位编目系统转化为航空运输产品分销网络,使计算机订座系统成为航空公司获取竞争优势的手段。1988年亚美利加航空公司将过去25年的研究和应用集成起来,建立了一个完整的收益管理计算机系统——DINAMO系统(Dynamic Inventory Allocation and Maintenance Optimizer)。

虽然收益管理已经显示出了强大效果,但是并没有被多数航空公司所采用。当时收益管理没有被广泛采用的原因是技术上存在着重大障碍。由于收益管理系统强烈地依赖于计算机系统和数据库技术,而当时计算机系统价格高昂并且数据库技术还未成熟,在航空公司建立收益管理系统将是一笔很大的投资。美国各航空公司真正认识到收益管理的重要作用是从1992年那场"血战"开始的。当时,在众多航空公司投身于"血战"之时,只有一家航空公司不为所动,这就是大陆航空公司(Continental Airlines, Inc.)。"血战"结束时,大陆航空公司是唯一一家有票卖的公司,当然毫不留情地大挣一笔。大陆航空公司之所以能如此从容地"稳坐钓鱼台",在一定程度上是依靠了他们在一年前安装的一套客运收益优化系统(Passenger Revenue Optimization System)。这套软件系统立足于多等级票价系统,根据数学模型、古典微观经济学概念、统计理论以及运筹学原理研制而成。它将预测、优化和数据库管理有机地融为一体,并配有决策辅助中心。大陆航空公司的成功,再加上技术障碍的消失,促使各航空公司纷纷效仿建立起各自的收益管理系统。

收益管理应用的技术平台是计算机及其网络技术,计算机技术的发展不仅深刻地影响了收益管理的理论基础学科运筹学的发展,更是决定了收益管理应用本身的发展水平。可以说,收益管理计算机系统随着计算机技术的飞速进步而不断提高和完善,目前收益管理已经成为航空运输业重要的管理方法。

1.2 基本概念及理念创新

1.2.1 收益管理的定义

关于收益管理的定义,不同的专家和学者有着不同的解释,主要观点如下:

Talluri 将收益管理定义为需求管理决策和支持决策的方法学和系统,认为收益管理是对需求的估计和市场的细分,然后利用价格和存量控制去管理需求。该定义可看作是对公司的供应决策和流程(供应链管理)的补充。

Weatherford 提出收益管理就是易腐性产品的管理。易腐性产品主要来自于服务性企业,区别于制造业产品,最大的特点就是产品的价值同时间密切相关,并且其价值随着时间呈现递减趋势。该观点认为,收益管理就是对不同时间段的易腐资源制定相应的价格以达到最大化收益。

Kimes 根据市场营销学理论,提出了 4R 理论,即在合适的时间和地点(Right Time and Place),以合适的价格(Right Price),将合适的产品(Right Product)卖给合适的顾客(Right Customer)。

收益管理是在需求预测的基础上,根据市场的需求情况进行最优化资源配置(包括产品的价格和存量以及超售的比例),以达到最大化收益的目的。即收益管理的基础是预测,手段是超售和存量控制,关键是定价。因此,收益管理是指航空公司运用预测和优化等科学决策理论和手段,把产品按不同的价格适时地卖给不同类型的旅客,从而实现收入最大化的过程。收益管理有七大要素:

(1) 在平衡供求关系时,注重价格而非产品成本;
(2) 在制定价格时,以市场为标准,而不是以成本为标准;
(3) 在销售时,要着眼于微观市场;
(4) 把产品留给愿付最高价的旅客;
(5) 在做销售决定时,要以事实为基础,而不是完全想象;
(6) 善于利用每一产品的价值周期,即在产品最值钱的时候将其售出;
(7) 不断评估并抓住收益机会。

这里所谓的产品对于航空公司而言,其实就是每一航班上的座位。

所以,可以看出,航空客运收益管理的两个基本要素是:价格(Price)和座位(Inventory)。因此,它实际上包括机票差异价格管理及航班座位盘存管理两大部分。差异价格管理是航空公司根据每个市场的不同特性,确定机票价格的种类与数量的过程,即决定"价格产品"的不同价格及其适用条件。舱位盘存管理的目的则是决定每个航班中不同的"价格等级"可利用的座位数量,其过程主要是通过座位超售、折扣舱位的数额分配以及旅客的行程管理来完成的,如图 1-1 所示。

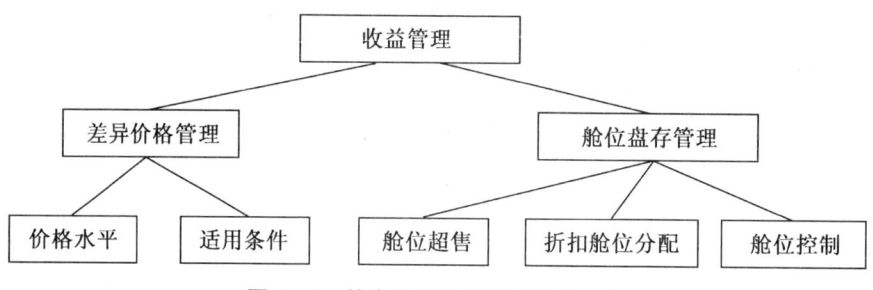

图 1-1 航空公司收益管理整体架构

1.2.2 航空客运的特点及实施收益管理的理论依据

航空运输企业在客运经营上具有以下7个方面的特点：

(1) 航空运输产品的不可存性。航空公司产品与其他行业产品最大的一个不同点就是座位的不可存性。如果某个航班的座位在飞机起飞前没有完全售出去，剩下的座位是不可能保存起来留待以后再售的，这些座位将会白白地浪费掉。因此，降低航班座位虚耗可以有效地提高航空公司的经营效率，增加利润。

(2) 航空运输产品的预售性。通过订座系统，航空公司可以在飞机起飞以前就将其产品(座位)销售到旅客手中，使旅客能够在到机场之前就将航班座位订妥。然而，正是由于这一特点，航空公司经常无法准确地把握其航班的销售情况，有些订妥航班座位的旅客常常由于某种原因临时取消或改变行程，其原有的座位由于来不及销售给其他旅客而将被白白地虚耗掉，给航空公司带来不必要的损失。因此，航空公司应当准确地预测未来旅客预订的趋势，将航班座位虚耗的损失减少到最低程度。

(3) 相对固定的生产能力。在通常情况下，航空公司在一条航线上投入的机型及班次是相对固定的。由于运力(飞机座位数)的限制，在市场需求旺季，航空公司常常不能够满足旅客订座的需求，一些旅客因而无法按其意愿订上座位。航空公司应及时确定最佳的订座限额，包括座位预订限额，有效地分配及合理地利用相对固定的和有限的飞机座位。

(4) 市场需求的多样性。旅客按照消费行为可以分为多种类型，有些旅客对价格比较敏感，如旅游者；有些旅客则对服务比较在意，如公务旅行者。航空公司应当将市场按照旅客的不同需求进行划分，为不同类型的旅客确定不同的运价。事实证明，市场划分得越细，价格差异就会越大，收益管理的作用也就越显著。

(5) 同一航班中旅客的不同乘机目的。由于航空公司航线网络的形成，在某一具体航班上，旅客也可以按其行程分为不同的类型。一部分为直达(或称"起止点"O&D)旅客，另一部分为中转旅客。不同类型的旅客其销售运价存在着很大的差别。在一般情况下，直达机票的运价水平要远远高于中转机票的比例分摊水平，国际机票的价格要远远高于国际航班国内段的机票价格。因此，在航班销售过程中，航空公司应当对旅客的行程进行有效的控制和管理，尽可能多地将座位销售给直达旅客及国际长航线旅客。

(6) 航空运输市场需求的不稳定性。航空运输市场的需求受时间因素影响很大，在同一条航线上，一年中的每一季节，一周中的每一天，甚至一天中的不同时刻旅客的需求量都有所不同。航空公司应通过各种管理手段，尽量地缓解这一需求的不稳定性，在市场淡季刺激需求增长，而在市场旺季则应当尽可能多地增加营运收入。

(7) 航空运输产品的高固定成本、低边际变动成本性。对于某一具体航班来说，几乎所有的成本（包括飞行成本）都可以看成是固定成本，而旅客服务的变动成本，如餐食、特服等，所占的比例相对较小。换言之，在一条航线上增加一个班次的成本会很高，而在某一航班中多销售一个座位的成本却很低。航空公司应当尽可能多地销售现有航班中的座位，以增加收入，而不能仅仅靠增加班次来求得市场份额。

收益管理理论正是适应以上经营特点而提出的，并且在现实中取得了很好的经营效果。总结以上航空经营的特点，从营销的角度看，实施客运收益管理的理论依据如下：

(1) 旅客的订票曲线具有统计规律。一年中的某些季节，如春天和夏天，订票人数高于其他季节，而在春节、元旦、"五一""十一"（黄金周）等节假日期间，订票人数更是明显高于平时。在航班起飞前的不同时间段内，旅客的订票曲线呈现规律性，在不同时间段内订座速率的相近性并不因年度不同而发生跳变。这种统计规律都是我们实施收益管理预测所依据的准则。

(2) 整个市场可以被分割成若干个细分市场，可把整个市场的旅客分成不同的类别。如果市场同质不可分，那么只能定一种价格。每个细分市场的内部有共同的性质或偏好。细分市场内部的共性和偏好是进行市场分割的基础，这里说的偏好不单单指每个细分群体喜欢什么，还指他们不喜欢什么。只有这样我们才能够制定限制条件来分割市场。

假设购买 A 类客票的旅客（简称 A 类旅客，下同）对票价、服务不敏感，但相对其他旅客却希望有较长的客票有效期。而 B 类旅客对票价非常敏感，对客票的有效期限却不太在意。那么，我们可以对 B 类客票规定一个较短的有效期（称为收益管理的限制条件）。这个他不喜欢的限制条件可以有效地防止 A 类旅客购买 B 类客票，避免由此造成收入减少。由于 A 类旅客本身对客票长有效期有较强的偏好，所以限制条件可以成功地分割市场。

不同的细分市场对价格变化的反应程度不同（价格弹性不同）。对于收益管理来说，旅客最主要的差别就是对价格的敏感度的差别，分割市场的目的就是为了利用细分市场间不同的价格弹性来设定不同的价格，对价格不敏感的旅客收高价，对价格敏感的旅客收低价，从而获取更多的收入。

(3) 在一定的价格范围内，价格与乘客数量的函数关系是弹性相关的，这是实施定价策略的依据。

(4) 客源状况与宏观经济存在关联。在收益管理中我们可参照宏观经济的发展状况对年度客源的预测值进行修正。

1.2.3 收益管理与营销创新

1. 分析现状寻找出路

随着 WTO 的加入，外国经济环境的影响，国外航空运力迟早会通过各种方式渗透并进入国内市场。在现有企业间的竞争中，国内航空公司价格战多年来此起彼伏，市场争夺日趋激烈，航线平均票价日创新低，公司盈利形势日趋严峻，而整个民航业的核心竞争力并没有因此而得到增强，广大顾客的需求也并没有获得最大的满足，此为"内困"。运输行业内的竞争也不容忽视：火车的提速与服务的提升，对国内航空业竞争压力与日俱增；而汽车（航空式的服务）、内陆河道的水翼船对运输市场的瓜分，其潜在影响也不容忽视，以上为"外忧"。要提高航空公司对外的竞争力，其首要问题就是营销创新。

替代产品的威胁。互联网的广泛使用,使邮政的邮件业务受到重创。而将来视频会议的实际应用、通信的便利和低廉、网上文件安全认证保密性的提高,都会间接减少航空市场商务旅客出行的频次,对航空公司的收入是个潜在的威胁。客源要另辟途径,就必须回到市场划分和定位上,有的公司已经提出要"巩固商务客源,创造休闲旅游市场",即已预见到市场未来的发展方向,消费者收入的提高、都市工作压力的增加和国内休假制度,都将使得国内休闲旅游市场需求快速增长。所有这些,都必须通过营销创新来解决和实现。

潜在进入者的威胁。当然,我们也不能完全排除国际风险投资基金或国内财团在政策允许的情况下,组建新的航空公司进入这个高风险、低收益的行业。与其应对,也可以通过营销创新来增强自身的竞争力来抵抗。

营销创新在企业经营中的必要性、紧迫性已不容置疑,收益管理就是实现营销创新战略和战术。

为寻求收益的最大化,在营销管理的定价上,都是使用差别定价(即价格歧视)。差别定价主要原因在于:

第一,长期供小于求的影响。国内航空公司在 20 世纪 80 年代末至 90 年代初,空运市场供小于求,当时只要有投入,就有产出;只要抢到地盘,就拥有了市场。在这种市场环境下,航空公司的经营管理大多数都是非常粗放的,并且很多都是以企业为中心。

第二,从产品营销直接过渡到顾客营销,许多管理层的观念没有改变,营销思想并没有与市场同步,许多问题尚未引起管理者足够重视,或对许多关键问题认识不到位。

第三,引进收益管理系统后,技术面关注过多。对相关营销管理流程需要优化和改进的地方,并没有提到议事日程上来。

第四,对整体服务理念及价值链的管理滞后。这也造成有些航空公司的品牌形象无力,没有核心竞争力,一旦遭遇价格战就无法回避或者根本就没有解决方案。

第五,在价格战的漩涡中采取了全员销售,将销售的矛盾扩大了范围,导致营销无主导思路或盲从"市场销售为导向"。

由于以上原因,我们可以看出:从单一价格体系向多级票价体系(多舱位管理)迈进转变时,不管是否使用收益管理系统,都需要对营销组合中的有关环节进行优化;由于价格和产品对应,所以,这不仅是价格体系的转变,也是整个营销管理转变的开始。而收益的战略实现,又必须通过营销(促销和渠道)来实现,因此,可以说,广义的收益管理,其本质就是营销管理,两者的目的都是高度一致的,即收益最大化。而所谓的营销管理创新,也应当首先从细分市场的价格展开,这必然需要对营销组合中的一些关键流程进行优化改进。

现在,我们先回顾一下营销组合的发展变化。以前大家所熟悉且流行的、至为经典的营销管理 4P:Product(产品)、Price(价格)、Place(分销)、Promotion(促销),现已转向了 4C Customer(顾客的需求和期望)、Cost(顾客的费用)、Convenience(顾客购买的方便性)、Communication(顾客与企业的沟通)。在 4C 这里,我们可以看到,无处不体现"顾客是中心,利润是结果",一切都"以顾客为关注焦点"。事实上,从 4P 到 4C 只是营销观念的发展,即从换位思考的角度来重新评判及定义 4C,而并没有改变营销 4P 基本因素的存在。后来又有人将 4P 演绎为 6P、8P 甚至 12P,甚至已转到了 4R,即 Relationship(关系)、Retrenchment(节省)、Reward(报酬)、Relevancy(关联),但其实质上也只是将传统 4P 进行细分与剥离,关键就是其出发重点已从企业转到了顾客。若不重点关注以"消费者为中心",

仍停留在以企业为中心，营销就往往侧重于生产观念、产品观念和推销观念。这些观念集中在提高生产效率、产品质量和以自我为中心，在市场千变万化的情况下，不再有能力影响顾客的行为，最终还是会造成营销管理体系的停滞不前，面对激烈的市场竞争往往无法克敌取胜，极易陷入困境。

而转向以消费者为中心，就应当是顾客需要什么，我们就生产供应什么。也就是"顾客的需要，就是我们的目标"，以消费者为中心是为了最终实现一级差别价格销售——向每位顾客索取所愿意支付的最高价格（顾客成本），而不是以企业产品成本为出发点。强调"顾客是中心，利润是结果"，满足顾客需要来使企业得到长期的利益和持续发展。整体营销思路的调整必须围绕这个中心展开。

2. 解决问题方案实施

(1) 外部。

国内航空公司之间的利益竞争，可以是一个无限次的重复博弈。在这个客观前提下，应当寻求博弈均衡和最优解。而航空公司之间进行重组的格局也可以看出多方都在寻找一种均衡的局势。但是，要得到一个策略最优或最有效率的均衡效益（整体获得最大收益），则必须各航空公司都基于"WIN-WIN"考虑，采取协同作战，稳定价格，提升行业整体收益，提高整体营销水平和对外竞争力。同时，管理部门应尽全力引导航空公司向附带有使用条件的多级价格体系过渡，在过渡期间引导航空公司共同建立游戏规则，实现营销管理创新，不应当"只知道开关闸门，而不知如何疏导暗流"。

作为成熟产业的竞争战略，多数会采取产品结构调整、正确定价、改进服务、选择适当的顾客等方式，这也从侧面说明，国内大中型航空公司的战略转变势在必行，而这些方面正是当前营销未解决到位的关键问题，只有通过营销创新才能得到改变。

(2) 内部。

现在我们"以市场为导向"，以顾客为关注焦点，针对4P & 4C，在有关限制条件、运价结构、销售渠道和促销等方面进行论证，从内部看营销组合4P需要如何创新。

第一，产品必须使用有关限制条件（有人称之为"价格篱笆"）。其关键作用是将市场细分，需求欲望细分，阻止各级运价间的相互流动，保证原有收益不受到冲击前提下，增加整体收益，实现收益最大化。而市场细分则是营销策略STP（市场细分Segmentation、目标客户Targeting、品牌定位Positioning）的关键一步。基于4P & 4C的PRODUCT & CONSUMER，企业的产品就应该是目标客户所需要的产品。因此，这就要求产品设计必须以"顾客为关注焦点"，为顾客所想，为顾客所需。为甄别相互间的差异，这些产品都是有使用限制条件的。否则，将无法带来新的收益增长，连原有的收益也保不住。

第二，运价结构的调整。团体运价将不再是最低、最便宜的运价，基于一级差别定价的观点，允许附带苛刻限制条件的散客运价低于所谓在旅客人数上占优的团体运价（二级差别定价）。也就是"一会打折扣，二会保收益"（价格的制定是有严格的限制条件的），票价孰高孰低已不再是最重要的问题。相对挖掘潜在市场而言，应该是更"会"打折，最重要的问题和目标已转向"收益最大化"。基于4P & 4C的PRICE & COST，关注目标顾客，分析顾客所愿意支付的成本是航空公司拓展客源，增加收益的关键所在。营销创新的重点也在这里。

第三，销售渠道的拓展。由于一级差别定价是"向每位顾客索取所愿意支付的最高价格"，其销售重点已转向终端用户（End User），即最终的、最直接的消费者身上。而国内过于注重通过代理的销售方式,极其容易引发在代理费上的攀比和竞争,同时,对于非买断座位的销售总代理管理上,也存在灰色或暗箱操作,最终消费者不一定是最大的最终得益者。基于 4P & 4C 的 PLACE & CONVENIENCE 考虑,销售渠道就必须进行有效的拓展,不能再过分依靠一两家销售总代理或批发商,而是从方便顾客的角度出发,考虑定座分销系统、BSP 销售代理人、互联网定座和呼叫中心等多种渠道的使用,则相关的客户管理、市场细分就作用到最终消费者身上,不易被竞争对手察觉或引起市场异常波动。这是营销创新在服务方式上的具体展现,对吸引顾客、引导需求有非常重要的作用。

第四,促销必须"广而告之"。为使差别定价优惠直接作用到最终的、最直接的消费者身上,就需对原有的、过分依靠大代理的这种销售模式进行拓展。例如,通过网上销售,通过各种媒体将各种限制条件下的运价"广而告之",直接拉动市场需求。只要遵循航空公司的"游戏规则",消费者就可以通过多种渠道(也可以通过航空公司售票处)购买到合适的客票。消费需要引导,产品需要推广,因此,没有广而告之的限制条件,就没有新的市场需求;没有广而告之的限制条件,就没有营销管理创新;没有广而告之的限制条件,就无法实现"质"的突破;没有广而告之的限制条件,最终也就不可能有大批量、新增的终端用户带来收益新的增长。这是实施过程中一个非常关键的问题。

3. 做到公司内部剥离"销售"和"营销"两个概念

销售观念以卖方需要为中心(推力),市场营销观念以买方需要为中心(拉力);销售从卖方需要出发,考虑的只是如何把产品变成现金(尽快地把设计、生产的产品卖出去);市场营销则考虑如何通过产品研制、包装、传送以及最终产品的消费等有关活动,来满足顾客的需要。销售是局部的战术,营销是全局的战略;营销是价值链全流程的管理,而销售只是其中一道工序。营销创新也就是从根本上改"推力"为"拉力"。

营销创新也意味着在销售上注重网络整体价值,注重每一个顾客对企业的终生价值。也就是在具体销售行动上,对整体贡献较大的订座申请优先考虑,网络优先于航段,航段优先于航节;就顾客对于企业的价值而言,终生价值优先于短期价值(如常旅客优先),高票价优先于低票价,长航程联运订座优先于航班订座。只有这样理顺具体销售优先次序,才能真正做到长期收益最大化。

收益管理有短期战术的运用,但是,更多是战略的管理,即在整体、长期的规划上的预测优化,这就需要营销管理的前瞻性来相互配合。若销售观念屏蔽了一个公司的营销管理思想,往往会造成"以市场为导向"的短期急功近利的销售行为,大部分最后都会"以竞争对手为导向,以市场份额为导向"。例如,"某某航空公司降价了,所以我们必须降价……"是现在国内航空公司普遍最头疼的抉择,要解决这个问题就要首先考虑以下几个方面:这是否是一个销售为主导的部门或公司?销售的观念是否过多地影响了营销观念(或者整体营销管理薄弱)?公司的目标顾客是否明确?公司的整体市场定位是否清晰?否则,"人云亦云,不知所云",最终会迷失自己的方向,丧失原有的市场地位。

营销创新除了需要在内部统一调配资源,争取有限资源的最优运用,整个价值链围绕营销思路外,还需要对内部组织结构和业务流程进行优化,特别是营销管理部门和收益管理系统的使用部门。由于收益管理系统控制航班座位在市场的投放,对价格也需审阅,故对贯彻落实营销战略有一定的直接影响,需要理顺与营销部门对价格的统一认识。

营销管理部门负责产品设计、价格设计、促销和分销的统一控制和管理;收益系统管理部门根据航班历史定座数据和舱位价格区间对应情况,结合市场信息及销售情况,对价格可以行使"一票否决"权。可见,营销和收益管理部门必须在观念上达到高度的共识,才能在内部发挥最大优势。

综上所述,从"以企业为中心"到"以顾客为关注焦点",从"卖产品"到"卖服务",从收益管理系统引入营销变革的必要性和迫切性,从航空产业内外竞争的分析上都可以看出,营销的创新是必然的,也是必须的。无论从营销广泛意义上的收益管理来说,还是从收益系统管理部门与营销部门共同落实企业收益最大化的角度来看,国内航空公司的营销创新都是解决关键问题的核心所在。

1.2.4 航空公司销售中面临的问题及解决方案探索

1. No-show 问题

航空运输生产消费属于同一过程的特点使得航空公司的座位销售从一开始就采取了预订的销售方式,这要求对座位销售进行事先控制。在 20 世纪 50 年代,航空公司对座位控制实施手工控制。由于预订的旅客并非全部都能成行,也即存在 No-show 现象,导致了航班座位的浪费,航空公司开始进行初步的超订(超售)实践。1961 年,CAB 估计美国 12 家大型航空公司的 No-show 率为 10%。各公司在进行超订但并不承认,出现 DB 问题时,航空公司辩称是"系统出错"。对于 No-show 问题的存在以及航空公司的处理方法,CAB 一方面惩罚 No-show 旅客,一方面惩罚发生拒绝旅客登机(Denied-Boarding,DB)的航空公司。但由于如衔接航班晚到也会导致出现旅客 No-show 现象,航空公司认为对旅客进行 No-show 惩罚有损于航空市场发展,CAB 的政策形同虚设,到 20 世纪 60 年代初,这项政策终止了。

到 20 世纪 60 年代,随着订座系统逐步建立,人们开始对航空公司的订座规律进行研究,超订(超售)技术逐步走向成熟。美利坚航空公司(AA)的运筹学小组使用它的模型和 Sabre 系统中丰富的订座取消统计数据,开发了确定超订水平的系统,使用结果发现,加强了对超订的预测,使超订水平比过去提高了很多,载运率提高了但 DB 并没有增加。

超订的实施增加了航空公司的收益,但也增加了 DB 可能性,因此对一旦发生 DB 的处理受到了社会广泛的关注。候补名单、罚金是常用的应对 DB 的措施。CAB 通过研究,允许航空公司实施审慎的超订,但对于 DB 施加 100% 的 DB 超售罚金。1972 年,知名人士 Ralph Nader 被航空公司 DB,他不愿接受补偿标准,而诉诸法律,从而产生了这一概念:不论 DB 给旅客带来多大的损失,航空公司都应该受到惩罚。这名人士最后赢得了 10 美元补偿和 25 000 美元的对航空公司的惩罚。法官没有去评价航空公司是否在进行"审慎的超订"或只实施很小风险的超订,只简单地指出航空公司没有告知旅客航班在进行审慎超订的事实。判决被美国最高法院一致通过。

1976—1978 年,CAB 通过大量的调查和听证会回顾了超订的整个历史,最后制定了新的规则:DB 补偿加倍;航空公司在 DB 非自愿旅客之前必须先寻求自愿者;公众被告知航班在进行有益的超订;书面告知 DB 旅客他所具有的权利。同时要革新工作程序以防止非自愿 DB,选择和补偿 DB 旅客。

1978 年,朱利安·西蒙(Julian Simon)推销"超售竞卖计划"(Oversale Auction Plan),他认为在超售时可以通过竞拍方式选择自愿下机者。今天,"超订声明"(Notice of Overbooking of Flights)表明航空公司对超售的态度和处理方法。

2. 空座问题

即使在旺季，航班也往往存在没有销售出去的空座，起飞时对于空座已经付出了成本，但是没有任何收益。航空运输业短期运营成本基本固定，而且增加一名额外顾客的边际成本很低，对于航空公司来说，以一个很低的价格卖掉一个座位总比让座位空着好，因为卖掉座位依然能够弥补部分短期运营成本。关键问题是要避免能支付全价的顾客购买价格很低的折扣票，从而损失收益，即要避免"收益的流失"。

认识到这种机会，航空公司在20世纪五六十年代开始为学生提供特殊的折扣票，以刺激新需求，同时由于身份限制其他人无法购买，这是航空业进行市场细分的最早案例。另外，对于某些特定的航班，航空公司提供低的"红眼航班"票价，主要应用在满足为了完成下一天的航班计划需要的飞机调动而且载运率很低的航班。在20世纪70年代早期，一些航空公司开始提供具有限制条件的折价运价产品。例如，英国海外航空公司（BOAC，现在的英航）拓展了这一实践，为那些至少提前21天订座的旅客提供"捷足先登"低票价。这导致了现在在国际市场上广泛应用的APEX票价的出现，即要求顾客提前很长时间预订来回程客票，并且要在目的地的停留时间大于最小时间限制。

APEX票价的实质是服务于那些价格敏感旅客。愿意支付高票价而获得旅程灵活性的旅客是不愿意接受这一订票限制的。因此这些票价仅吸引了那些价格敏感的旅客，如果价格很高，这些人可能不会来旅行。这和早期的市场细分实践对相同产品提供真实的折扣不同，APEX票价可以看成是对质量低的产品提供了低价格。这种票价也和以前仅限于特定人群或仅限于不方便的航班不同，对所有人所有的航班开放，使得廉价的航空旅行成为可能。

这种定价创新为航空公司赢得了一种潜在的收入机会，因为如果这些座位不卖掉，在航班起飞时也会是空座。然而这种策略也对航空公司的座位控制提出了新的挑战：如何为晚到的高票价旅客预留足够的座位？如果座位预留太少，能以高价出售的座位低价卖掉了；如果预留太多，能以低票价出售的座位起飞时是空座。这一问题的解决并没有简单的规则，如"所有航班为高票价预留固定比例的座位数"，因为不同航线上的旅客订座行为随着票价、航程、一周中的不同天、一天中的不同时间等很多因素的变化而变化。

1978年，美国的"放松管制法案"实施，放松了对市场进入、航线运营及票价的管制。放松管制的直接后果之一，是新航空公司雨后春笋般涌现出来。新的航空公司为了争夺市场不惜以低价出售座位，很快从骨干航空公司那儿获得了市场份额。老牌航空公司为了保卫自己的市场份额，不得不跟着降价，航空公司之间一再发生价格大战。价格战的结果是高载运率与低收入甚至是亏损并存。例如，1992年在美国爆发的"航空血战"，参战的航空公司竞相降价，其卖出去4.7亿张折扣票，损失20亿美元。

价格大战的惨痛教训使业内人士认识到，折扣销售是把"双刃剑"，如果航空公司降价幅度过大，购买折扣票的旅客人数过多，会使航空公司入不敷出，使参与价格竞争的航空公司陷入两败俱伤的困境。于是一些航空公司的管理人员开始尝试对所有航班的旅客订座数据进行分析处理，在优先保证高票价旅客需求的前提下，把那些可能卖不出去的座位加上一些附加条件降价销售，既刺激了需求，又防止了过度降价，这就是收益管理思想的雏形。

美国放松管制后，可能最知名、最成功的新进入航空公司是人民捷运（People Express），其经营成本低于其他公司的50%，票价为其他公司的50%～70%，客座率达到75%，飞机日利用率10~11小时,比其他公司高3~4小时;公司每架飞机雇佣人数为57人,而其他公司为149人。它认为航空公司就是做运输。它的广告语为"乘飞机比开汽车的成本还要低,而在时间上节省了200%"。为了让乘客感到公平,它对所有的顾客提供相同票价。它在1982年、1983年快速赢得了市场份额,与老牌航空公司展开了激烈的价格竞争。

当时,美国达美航空公司市场部主管罗伯特·克罗斯发现,达美航空公司在1983年以前之所以会出现历史上首次亏损,主要原因是座位控制部门在票价战中毫无必要地多卖出去了几万张折扣票。他认为,乘客的类型千差万别,不是每个人都非得买折扣票。如果对所有航班的旅客订座数据进行分析处理,就能知道哪些票应该尽早出售,哪些票应该留给晚订座却愿付高价的旅客。

与此同时,美利坚航空公司(AA)的罗伯特·克兰德尔通过对电脑订座数据的统计分析发现,AA的许多航班起飞时还有不少空位,这些空位对航空公司的边际成本几乎为零。于是,他将这些空位挑出来,加上限制条件(如提前21天购买,不得退票和签转,目的地停留不得少于6天等)后,以比其他航空公司还要低的价格出售。在1985年1月,AA为了应对人民捷运的威胁,在每个航班上提供有限数量的大幅度折扣座位,称之为"终极超级节省"票价(Ultimate Super Saver Fares),在其国内所有报纸上都用了一个版面列出了人民捷运的所有航线,提出了和它们相同甚至更低的票价。这一计划受到业内人士的谴责,AA的股票一天跌了13%。

最终超级节省票价基于这样一种认识,尽管AA不可能以和其低成本竞争对手同样的价格供应座位,但空座位的边际成本接近于零,以低票价出售总比空座要好,提供限制数量的折扣票拓展了市场,同时阻止了收益的流失。这种策略使得老牌航空公司能够跟进低成本航空公司的票价,树立了有竞争力的市场形象,同时保住了全票价旅客这一盈利基础,这种实践被称为"收益管理"。

由于AA具有完善的航线网络、较好的飞机和机上服务,以及常客计划等促销手段,再加上一部分低价票,极大地增强了AA的市场竞争力,把一大批旅客从其竞争对手那里夺了回来。用前CAB主席Aifred Kahn的话说,"收益管理被证明是一种完全有效的竞争策略"。这场胜利使AA认识到了座位优化控制的重要性,促使它们在以后的经营过程中不断地投入人力和财力,改进座位优化控制的方法和手段。1987年,AA开发出了早期的收益管理系统。而人民捷运,由于没有一个高效的自动座位控制系统而且销售网络落后,面对高达70%的No-show率,它的超订业务遇到了麻烦。在服务方面,人民捷运的候机大厅人满为患,服务低效。到1985年,面临其他公司降低票价和日益成熟的收益管理的竞争,1986年9月人民捷运破产,出售给了大陆航空。

从此,航空运输定价实践的重点从通过打折销售座位转移到通过支付意愿来销售座位,通过顾客消费行为的分析进行市场细分,针对每个细分市场目标群体的特点仔细设计附带订座限制条件的票价,目标是向每个乘客收取尽可能接近他的支付意愿的票价,同时又能够保证有足够的需求填满飞机。这就是我们今天熟知的航空公司多等级票价结构。

航空公司收益管理至关重要的问题是每个票价等级供应多少个座位。若在折扣票价上出售了更多的座位,这些顾客会挤占高票价旅客;若在折扣票价上出售座位过少,航班可能很空,这两种情况都会对航空公司造成损失。航空公司收益管理的这部分被称为"折扣座位分配"问题,也即航段座位分配问题。早期的航空公司使用简单的规则来指导折扣座位分配，比如 AA 规定，特定航班的不超过 35% 的运力可以以"超级节省票价"销售。但显然要有效地对折扣价座位进行控制，就有必要对订座历史进行详细的跟踪、对信息系统功能进行扩充、对座位控制规则进行仔细研究。这个问题促进了对座位优化分配方法的理论研究。一般认为，BOAC 的 Littlewood(1972) 提出的"只要折扣票价的价格超过未来全票价订座所能带来的期望收益就应该接受折扣价订座"的折扣座位分配规则是座位控制方法研究的开始，这一简单的两个票价等级的座位控制规则被称为 Littlewood 准则。

美国航空运输放松管制的后果之一是轮辐式航线网络的形成，使得航空公司能够使用同样多的航班数通过枢纽连接更多的城市对，从而服务更多的旅客。这个市场环境给座位分配问题增加了新的难度，特定的航班上可能承运的是不同起讫点的旅客，支付着不同的票价。座位分配问题要决定航班上最优的顾客起讫点组合，这就是航空公司收益管理中的"流量管理"部分，也即网络座位分配问题。

从收益管理的历史发展可以看出，收益管理的组成部分包括超订、多等级票价体系、座位优化分配。这三部分共同作用，使得航空公司有效提高载运率的同时，维持了收益，提高了航班座位资源的利用效率。收益管理的决策支持系统——收益管理系统已经成为航空公司在市场竞争中不可或缺的一个竞争工具。

1.3 收益管理的基本方法

1.3.1 预测

预测是收益管理的基础，也是最重要的部分。曾有业内人士估计，预测误差如能减少便能带来收益的增长。收益管理预测主要包括顾客需求预测，顾客取消概率和已经预订但直到产品或者服务到期没有取消也没有消费的预测。因此，对于航空公司而言，需求预测直接关系到它们接受预订的票额数限制，进而影响它们整个公司的收益情况。而且航空公司的需求预测结果和超售情况密切相关，因为超订情况下的预测依据是最后座位的需求情况、No-show 的情况以及取消预定的情况。

对于需求预测的研究可使用下列两种方法：统计方法和随机过程方法。统计方法是对需求分布建模，通过对旅客需求分布的研究来建立描述旅客订座、取消和缺席(No-show)等行为的统计模型，大量的实验研究表明正态概率分布可以较好地拟合总需求的分布。Beckmann 与 Bobkowski 在 1958 年最早对旅客到达人数的分布进行了研究，在对比了负指数分布、Gamma 分布以及泊松分布与各家航空公司实际数据的匹配情况后，得出 Gamma 分布与实际数据较为吻合。但是，英国欧洲航空公司的研究人员 Taylor 在 1962 年时的研究认为，旅客订票的行为方式与其乘机有密切关系。观察分析乘客订座的一般规律后可预测出航班起飞时的乘机总人数。Taylor 的研究得出了订座与超售、取消订座的直接联系。他认为如果将订票看作需求，那么就可以为舱位控制、定价提供分析基础。所以 Taylor 的研究结果变成了研究航空运输中的收益管理的主要思想。

随机过程方法是建立到达过程的模型，根据对单个的订座需求的到达过程进行分析研究，从而建立起随机到达过程的模型，最后依先后顺序完成总需求分布的构造。大量研究分析表明，较为切合实际数据的分布是通过混合泊松过程求得的累积分布。

然而，在航空运输业的实际运用中，收益管理的预测研究要考虑许多实际应用的特殊问题。例如，关于需求的"溢出"问题、聚合或分解问题等。由于订座和容量这两方面的限制，预测所用的历史订座数据并不代表真正的全部需求，而是受约束的需求。

目前，大部分需求预测的方法还是运用比较简单易行的移动平均和平滑，以及对近期订座情况的分析，但对一些特殊情况则采用人工干涉。上述的方法都是根据研究需求的分布进行预测，构成了预测的一个重要分支。然而另一个分支则是基于时间序列的预测，是主要根据历史需求数据推定当前需求数据。由于航空需求的不确定性，每周的每一天的需求都会千差万别，尤其是淡旺季的差别，所以仔细收集详细的历史数据非常重要。而且这类方法使用难度不高、理论深度浅显。由于计算机系统的广泛应用，这类方法取得的效果也不容小觑。

1.3.2 定价

价格是企业引导顾客需求，平衡淡旺季的重要手段。以酒店业为例，酒店定价的方法有很多种，主要可分为以下几类：

（1）以成本或利润为中心的定价法。该方法是一种传统的定价方法，主要有成本加成定价法、保本点定价法和目标利润定价法。其中，成本加成定价法即在单位舱位的基础上加上期望的利润和税费来综合制定价格。此方法仅考虑了成本，无法反映需求和竞争情况。另外，单位成本也无法在产品价格确定之前确定。保本定价法是以保本点的总成本为依据来制定价格。此方法需要先精确预测出保本点的销售水平，但是价格的变化又会影响销量的变化，二者互相牵制，难以预测。目标利润法即先评估未来的销量和总的成本，然后加上目标利润来计算。此方法由保本定价法衍生而来，具有同样的缺陷。

（2）以竞争为中心的定价法。该方法考虑了市场竞争的情况，主要包括随行就市法和主动竞争法。其中随行就市法是以市场上同类型和档次的价格为参考，制定自己的价格，即价格随着竞争对手价格的变化而变化。主动竞争法是根据自己的经营情况和竞争对手的情况来制定不同于竞争对手的价格，如在淡季时，推出比竞争对手更低的价格以吸引有限的顾客。此方法容易引起价格战。

（3）差异定价法。此方法是收益管理常用的定价方法。差异定价方法是根据顾客不同的需求特征和价格敏感程度向顾客执行不同的价格标准。首先将市场进行细分，然后在向一个细分市场的顾客进行销售打折的同时，不会影响另一个细分市场的收入。

（4）动态定价是指企业依据旅客需求的多样性及不同时刻旅客对于产品价值认同的差异，将产品设定为不同价格的过程。例如，航空公司将旅客划分为对时间较为敏感的商务乘客和对价格较为敏感的休闲乘客。商务乘客一般倾向于较晚订票，而休闲乘客通常较早订票。为此，在销售早期，航空公司一般销售折扣票；而在飞机起飞前期，航空公司则销售全价票。动态定价是一种商品对不同的消费者收取不同的价格的行为。

1.3.3 超售

超售指的是在飞机起飞前航班实际售出的座位数超过该航班实际拥有的产品数。由于乘客可以撤销在航空公司预定的座位，且不需要赔付任何费用，甚至退票或者误机也仅仅需要赔付少量的费用,这就要求航空公司必须采用超售的办法进行产品的销售。我国的东航在国内航班中大约有5%~10%的乘客在预定座位后,却没有完成订单而成为No-show乘客;而在国际航班中,这一比例进一步增加到10%~15%,一些航班甚至高达20%。这就导致了一些乘客所看到的明明很难订到票的航班,登机后却又遇到机舱内有许多空位的情况。所以,超售的使用,使航空公司可以在一定程度上减少那些撤销预定的乘客、No-show和重复预定座位所产生的虚耗损失。

由于可以使航空公司获得额外的收益,所以在航空公司的收益管理的实施中,超售已经成为其不可或缺的一种方法。然而,超售的使用同样存在着风险。一般情况下,超售是通过乘客No-show概率和乘客座位预定的取消率来预测的。这就导致了航空公司不仅可能会因为超售的不足而产生座位的虚耗损失,而且可能会因为过度地进行超售,而出现一些乘客在购买机票后却没有座位的情况,增加了航空公司赔偿的费用。甚至,过度超售会导致乘客对航空公司的投诉,这种做法往往会伤害航空公司的声誉。所以,在对于这些过度超售而产生的乘客的处理程序还没能进一步完善之前,航空公司对于超售程度的确定,往往采取比较保守的态度,以将过度超售的可能性降到最低。但是,在一些航班密度相对小的航线上,航空公司还是会有由于过度超售所导致的投诉情况的出现。

在当前情况下,已经有大多数国家对于超售的做法持同意的态度。航空公司在进行超售时,主要考虑两个方面:座位的虚耗损失以及过度超售后补偿所产生的损失。一般来说,超售的程度越小,过度超售的概率就越小,而越有可能出现空位虚耗损失;超售的程度越大,空座虚耗损失的概率就越小,就越有可能过度超售。所以,为了将损失的可能性降到最小,航空公司使用计算机系统,通过飞机的载量、航班频率、预定座位的取消概率、目前的座位预定情况、No-show概率、乘客对超售的态度和对过度超售所产生的乘客处理程序等,制定超售的数量,以有效地利用飞机上的座位,尽可能地减少航空公司的损失,增加该航班的利润。总的来说,过度超售所产生的补偿和航空公司通过超售而获得的巨大收益比起来,可以说微不足道,但是这种做法却会给航空公司的信誉带来较大的影响。

1.3.4 舱位控制

舱位控制指的是按照比例分配同等级舱位,制定多等级舱位价格进行销售。而分配舱位座位的目的是保证订座时间相对较晚的高票价需求的乘客可以购买得到机票,对低价票的产品数量进行控制和限制,尽可能地利用飞机座位的价值,使航空公司的收益最大化。而这种做法的原因是航空公司认为乘客对于低价票的需求远大于飞机的实际运力,若不对其进行控制,将会使高票价需求的乘客的座位被占用;高票价需求乘客预定座位的时间一般要晚于低票价需求的乘客,预定座位的时间上存在时间差;若完全放弃低价票需求乘客的市场,却可能会导致由于高价票需求的乘客较少而出现航班座位虚耗的情况。

所以,航空公司应该通过对历史数据的有效利用,对各等级舱位未来的乘客需求进行精确地预测,并根据座位的预定情况、航班的运力、市场竞争者的价格策略和乘客的购票形式等,依次由高到低确定高票价座位的控制数量,以使舱位分配管理更加有效,保证高票价需求乘客预定座位的需求。然而,如果高票价的座位控制的数量过多,可能会导致由于高票价需求乘客较少而出现空余座位虚耗损失的现象;若高票价的座位控制的数量过少,就可能会影响高票价需求乘客的订座需求,减少航空公司的收益。所以,航空公司应使用科学的方法,合理地分配高收益座位的比例。

1.3.5 团队管理

团队管理作为收益管理的重要构成之一,其指的是依照航班的实际情况,对于团体预定座位的订单有选择地接受或拒绝的过程。团体乘客与一般的散客不一样,团体乘客经常会出现取消部分或全部预定的座位的情况,甚至取消预定时已经离航班起飞时间很近,导致航空公司因为没有时间将这些被取消的座位再销售出去而出现较大的经济损失。并且,团体乘客出现 No-show 的可能性较大。所以,在确定团体乘客座位预定的接受与否时,航空公司不可以仅仅根据当前的航班是否还有足够的空余座位来确定,而需利用计算机系统对该航班可能的销售量进行预测,尽可能利用当日订座相对较少的航班。并且,航空公司还应该计算订座团体取消座位预定的可能性,制定出行限制条件,寻找该团体乘客所有可选择的航线,计算其需支付的票价费用,以进行合理的决策。

通过上述收益管理的几种方法最大化航班收益,以不同的视角提升了航班的收益。这些方法都要求航空公司对乘客行为进行预测,并使用合适的方法和手段,去寻找提升收益的机会。正常来说,航空公司为了最大化航班的收益,并且让乘客满意,其所有的工作都是在艰难的权衡中完成的,超售是"拒绝乘客登机"和"座位虚耗"的权衡;舱位座位分配是"早售票,收益低"与"晚售票,收益高"的权衡;团队管理是"低收益,乘客量大"和"高收益,乘客量小且不确定"的权衡。而航空公司正是在这些权衡之中寻找并把握市场规律,以获得最大的收益。

1.4 航空公司供需匹配业务分析

收益管理的本质是指通过微观市场需求的动态变化为消费者提供适应不同需求的产品,以最有效地利用航空公司的资源。因此,在航空公司资源配置的优化方面应用收益管理的理念,尤其是在市场需求和生产系统的匹配上,是很有意义的。

因为航空运输需求波动较大,时间上的季节性,空间上的不均衡性,而航空运输生产系统资本密集、短时间内生产能力固定;柔性不足,不能通过需求的变化特点适时对生产规模进行调整。这种生产和需求的矛盾对航空运输的生产控制提出了更高的要求。因此,提高航空公司生产资源利用效率的核心在于怎样针对市场需求配置生产资源,通过可控的价格信息等适时调整不均衡的市场需求,从而高效地利用有限的运力资源。

乘客订座时,将会通过怎样的价格预定怎样的座位,并满足乘客的出行愿望,这是公司进行供需匹配的最终体现。这就要求对座位进行实时的控制,也就是航空公司是否接受乘客在特定的价格和航班上的预定申请。

这一决策的制定,要求航空公司提前开展对产品的开发和定价,并分配航班座位。也就是说,通过制定座位的销售规划,要更好地实现其销售目标,应该以怎样的价格售出多少座位。因此,可将航空公司的市场需求和运输能力匹配的问题划分成以下几个层次:定价和座位销售计划、运力计划以及销售座位的实时控制决策。

定价与座位销售计划、收益管理和市场营销是与如何售卖座位相关的一套理论和方法。

它解释了应以怎样的价格售出多少产品。

运力计划指的是开发产品的计划,也就是航空公司将什么售卖给顾客。航班时刻表是其最终的结果。座位的数量,起飞时间,飞行起点和终点由它确定。

座位销售实时控制决策,即为日常的座位控制接受或拒绝决策。

综上所述,各领域利用计划及控制两种方法,利用各种决策的方法、频率、支持信息和支持系统,以实现整个供需匹配问题的盈利。各领域都有其时间限制、目标和限制条件,利用内在的决策机制以实现整个盈利目标。航空公司在运营中存在的供需匹配问题如图1-2所示。需求预测信息在决策支持信息中是最关键的。

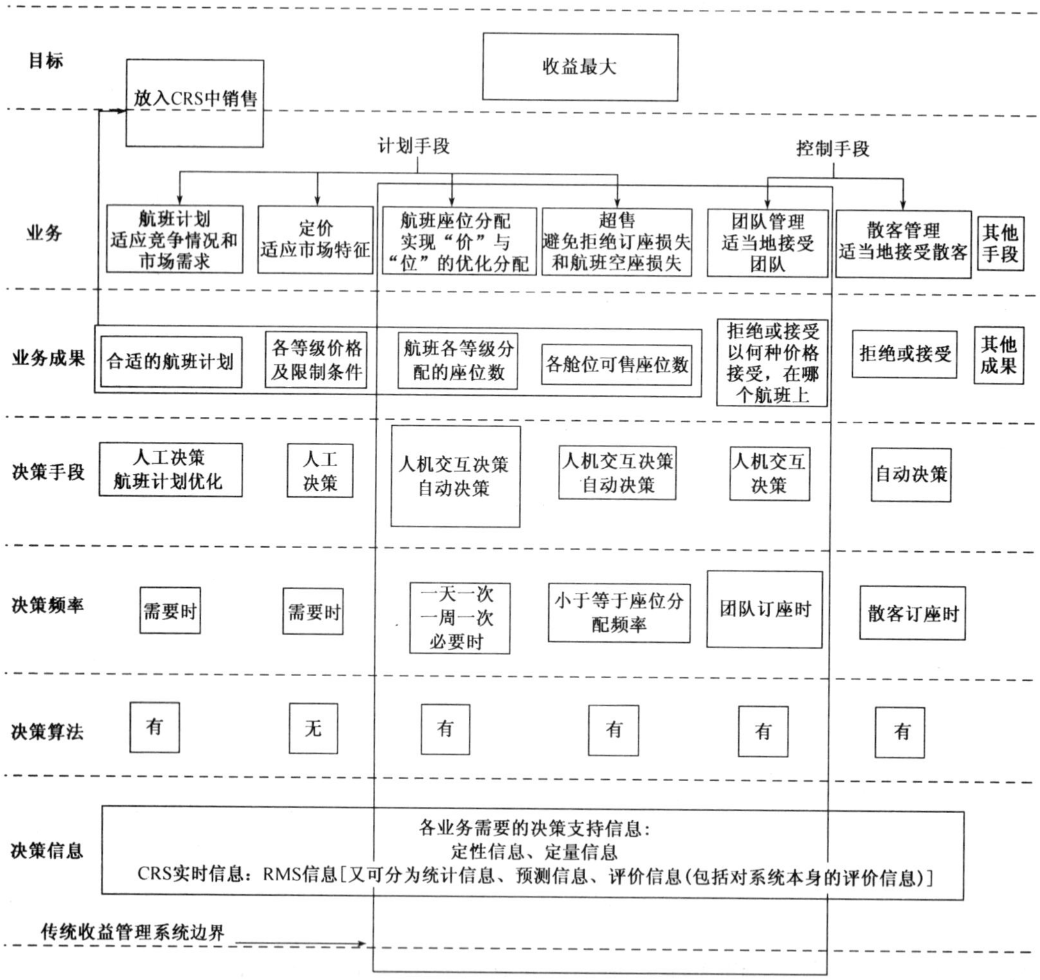

目标								
	放入CRS中销售				收益最大			
			计划手段			控制手段		
业务	航班计划 适应竞争情况和市场需求	定价 适应市场特征	航班座位分配 实现"价"与"位"的优化分配	超售 避免拒绝订座损失和航班空座损失		团队管理 适当地接受团队	散客管理 适当地接受散客	其他手段
业务成果	合适的航班计划	各等级价格及限制条件	航班各等级分配的座位数	各舱位可售座位数		拒绝或接受以何种价格接受,在哪个航班上	拒绝或接受	其他成果
决策手段	人工决策 航班计划优化	人工决策	人机交互决策 自动决策	人机交互决策 自动决策		人机交互决策	自动决策	
决策频率	需要时	需要时	一天一次 一周一次 必要时	小于等于座位分配频率		团队订座时	散客订座时	
决策算法	有	无	有	有		有	有	
决策信息	CRS实时信息;RMS信息[又可分为统计信息、预测信息、评价信息(包括对系统本身的评价信息)]		各业务需要的决策支持信息: 定性信息、定量信息					
传统收益管理系统边界								

图1-2 航空公司运营中的供需匹配问题

本章思考题

1. 什么是收益管理?收益管理要解决什么问题?
2. 收益管理的目标是什么?
3. 航空运输的特点是什么?

微信扫码,
加入【本书话题交流群】
与同读本书的读者,讨论本书相关话题,交流阅读心得

第 2 章 定价的基本介绍

本章关键字

定价方法(Pricing Methods)　　　　成本要素(Cost Element)
航空公司成本(Airline Cost)　　　　价值(Value)　　　价格(Price)

教学重点

1. 定价的基本原理。
2. 常用定价方法。
3. 航空公司的成本类别。
4. 收益管理中的定价流程。
5. 航空公司定价发展历程。

> 定价过程中要充分地把收益管理的关键体现出来,从顾客需求和市场需求的角度出发。虽然收益管理的重心是以市场而非成本为定价的主要依据,但是管理者也要对公司的成本情况做到心中有数,掌握公司的基本组织架构,定价的前期准备工作也为今后制定多等级票价提供理论基础。

2.1 定价的基本原理

定价在航空公司的收益管理中起到了重要的作用,是直接决定公司效益与乘客选择的关键因素。价格不仅仅是反映公司收入的决定因素,也对市场需求起到了一定的调节作用。在航空公司的实际定价中,受到了很多方面的影响,但其基本原理主要是:以政府宏观调控为主,根据公司成本或盈亏方法制定详细方案;以市场需求为导向因素,实际机票价格根据市场波动和其他竞争等因素来具体分析制定。

2.1.1 价值对价格的影响

产品价值决定了基本价格,价值取决于生产产品所需要的社会必要劳动时间,价格是商品价值的一种货币体现。对于航空公司来讲,其价值不仅仅体现在人员工资,建造机场、飞机等所需要的固定成本,也包括以燃油为主的其他可变成本。不同的航班路线所耗费的燃油、调度难度、机组人员在岗时间不同,因此产生的价值也不同。由此可见,飞行时间久,路线距离长的航班定价也就相对较高;飞行时间短,路程较近的航班定价也就相对较低。

2.1.2 购买能力对价格的影响

对于消费者来说,收入水平直接决定了消费者的购买能力,从而也就影响到了市场需求与价格。当消费者的收入水平较低时,他们更倾向于选择经济的出行方式,因此航空产业的机票价格就会相对较低;当消费者收入水平较高时,其购买能力强,机票价格也就会随之上涨。此外,消费者的购买能力也受到政治经济因素、物价水平、自身消费习惯、年龄和职业等影响。根据消费者的购买能力来制定机票价格,也是收益管理的重要组成部分。

2.1.3 竞争环境对价格的影响

在竞争环境下,航空公司在制定最终机票价格的过程中,不但要考虑到其他航空公司的价格,也要考虑到来自铁路和公路等其他交通方式的影响。这是一个不断博弈的过程,竞争态势决定了航空公司最终的机票价格。通常情况下,乘客在选择某一种交通出行方式时,也会对其他交通方式的价格、舒适度和时间等因素进行比较。因此,在制定价格的过程中,也要考虑到竞争对手的价格,在不断的博弈当中找到相对均衡的价格。

2.2 常用定价方法

定价主要受到成本、顾客需求和竞争环境等影响,因此目前主要的定价方法也倾向于以上述几种因素为基础来制定价格。

2.2.1 成本导向定价法

成本导向定价是以成本为基础,加上一定的附加费用来作为最终价格。这种方法简单实用,便于操作。它主要是以成本为导向,附加一定比例的利润(加成率)。这种方法通常具有一定的稳定性,能够保证竞争者之间价格的普遍一致。

成本加成定价法在具体核算过程中主要需要考虑成本和适当的加成率,其中根据成本的核算标准不同,主要分为以下两种方法:

(1) 平均成本加成定价法。这种方法是指企业在定价过程种将固定成本和可变成本看作产品的平均成本,再加上一定比例的利润,将其作为产品的价格。具体公式为:

$$产品价格 = (产品固定成本 + 产品可变成本) \times 成本加成率$$

(2) 边际成本加成定价法。企业在定价过程中仅考虑可变成本,再此基础上加上一定的边际贡献。具体公式为:

$$产品价格 = 产品可变成本 + 产品边际贡献$$

成本加成定价法简单易懂,但其缺点是不能适应市场与竞争环境,不能有效地对价格进行调控,尤其是不能适应航空公司差别定价的要求,往往不能最大化地实现收益目标。但基于其简单的定价原理,目前仍有航空公司会使用这种方法来定价。由于航空公司的边际成本较难准确预估,故航空公司大多根据平均成本加成定价法来制定客运票价。

2.2.2 需求导向定价法

顾名思义,需求导向定价法就是以市场需求为出发点,从消费者的角度出发,为不同类型的乘客制定不同的价格准则。它主要是根据不同乘客的认知和需求程度不同来制定价格。需求导向定价法可以主要分为差别定价法、价值评定法和弹性定价法。

1. 差别定价法

差别定价法就是根据需求的差异来制定不同的价位,它能够更好地满足市场需要,实现公司的利益最大化。对于航空公司来说,主要是根据差别定价来制定多等级舱位以满足不同旅客的需求。这种定价法常用于交通运输行业或酒店等易逝品行业,即根据产品差异或消费差异,为不同类别的产品制造不同的价格,实现收益的最大化。

2. 价值评定法

价值评定法是根据消费者对产品的感知程度不同来制定价格,在一定的价格限度内,如果能满足消费者心理预期价位,增强其对品牌价值的认知,可以适当提升价格来满足收益最大化。例如,在旅游、春运等特殊时期,市场需求量较大,航班会通过提升票价的方式来获得更多的收益;反之,在旅游淡季,航空公司通常会推出特价机票来吸引乘客选择航班出行。通过对市场需求的预测和波动情况,判断乘客的心理预估价位,从而制定相应的价格,这种方法也可以称为动态定价,它能够根据市场需要来对票价进行动态的调节,能够有效地制定票价方案。

3. 弹性定价法

弹性定价法是根据价格弹性来制定价格策略,如价格优化,即通过对市场的预测和需求的价格弹性来制定价格。当价格弹性系数大于1,可适当降低价格;当价格弹性系数小于1,可适当提升价格。根据市场需求变化来调节价格,能更有效地实现收益的提升。

特别需要指出的是,以需求为导向的定价方法并不是完全不考虑公司成本,而是在成本的基础上,考虑整体收益最大化,根据市场需求制定适合整体的定价方案,而不是考虑每一个单独个体获得的利润。这种方法的重点是对市场需求的准确预测,保证合理的偏差范围,实现与需求相对应的定价方案。

2.2.3 竞争导向定价法

竞争导向定价法是指在竞争环境下,制定价格时以其他同类公司的价格为参考依据,并随着对方的价格变动而变动的定价方法。这种定价方法下,由于双方内部组织结构并不一定完全相同,公司定价具有一定的盲目性,长此以往有可能会引发价格战。以竞争为导向的定价方法主要有以下三种。

1. 通行价格定价法

通行价格定价法主要是以竞争对手的平均价格为基准设定本公司的价格,是相对具有秩序性的一种方法。各个公司之间以同类产业的通行价格作为自身的价格,能够平衡市场需要,能够避免价格战为企业带来的损失,保证企业之间友好相处,有序发展。但这种定价方式不能将企业的特色优势展现出来,不利于打造品牌效应,是一种简单而又相对保险的定价方法。

2. 投标定价法

投标定价法是一种以投标进行定价的方法，商家根据判断当前市场需求情况，将自身闲置或未充分利用的产品以投标的形式进行定价。这时，一些中间商进行招标，决定是否与投标公司进行合作。这种方法需要投标企业对产品合理预估，若定价过高，可能导致中标率过低而丧失客户；定价过低，将出现亏损或不能实现利润的最大化。同时，要考虑竞争对手的实际情况，如可能报价、公司影响力、产品质量等。这也就需要投标公司对市场和自身情况合理预估与判断，找到一个合理的报价方案。

3. 主动竞争定价法

主动竞争定价法也可看作是差异化定价方法的一种，这种方法是指商家在定价过程中通过打造自身的品牌特色，制定出与其他竞争公司不同的销售策略，深度挖掘自身潜力，得到与自身服务理念相适应的定价方案。这种方法更符合收益管理所关注的重点，即定价规则更具主动性，能适应市场需求的变化。例如，航空公司在餐饮、会员积分制度、服务质量、品牌影响力等方面存在着不同的差异，这使得不同类型的乘客有着自己独特的公司喜好，会更倾向于选择自己常常乘坐的航班出行。即便有些航空公司的航班定价相对过高，但基于其更好的品牌特色，忠诚的乘客仍旧会选择该公司的航班出行。这种差异化的定价方法更值得公司去学习与借鉴。

2.2.4 服务导向定价法

服务导向定价法是以服务成本为依据的定价方法，通常根据地区经济差异、舱位差异所带来的服务成本差异来制定价格。这种方法通常作为最终定价前的辅助措施，如国际航班与国内航班在饮食标准上的费用差异，机组人员的服务质量差异，舱内娱乐设施差异等，根据服务成本的不同来适当提升或降低机票价格，从而更好地适应市场，提升收益。

2.3 定价的成本因素

在航空公司制定票价的过程中需要考虑到很多项因素，其中最主要的就是成本构成。掌握航空公司的各项成本要素对收益管理有着重要的指导意义。具体来说，航空公司的成本可体现为以下几类。

2.3.1 飞机所有权

飞机所有权是指与飞机的使用权相关的一系列成本，一般航空公司向飞机租赁方租借飞机投入使用，这时需要付出很大一部分的租赁成本。飞机的租赁可分为营运租赁和融资租赁，其中经营性租赁是指在合同有效期内，承租人（航空公司）向出租人（飞机租赁商）交付租金以获得飞机的使用权；融资租赁是指出租方根据承租方的要求购进飞机后租赁给承租方，合同期满时承租人可以按残值将飞机进行购买从而获得其所有权。除此以外，飞机所有权成本还涉及了飞机折旧成本以及购买飞机所需的利息。

2.3.2 机组成员

对于客运飞机来说,机组成员的工资也产生了很大一部分的成本。除了飞行驾驶人员以外,也包括了其他机组乘务人员。不同飞机机型、航班路线所产生的成本也不同,需要分门别类地进行讨论。机组人员工资所带来的成本既包括固定工资带来的成本,也包括可变工资产生的成本。其中,固定成本主要包括基本的机组人员工资,培训驾驶员和空乘人员所带来的费用以及后期机组人员培训或拆装实训带来的费用。可变成本主要是根据轮挡时间或起降次数来决定的工资,如机组成员的轮挡小时费,特殊航线所带来的额外起降费补贴和在外地停留的补助津贴等,这些部分都是受到特定条件或时间限制而发生变动的工资成本。

2.3.3 日常维护

维护成本是由检查飞机零部件、操作系统、发动机情况等一系列相关因素所带来的成本,具体成本与飞机机型和飞行状况有很大的关系。其中,除了基本的维护所带来的直接材料成本,也包括人工费用和相关部门的管理费用。飞机维护主要包括航线维护、机体维护和发动机维护。其中航线维护是每天必须要执行的检查工作,机体维护和发动机维护分为简单的日常检查或大修检查,需要根据使用年限、次数等情况进行判断。

2.3.4 燃油成本

飞机的燃油使用情况是航空公司最为主要的变动成本,随着国际燃油价格的上涨,如何将燃油效率最大限度的发挥成为航空公司节约成本的重要因素。燃油的耗费率不仅与机型密切相关,也和飞机起落次数、飞行方式、飞行高度、风力等有着很大的关系。因此,运营管理人员应该对航线进行优化,保证合理的飞行距离和起落次数,保证在运送乘客的基本目的下优化航线结构,提高驾驶员的业务素质。保证燃油效率不仅是节约成本的体现,也是减少碳排放,保护环境的重要举措。

2.3.5 服务成本

服务成本是指在机场以及飞机客舱内为旅客提供餐饮、一次性纸杯、个人用品、休闲设施等所带来的成本。现如今服务以及舒适度对旅客的影响越来越大,航空公司也就愈加重视提高服务质量,打造品牌特色。其中,普通舱与头等舱的服务水平也有着显著差距,这些所带来的服务成本也就不同,不同会员等级的乘客所享受的服务也存在着差异。打造航空公司特色服务,有利于吸引更多乘客,从而提升整体收益。

2.3.6 航路费

航路费是执行国际航线任务时,由于跨越国家所带来的费用。一般情况下,航路费按照飞行距离和飞机重量计算。

2.3.7 起降费用

起降费用是机场对航空公司所收取的占用机场并进行起降过程所需的费用,与最大起飞重量、着陆重量、起降时间等有关。它可以按次数收费,也可以按淡旺季进行收费。

2.3.8 保险费用

这项费用主要是包括旅客安全险、战争险和机身险在内的保险费用,是为了保障飞机在运输过程中可能出现的意外灾害所带来的损失。通常旅客险由飞行路线和距离所决定,战争险则受到当前政治和地区因素的影响,机身险费用通常不超过飞机总费用的5%,同时也要考虑航空公司以往的安全情况、飞机数量和使用时间等因素。

2.3.9 民航发展基金

民航建设基金是用于对机场、航空相关的设施设备建设的政府基金,收取标准根据飞机的最大起飞重量和飞行距离来决定。该基金主要为了对机场设施进行建设和补贴,并支持航空产业的发展建设和项目开发研究。

2.3.10 地面服务费

地面服务费用主要包括飞机正常运行配套的相关地面服务费用和客运、货运涉及的地面服务费用等。其中飞机地面服务费包括通信服务、机场摆渡车、客梯服务、飞机引导、清洁服务和停车费用等;客货运服务包括值机、上下客服务和行李包裹处理费用等,这些与设备情况、人员办事效率、组织运营状况有关。

2.3.11 销售过程相关费用

销售过程中涉及的费用主要是中介代理费、全球分销系统使用费以及广告费等。其中销售机票过程中向中介支付的代理费用占据绝大一部分比例,此外,全球分销系统GDS为航空公司提供了主要销售手段和技术支持,随着中国旅游业的发展,GDS将可能进一步获得开放。

2.3.12 其他财务与管理费用

财务成本主要是指与飞机运行无关的费用,通常用于办公室、建筑、机场设施、通信设备等与飞机不相干的费用,主要涉及一些零碎的财务费用。管理费用则主要包括一些管理人员的工资、福利、其他办公物品消耗等。

2.4 定价的基本流程

收益管理中的定价过程主要侧重于对市场的正确评估、监控和利用数学方法分析的能力。图2-1为定价和优化收益的一个基本流程。

在该图中,方形虚线区域内主要展示了定价与收益最大化的关键流程,是执行定价过程中必须使用的方法。其他步骤流程是判断定价方案的支持要素,是保证定价准确性的重要手段。整个过程各步骤息息相关,缺一不可,必须充分对市场现状进行分析,发挥市场作用,掌握定价的影响因素。

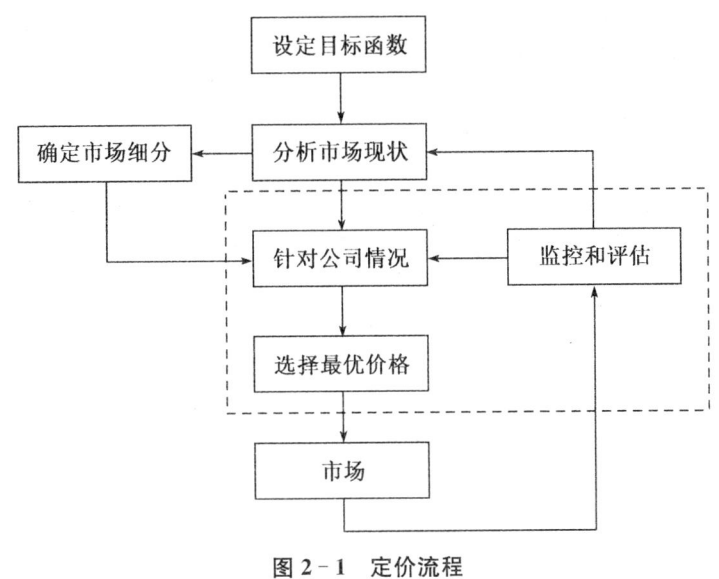

图 2-1 定价流程

2.4.1 定价流程的相关因素说明

定价与收益管理流程中,市场对定价的影响是最为关键的因素。根据市场需求情况,航空公司的收益管理系统可以随时调控剩余舱位的价格情况。

1. 设定目标函数与约束条件

基本的目标函数形式是满足收益最大化,在制定总目标的情况下,在这个过程中公司需要通过保证市场份额和价格的合理,价格太高,可能丧失市场份额;价格过低,又有可能出现亏损。因此,在保证公司利润最大化的同时,需要制定一系列的约束条件,如市场上某些规则的限制、公司成本、政府管制情况、舱位数量等,这样才能完成一个基本的优化问题。实际过程中,公司总收益不能仅仅考虑短期利益,有时常常要制定更加复杂的动态规划模型,考虑在长期情况下实现公司对市场份额的争取与收益的提升。

2. 分析市场现状

分析市场现状情况,进一步来说就是进行市场细分,确定市场反应。其中市场细分就是根据市场中消费者的不同特征(如年龄、性别、行业、购买意愿等)对其进行划分,进而确定价格反应函数;市场反应就是研究在营销过程中消费者和竞争者的反应对销售量的影响。通过分析市场现状,对实施的价格进行分析。

3. 针对公司情况分析可行价格

确定了市场情况后,需要根据公司基本架构、成本情况、竞争对手和消费者反应分析可行价格。在最终确定可行价格前,整个过程形成一个闭环系统,通过市场的反馈来不断优化价格与收益模型,确保价格的合理准确。

4. 选择最优价格

通过不断对市场和公司结构的分析,确定最终的最优价格。之后将这个最优价格继续投入市场,再通过一个闭环系统对价格与收益进行不断的改进和优化,从而保证定价结果的准确可靠。

5. 监控和评估

监控和评估的过程就是对市场真实情况的不断反馈与分析，通过对市场的实时监控，对价格和收益进行评估、再优化的过程，它是保证整个定价流程准确进行的关键手段。当最新的价格投入到市场之后，观察是否得到预期效果。如果能，则说明该模型有效，那么就研究能否继续优化定价来提供收益；如果未能达到预期效果，说明之前的模型未能充分符合市场情况，这时就要对市场进行重新评估，通过整个闭环系统对整个定价流程进行重新的调整和优化。

2.4.2 定价过程中的动态性

定价过程通常是一个不断变化的动态过程，尤其对于航空产业来说，通常受到季节性的影响。从旅游和返程淡季的打折机票，到春运时期的全价机票，价格的变动都和市场有着密切的关系。特别的，由于航空产业依赖于燃油价格，而燃油价格如同黄金市场一样，每天每时都在随着国际形势和战争情况而出现波动。这些因素都影响着航空产业的机票价格。

航空产业定价的动态性和周期性对航空公司的收益管理也提出了巨大的挑战，市场结构越来越复杂，乘客的需求越来越多样化，航空公司定价策略的灵活性也就十分重要。目前航空公司主要依赖于利用计算机形式的收益管理系统来对价格进行判断和评估，这种系统相对来说更加智能化。因此，在整个定价过程中，需要对航空公司的票价进行不断的监控，结合市场中顾客需求的变化对票价进行不断的调整。此外，根据市场细分原则，针对商务旅客和休闲旅客来说，机票的价格也存在着差异。尤其是临近飞机起飞前，对于休闲型旅客一般都会将剩余舱位机票进行打折处理，与此同时还要预留一部分原价机票给商务型旅客，以达到收益的最大化。

因此，在定价方法中，动态定价也是一种常见的定价方法，它更符合收益管理的内涵。根据时间的变化规律和市场的反馈情况，对价格做出实时调整，这样才能更加有效地挖掘市场规律，从而对价格的变动做出合理的评估。

2.4.3 定价的调整

随着航空运输产业的日益蓬勃发展，来自竞争者的威胁、市场进出壁垒的降低、乘客偏好的变化等都会导致公司票价不可避免地出现调整。定价过程出现一些不确定因素是对公司的新的考验，重新考虑市场结构的变化，有效地调整定价策略，对公司的发展来说是至关重要的。

当公司目前制定的价格与市场情况不符时，就要对票价进行调整。其中，考虑的重点因素包括竞争者策略、剩余舱位数量、运营成本变化、收益值与预期标准的差距。如果对价格进行调整，那么航空运输需求量一定会发生相应的变化，这时应该考虑航班舱位能否满足乘客需求，航班频率是否能够满足运输需要等。票价的调整不仅仅会影响到自身的效益，也会对竞争者的策略产生一定的影响，从而影响到全部航空产业的整体定价趋势。因此，公司在定价的过程中要充分考虑公司内部和外部环境的变化情况，根据实际对票价做出相应调整。通常情况下，公司票价调整主要有以下几种情况。

1. 出现新的进入者

当市场中出现了新的竞争者时,此时会对整个原有航空公司产生一系列的影响。原有的协定和规则被突然打破,当多寡头垄断的情形受到冲击,票价的调整是在所难免的事情。如果新加入的竞争者是小规模的航空公司,那么它对现有航空公司的冲击只是一时的,即便该竞争者在刚开始采取价格战的方式吸引顾客,但在此情况下,它的服务质量、品牌效应、市场规模都无法和已有公司相媲美,原有公司所形成的忠实旅客仍然会选择自己所熟悉的航班出行,一旦等到该竞争者的价格恢复到市场正常水平,其整体水平仍然无法和大公司相比较。但如果新加入者是具备一定资源和能力的大公司,其市场影响力足以撼动目前市场分配现状,此时就需要对价格进行调整。通常情况下,如果面临这种情况,航空公司就要适当降低航班票价,但一般只会在经济舱做出降价,为了保证收益,公司不得不提高商务舱的票价。在长期博弈过程中,各个航空公司也会逐渐重新建立一种新的平衡状态,实现各自的最大收益。

2. 竞争者价格的变动

如果市场中处于竞争地位的航空公司票价出现调整,那么也会对本公司产生一定的冲击。竞争者的票价变动原因可能是组织架构的变化、成本的变动、市场需求的变动等,要深入分析其不同的调整原因,找到其变动的初衷所在,才能更好地决定自身的定价应该如何变动。在调价过程中,要充分分析当前的市场现状和价格弹性曲线,结合博弈论的思想,分析竞争者的票价变动对自身的影响。从长远角度出发,找到适合自身的定价策略。由于航空运输产业是一个重要的运输方式,人们对其票价往往比较敏感,因此在票价调整时要充分考虑市场情况、自身成本、竞争对手的公司运营方式和定价策略,对票价调整一定要充分做出评估,确定好调整幅度,通过定性分析与定量分析相结合的方法,将公司在整个市场中的份额做出合理分析,再针对性地调整票价。

3. 收益管理整体目标的体现

收益管理的核心就是以市场为中心,对不同的顾客进行细分,为最具备价值的顾客保留剩余舱位。因此,航空公司为此设置了不同等级的舱位价格以及数量。在航空市场淡旺季,为了提高收益,通常会采取降价或提价的方式,而这种舱位分配制度不可避免地会在不同时期产生不同的价格。而在一些特定的组合产品销售模式下,为了保证每个等级的舱位价格不出现交叉,就要对各个舱位的价格进行实时调整。此外,为了实现整体的最大收益,有时也需要对不同等级的舱位票价进行不同的调整,如降低低等级舱位票价,提高高等级舱位票价。这些调整方案都是为了实现收益管理的合理性与完整性。

以上几种情况分别从外部环境和内部环境的基础上进行讨论,阐述了票价调整的几种常见原因。在调整票价的过程中,必须要抓准市场需求变化,了解价格弹性,对竞争者的策略做出及时的反馈。此外,价格的调整也受到经济水平的变化、居民收入的变化、社会政策以及环境、战争的影响,在制定价格时应该充分予以考虑。

2.5 航空公司定价发展历程

纵观发达国家的航空业定价策略,大多都是由政府统一管控到逐步放松干预,最后到航空公司自主定价的过程。我国航空业起步较晚,20世纪末开始至今,航空公司的定价主要经历了以下几个时期。

2.5.1 政府统一定价时期

从新中国成立以来,航空业开始逐渐发展。由于初期缺乏航空制造与运输相关经验,航空业主要受到政府的支持与管控。1949年—1974年这段时间,中国的航空公司票价由政府统一规定价格,航空公司必须按照规定实施价格方案。1974年—1997年,在政府统一定价的基础上,政府开始进行航空定价的改革。其中,从1974年开始,政府开始第一次实施差别定价,针对中国境内与境外的乘客进行划分,分别采取低价与高价两种票价等级方案。从1984年到1997年,政府开始对境内和境外人员的票价进行进一步调整,境内人员给予适当的票价折扣,境外人员则仍为固定的公布票价。

2.5.2 政府管制定价时期

从1997年开始,政府开始对票价进行进一步的调控。这时,政府开始对航空业进行改革,重点发展和扶持国航、南航和东航三大航空公司。在1997年—1999年,政府开始放松统一定价的严格标准,针对特定的航线,航空公司可以根据公司实际情况实行适当的票价折扣。然而在此期间,由于航空业第一次被允许主动进行折扣,各航空公司纷纷采取低价手段来吸引乘客,逐渐开始了价格战的恶性循环。在1998年,中国民航企业纷纷出现全行业的巨额亏损。1999年,民航总局和国家计委颁布了"禁折令",禁止各航空公司滥用折扣的低价策略。但此时民航业混乱情况已经较为严重,难以迅速平息这场价格大战。2000年,政府开始对同一航线的航班进行航线联营,并制定统一的折扣标准。这一举措减少了航空公司的成本,对稳定整体民航业的票价起了一定的作用。这场政府管制下的动荡局面一直持续到2003年,虽然这次票价调整给很多航空公司严重的打击,但也促使航空公司和政府从中汲取经验教训,为日后更好地规范航空业的票价提供了实践经验。

2.5.3 政府指导下的规范自主定价时期

2004年,为了进一步抑制航空公司的价格战,我国出台了《民航国内航空运输价格改革方案》。这一方案以公司的成本为基础,结合了市场需求和居民收入水平,详细规定了航空公司的价格实施明细。这一方案开始了航空公司在政府指导下规范自主定价的起点。除短途航线外,航空公司按照以国内航班票价0.75元/客公里的基准,最大上浮25%,下浮不超过45%。此后,各航空公司的票价开始进入规范的自主定价阶段,各航空公司定价更为灵活。然而由于竞争的日益激烈,很多中小型航空公司开始进行大幅度降低票价以争取市场。政府为了稳固市场,开始推出差异化定价方案,如对头等舱票价实施市场调节价格,打造高端航线运行方案等。2013年开始取消票价下浮限制,航空公司的自主定价范围进一步扩大。2014年对最高票价的计算公式进行修正,最低票价仍然不受限制。此时,航空公司已经逐渐适应市场环境,自觉形成航线联盟,打造品牌特色,在政府的指导下有秩序地制定票价。航空公司自主定价的时代已经全面开启,目前,我国的航空市场仍然是以政府的宏观调整为主,各航空公司有序地自主定价。与政府的成本加价法不同,目前航空公司通过借鉴国外的收益管理系统,以市场需求为基准对票价进行调节。南方航空公司也是我国第一家实施收益管理的公司,这种票价调整方式也为航空公司创造效益提供了更全面的理论依据。

本章思考题

1. 常用的定价方法有哪几类?航空公司目前主要采取哪种定价方法?
2. 定价的成本因素有哪些?至少说出5种。
3. 试画出定价的基本流程图,简单介绍每个步骤的意义。
4. 航空公司定价发展历程是什么?

微信扫码,
加入【本书话题交流群】
与同读本书的读者,讨论本书相关话题,交流阅读心得

第3章　差别定价与动态定价

本章关键字

市场细分（Market Segmentation）　　　　差别定价（Price Discrimination）
多等级票价（Multi-class Fare）　　　　　动态定价（Dynamic Pricing）

教学重点

1. 市场细分的作用。
2. 价格歧视的类别。
3. 多等级票价制定的流程。
4. 客座率、客公里收入、座公里收入三者的区别及计算。
5. 动态定价理论依据及过程。

> 只有对不同顾客对价格的差异性和敏感度进行充分评估，基于差别定价理论，才能更好地制定多等级票价。而动态定价作为一种特殊的差别定价，需要对市场细分情况做出预判，并为每个时间段的需求差异提供不同的定价方案，整个动态定价过程要做到合理公正。只有充分掌握了各种影响因素，才能实现以价格的手段来调解供需平衡，避免剩余舱位的浪费，提升公司的竞争力，从而实现公司收益的提升。

在前一章中，我们知道差别定价和动态定价都是航空公司常用的定价手段。本章则对这两种定价方法进行介绍。差别定价主要是根据消费者不同的特征和支付意愿来制定不同的价格，在航空运输客运市场中主要体现为多等级票价的制定。差别定价也可称为歧视定价，在定价方法中是最常见的一种定价方式。此外，市场细分是差别定价的基础，只有对市场做出合理的划分，才能为差别定价奠定良好的基础。只有准确地进行市场细分和差别定价，才能够实现航空运输中收益管理的四个"合适"的精髓，即合适的时间、产品、价格以及乘客。动态定价则主要是根据市场需求的变动，对不同需求下的价格进行动态的调整，以实现最大程度地适应市场需求，从而提升收益。动态定价其实是一种特殊的差别定价，因此，对差别定价的原理进行掌握，更有利于动态定价的实施。

3.1 差别定价的基础——市场细分

3.1.1 市场细分的类型

市场细分是制定差异化定价方法的重要支撑,对于航空公司来说,在进行市场细分时,要对不同乘客的需求和特征做出调查,研究他们消费过程中存在的差异。调查的主要内容包括职业、年龄、收入、出发起始地点、支付能力、购票方式和购票喜好等。之后再将需求差异较小的划分为同一个类别,根据不同的区间划分成不同种类的乘客。每个区间内的乘客都作为一个小的子市场,航空公司再根据这类子市场的特点制定相应的票价方案。不同的子市场之间的需求往往存在较大的差别,而子市场内部又存在较小的差别,这样合理的划分能够为差别定价提供更准确的理论基础。

在航空市场中,乘客通常被细分为两个类别:商务型旅客和休闲型旅客。针对这两类旅客,根据其敏感点不同,采取不同的定价策略。其中,商务型旅客更注重时间价值,对价格的敏感度不高;而休闲型旅客更注重机票价格,对出行时间的敏感度不高。根据这种以时间和价格的敏感度进行区分的市场细分方法,可以将其表示为图3-1。表3-1则进一步将四种敏感度情况进行了说明。

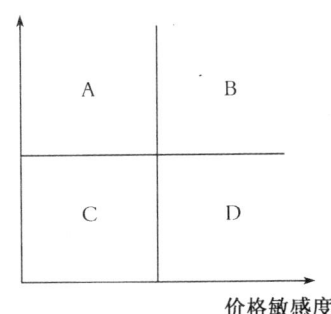

图 3-1 乘客的市场细分

表 3-1 乘客敏感度划分情况

时间敏感度 \ 价格敏感度	低	高
高	A	B
低	C	D

A类:这类乘客对时间比较敏感,通常为显著的商务型乘客,他们对航班出发的时间比较注重,更倾向于选择与自己行程严格匹配的时间出行,而对机票价格的重视度较低。他们的订座时间比一般旅客要晚,因此航空公司通常在航班起飞前的几天高价出售舱位。

B类:对时间和价格都比较敏感的乘客占据了很大一部分比重,他们通常更具有策略性,购票时会综合考量性价比。如果遇到机票打折优惠,他们会调整自己的出行计划。

C类:这类乘客对时间和价格都不敏感,实际中这类群体数量较少,他们可能是某特定航空公司的忠实会员,通常会更加关注公司的会员制度、服务质量和其他便利设施。

D类:这类乘客对价格敏感,对时间不敏感。他们通常表现为典型的休闲型旅客,一般是学生群体和没有固定工作需求的群众。他们出行主要考虑的是价格,而出行时间可以随时根据价格进行改变。他们订票时间可能比较早,通常可能会是由优惠机票带来的额外旅行需求。

在对乘客进行了市场细分之后,管理者便可以根据需求情况的不同制定差异化的定价策略。根据休闲型和商务型旅客的出行需求不同,可制定多等级的舱位票价。例如,对于休闲型乘客,可以制定有限制条件的低票价,而对于商务型乘客,制定无限制条件的高票价。对于休闲型旅客来说,如果想要购买到便宜机票,就必须提前很长时间进行购买。此外,航空公司也会制定往返套餐,打包价会比单独购买两张机票更优惠,以此来刺激休闲型乘客的购票需求。而且这种条件下,低价票通常不允许退票或需要收取很大一部分比例的手续费。而对于商务型旅客,高等级的票价通常没有任何限制,可以随时购买,随时退票,没有在外地最小停留时间等限制。这样就能保证商务型旅客最大程度地购买高等级票价,实现收益管理的目标。

根据这种划分方式,结合以上四种类型的乘客细分市场,可将每种类型的乘客限制情况用表3-2表示。其中,座位控制是指保证飞机舱位数量不小于实际销售量,这样既保证了商务乘客的购票需求,也能形成对其他等级的顾客的限制条件。

表3-2 乘客类别的限制情况

票价类型	限制条件	座位控制	乘客类型
全价	无	无	A,C
小折扣	AP	有	A,B,C
较大折扣	AP,LS	有	B,D
大折扣	AP,LS,NR	有	D
特价促销	AP,LS,NR,S	有	D

注:AP:提前购买,LS:外地最少停留时间,NR:不能退款,S:季节性。

以上只是一个粗略的划分方式,航空公司可以根据实际情况对其进行进一步的划分。在以上四类乘客中,Ⅰ、Ⅱ、Ⅲ、Ⅳ四类旅客可以分别表示为突发型商务乘客、计划型商务乘客、短日程休闲乘客、长日程休闲乘客,并用表3-3表示他们对限制条件的敏感程度。其中,介意度为1表示不介意,介意度为5表示十分介意。

表3-3 乘客的介意度

乘客介意度	随时订座	航班频率	退换票限制	中途停留	舱内服务	地面服务	票价
1	Ⅳ		Ⅳ	Ⅳ	Ⅳ	Ⅳ	Ⅰ
2		Ⅳ		Ⅲ		Ⅲ	Ⅱ
3	Ⅱ、Ⅲ	Ⅲ	Ⅲ	Ⅰ	Ⅲ		
4		Ⅱ	Ⅱ		Ⅱ		Ⅰ
5	Ⅰ	Ⅰ	Ⅰ	Ⅱ	Ⅰ	Ⅰ	Ⅳ

这种细分市场更清晰地展现了几种基本的乘客类型,突发型商务乘客最不介意的票价,而对基本的服务、退改签制度和其他限制性条件都非常看重。计划型商务乘客则最看重航班中途是否停留,防止耽误计划行程。长日程休闲型乘客最关注的就是票价,而对其他限制条件、服务质量没有太多要求。短日程休闲型乘客相对来说比较注重票价,对其他服务、定座需求等要求不大。

根据现有的基本市场细分准则,可以制定相应的多等级票价制度和限制条件,目前航空公司也主要依赖于市场细分的方法来制定差异化定价。

3.1.2 市场细分的作用

市场细分是收益管理中实施差异化定价的最重要的理论依据,是保证实施舱位控制、价格优化和差别定价的关键所在。对市场中消费者的需求情况做到充分了解、准确划分,才能够保证收益管理的准确实施。具体来说,市场细分主要有以下三个作用。

1. 满足差异化定价需求

对于收益管理来说,基于市场的前提下进行预测、定价、舱位分配和超售控制是其核心所在。根据市场中消费者的特征、购买习惯、需求情况对市场进行细分,从而对市场中不同类型的乘客实施不同的价格,从而满足差异化定价的需求。管理者在定价的过程中要学会挖掘市场中的潜在客源,因此就要对顾客的消费习惯和购票能力进行深入了解。对于航空公司来说,首先要对市场中的客流量进行预测,有了准确的需求量,才能合理安排每个票价等级的舱位数量,从而对不同等级的舱位进行定价。整个过程中,最重要的就是对市场细分的掌控,没有市场细分,就会变成单一的市场类别,由此带来的也就是单一化的定价策略。如果市场中所有航空公司的票价都是单一的状态,那么就很难打造品牌效应,实现收益的提升。由以往学者的研究表明,差异化的定价策略是保证市场稳定发展的重要方式,因此,要打造差异化的定价策略,首先就要了解差异化的市场情况。有了细分市场,就可以对潜在顾客的心理情况做出基本的预判,根据不同类型乘客的基本需求的差异,就可以更有针对性地制定票价策略。

由此可见,市场细分不仅是对差异化定价有着重要的影响,同时也对动态定价、价格优化有着十分有利的作用。只有对消费者的消费行为和购买方式进行透彻的分析,掌握他们的购票规律,才能充分地做好市场细分,从而实现收益的提升。

2. 将产品留给最有价值的消费者

市场细分是差异化定价的重要前提,而差异化定价就是为了将最有价值的产品卖给最有价值的消费者。每一位消费者的经济水平、购买需求、支付能力有着很大的差别,收益管理就是在满足大多数消费者基础需求的前提下制定出限制更少、服务更好的高端产品以供有消费能力的顾客需要。一方面,大部分低等级的票价可以更好地满足绝大多数乘客的需要,实现市场的必要需求;另一方面,有着更高消费水准和支付能力的顾客往往更看重优质的服务,因此,通过市场细分可以得出这部分高端人群的市场需求与定位,满足他们的效用,提供一部分的预留产品给这些有着更高支付能力的人群。这样才能够既满足了消费者不同的需要,也提高了公司的收益,一举两得。

对于航空公司来说,商务型乘客通常是最有价值的消费群体。航空公司通常会预留一部分商务舱给这类消费群体,从而实现收益的提升。通过对市场细分的详细划分,航班的机票价格通常由全价票到2折机票不等,每种票价和其退改签制度、行李托运制度以及舱内服务质量水平都存在差异,这种具体而又详细的价格差异能更好地满足不同顾客的需求。同时,由于低价票的种种限制,有一定概率的消费者会以需求转移的方式购买更高一等级的机票,因此,对高等级舱位的保留数量就必须严格把控。只有严格而准确的市场细分才能为舱位保留数量提供依据,从而实现产品最大的价值发挥。

3. 制定组合式营销策略

市场细分不仅仅可以为差异化定价提供依据,也可以帮助管理者了解市场动态。对于航空公司来说，组合式的产品通常包括旅游线路定制、往返机票优惠、模糊销售手段等。根据不同出行乘客的特征差异，可以为一部分休闲或商务型乘客定制个性化的乘机方案，通过更优惠的组合票价销售方式来实现航空公司对市场的争夺，如对旅游景点地区的机票实行往返优惠策略。只有明确市场结构，对市场进行细分，了解顾客类别和特征，才能更好地制定销售策略。尤其是在竞争日益激烈的今天，先占有市场的企业就更占有先机，而了解市场需求，掌握市场细分的特点，就可以更好地抓住消费者，从而实现公司优势和产品价值的最大限度发挥。

3.2　差别定价的定价策略

让我们从一个简单的案例开始，假设由你控制由北京飞往广州的 CA131 航班，对于机上仅剩的一个座位，有 A、B、C 三种情况可供你选择，你如何选择？

A. 以 100% 的概率卖 500 元；
B. 以 80% 的概率卖 1 000 元；
C. 以 50% 的概率卖 1 300 元。

多数人会选择 B，因为 B 选项的期望收益是 800 元，比 A、C 选项的期望收益都要大。显然这是以期望收益最大为目标的决策。但如果决策的首要目标是要把座位卖出去的话，你就会选择 A；如果决策目标是平均票价要高的话，你可能就会选择 C。

一般来说，航空公司的销售指标往往有以下三种：客座率；客公里收入；座公里收入。以不同的指标为销售目标会得到不同的销售结果。

$$客座率 = \frac{售出的座位数}{航班座位数}$$

$$平均票价 = \frac{航班总收入}{售出的座位数}$$

$$客公里收入 = \frac{航班总收入}{售出的座位数 \times 航段距离}$$

$$座公里收入 = \frac{航班总收入}{航班座位数 \times 航段距离}$$

注意关系式：

$$座公里收入 = 客公里收入 \times 客座率$$

如果以客座率最大为销售目标，就意味着要尽可能卖出更多的座位。在不限制舱位级别的情况下，通常低价的座位卖出的数量将增加。因为在这种目标下，航空公司认为"卖出的座位越多越好"。在航空公司航班座位销售过程中，"上座率"是销售人员可以直接关注的指标，这就有可能成为事实上的销售目标。特别是在和竞争对手展开"销售竞赛"时，"上座率"有可能成为销售人员的唯一目标。

以客公里收入最大为目标的销售强调的是销售高价格的产品，一般总是伴随着对低价格产品销售量的限制。在实际销售过程中，销售价格也是销售人员能够直接关注到的指标。往往是当销售人员意识到客座率很高但航班收入并没有改进时，把原因归结为票价太低，因此他们会有意识地销售高价票，从而形成了客公里收入最大的销售目标。这种目标下产品的平均售价高于其他两种目标的平均售价,但由于产品销售率的重要性低于产品价格,因此客座率通常较低。

以座公里收入最大为目标的收益管理法强调管理人员努力销售合理数量的不同价格水平的产品以达到座公里收入最大的目的。产品的销售数量可能低于客座率法,产品的平均售价可能低于客公里收入法,但销售的产品数量和产品的价格的结合所获得的收入高于其他两种方法。正因为如此,座公里收入应该是真正有效的销售目标,但因为在销售过程中,座公里收入指标难以直接观测到,对销售过程进行管理控制以保证座公里收入目标的实现就显得尤为重要。

收益管理的目标是"座公里收入"最大,座公里收入最大也就意味着总收入最大。收益管理,其实质是通过容量和价格的综合控制,使航班的每个座位都能够得到最大价值的利用,达到座公里收入最大从而实现航班总收入最大的销售目标。如果某一个座位能够在将来以比较高的价格销售,那么就不在今天以比较低的价格销售,而应当将这个座位留给能够支付更高价格的旅客,这样才能使航空公司的收入最大化。根据具体航班旅客需求的特点,开发不同的产品,然后以不同的价格,销售给不同需求的顾客,从而实现航空公司收入的最大化。这里面就有一个核心概念差别定价的问题。差别定价是依据旅客需求的多样性,以及附加了不同使用条件的座位对于旅客的价值差别等因素,为航班座位设定不同价格的过程。差别定价是舱位优化控制的基础,如果只有一种价格,就无所谓舱位优化控制;舱位优化控制是实现航空公司收入最大化的重要手段,只有最大限度满足高票价旅客的需求,同时又尽可能在航班起飞前把舱位都销售出去,才能最终实现收入的最大化。

3.2.1 差别定价的理论介绍

根据市场细分的不同,企业可以根据不同的子市场制定差异化的价格,这种方法就是差别定价,也可称作价格歧视。价格歧视本身就是一种差异化的体现,它主要是指边际成本几乎相同的产品出售的价格却不同,这就是市场细分的不同子市场所带来的结果。

在实际情况中,我们常常发现同一类产品对不同消费者的定价是不同的,或者边际成本只增加了很微小的一部分,最终价格却相差很大。例如,提供餐饮与不提供餐饮的航空公司,机票价格却可能相差几十到上百元;亦或者简单包装和高端包装的同一本书,一个是20元,一个是50元,而高端包装所增加的成本可能并没有达到30元之差。

除了不同类别的商品,对于同类的商品,也可能出现针对不同消费者定价不同的情况。例如,旅游景点的票价,对儿童和老年人收取的价格通常更低;同样路程和座位等级的火车票针对学生的价格也更低。这不仅仅是社会福利的体现,它也反映了价格歧视的基本内涵,即这类群体的支付意愿更低。因此制定适合他们的票价,更能够利于增加收益。

此外,生活中我们也可以发现,团购商品的价格通常比购买一件的价格更低,例如超市的一箱酸奶,每瓶的单价要比单独售卖一瓶的零售价更低;或者餐饮行业的套餐价格往往比单点的价格更实惠。对于订购大数量的产品,企业通常会通过"以量取胜"的方法来获得潜在的消费者,提高他们的购买欲望,从而实现收益的提升。

这些都是差别定价的一些简单案例,这些案例反映了价格歧视的基本类别。实践证明实施差别定价能够更好地区分市场中不同类别的消费者,通过对不同类型乘客收取不同的价格,实现收益管理目标。

3.2.2 价格歧视的分级

通过对以上案例的总结,可以把这种差异化的定价方式具体分为三种类型:一级价格歧视、二级价格歧视和三级价格歧视。

一级价格歧视也叫完全价格歧视,它是指企业能够了解每一位消费者愿意支付的价格,并以此制定价格。在这种情况下,企业要准确知道每位顾客的支付意愿,通常在实际情况中难以实现。它的定价准则为:

价格＝边际成本＋价格等于边际成本时的消费者剩余

二级价格歧视中,由于企业不能完全掌握消费者的类型和所属的子市场,因此只能通过预先设定好的价格单,再根据顾客的要求进行歧视定价。其中消费者可以自行选择消费的套餐和数量,通常购买数量越多,价格越便宜。数量优惠策略是一种普遍的二级价格歧视,由于对市场中细分类别信息的缺乏,打包促销通常能够更好地满足消费的的支付意愿,从而提高收益。

三级歧视定价是一种按市场细分类别进行差异化定价的方案,企业对不同类别消费者进行划分,再为他们制定不同的价格。它需要对市场细分充分掌握,为不同类型的消费者制定不同的价格。

根据以上几种情况,可用表3-4表示价格歧视的类型和特征。目前,单一定价已被逐渐弃用,市场中更多采用的是二级和三级歧视定价方式。

表3-4 价格歧视类型和特征

价格歧视类型	分类方式	实现方式	实 例	收 益
一级	个人	了解每位消费者的支付意愿	拍卖、投标、讨价还价	最高
二级	数量	根据消费者的购买数量	批发、团购、套餐优惠	中
三级	类别	根据市场细分类型	学生优惠票、经济舱与商务舱	高
单一定价	无	了解市场价格弹性	—	低

航空公司一般采用二级和三级歧视定价,其中,二级歧视定价主要通过对旅行团的机票价格与一般乘客机票价格的不同所实现,一般出行时选择旅行社可以大大减少机票所带来的费用,正是因为航空公司对旅行社提供了优惠的机票。三级歧视定价中,主要是针对不同群体所设定的不同价格,针对年龄不同,设定了学生票、儿童票、成人票;针对群体不同,设定了以休闲型和商务型为基础的多等级的舱位票价;针对时间不同,制定了淡旺季票价和春运期间的特殊票价;针对城市经济和航线的不同,也设定了不同地理位置之间不同的价格。

3.3 航空公司多等级票价的制定

航空公司的多等级票价是对差别性定价的一种最常见的应用,它主要是根据市场细分的情况,对不同类型的乘客收取不同的票价,再以加服务质量、限制条件和舒适程度的不同为主要划分依据。它的主要特征为多等级票价和限制条件。

航空公司在实施差别定价的过程中,涉及的因素比较多。既有成本因素,也有市场需求情况,同时也受到政府一定程度的管制。此外,也受到的竞争企业的影响,在制定票价的过程中需要予以考虑。在实际定价过程中,需要结合市场的情况来制定相应的定价准则。作为收益管理的重要部分,航空公司要对整个定价体系做好充分的了解和准备,并利用监测和评估系统做好检查,随时对多等级票价进行改进。

3.3.1 航空公司票价制定的步骤

对于航空公司来说,制定多等级票价的相关因素主要包括成本、消费者和竞争者。在进行定价的过程中,需要将各个因素充分考虑,图3-2展示了定价的几个基本要素。

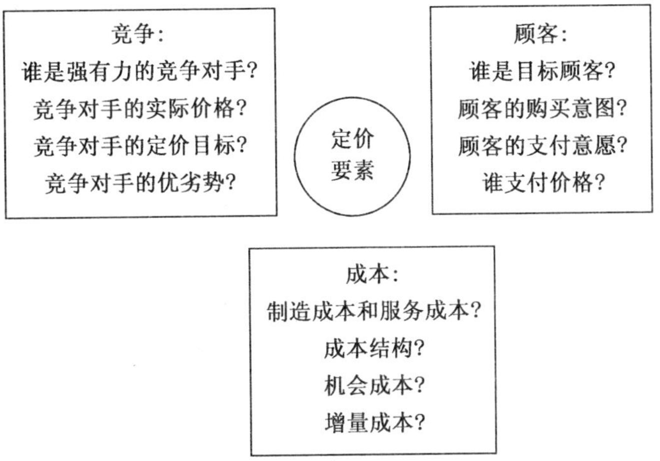

图3-2 定价的基本要素

定价包括很多影响因素和限制条件,综合考虑成本、顾客和竞争是一种比较全面的方法。总体来说,多等级票价制定的步骤如图3-3所示,这几个方面比较全面地考量了各种要素对价格的影响。

在票价制定的步骤中,首先考虑了相关成本因素对定价的影响,之后从顾客的角度出发,研究顾客对航空公司产品的价值感知与评价,并根据需求情况制定不同的票价。将竞争对手的策略和反应纳入定价系统中,研究其可能造成的影响。最后主要根据顾客的实际反应再对票价进行实时监控与评估,得出不同细分市场的收益情况。

3.3.2 顾客分析

在航空公司的差异化定价过程中,主要是考虑以市场需求和顾客的价格感知来制定价格。因此,对顾客的分析主要是以航空公司的产品给顾客带来的效用为关键,研究不同顾客对不同价格的差异性和敏感度,为更好地制定多等级票价提供依据和参考。

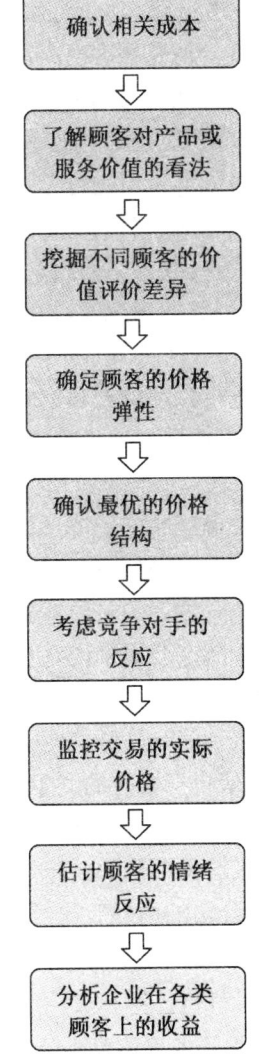

图3-3 多等级票价制定的基本步骤

1. 了解乘客对产品或服务价值的看法

航空公司提供的基础产品就是为旅客带来的位移,而产品差异性主要体现在舱内和机场的服务、飞机准点率、公司品牌效应等方面。乘客对产品的看法主要包括他们对产品和服务的感知,也可看作是乘客的支付意愿,这也就是产品的经济价值,用公式可表示为:

产品的经济价值＝消费者的支付意愿＝参考价值＋差异价值

参考价值是指该产品的替代产品的价值,一般是与该产品相似度较高,消费者能够最先考虑到的产品的价值。差异价值就是该产品与其替代品有差别的部分的价值,是消费者愿意额外支付的部分。具体来说,产品经济价值(消费者的支付意愿)的预估步骤主要分为以下几个方面:

(1) 了解消费者的经济行为。

消费者的经济行为主要是消费者为了实现自己的经济目的而做出的行为,主要包括消费者的目标和替代供应源。他们在做出购买行为时要综合考量心理预期的目标和愿意支付的额外差异化价格,这也体现了他们的实际需求和对需求的满意程度。

(2) 考量顾客价值驱动因素。

顾客价值是顾客对产品效用的综合评价,它直接决定了顾客是否能够对航空公司不同的票价进行接受与购买。其中,对于航空公司来说,能够为顾客带来满足的因素主要有运输的准时准点、舱位的舒适感、服务质量更优质、飞机的安全可靠等方面。

在对顾客价值进行考量的过程中,要充分考虑成本驱动因素、收入驱动因素和心理价值驱动因素。对于航空公司的乘客来说,成本驱动因素即乘客在购买过程中需要花费的时间、路程的成本;收入驱动因素则代表乘客的日常收入水平;心理价值驱动因素即乘客的心理感受,如对服务的满意度,航空带来的高品位感等。

此外,在考虑顾客价值的驱动因素方面,主要通过对普通乘客的发放调查问卷、对常旅客会员进行深度调查和审阅投诉内容等方面进行考虑,从而获得乘客出行过程中的需求和满意度,以便更好地为乘客提供服务,实现对多等级价格的更好制定。

(3) 估算差异化价值。

在考虑产品的经济价值时,需要充分考虑它的差异化价值,也就是它高于其替代品的价值部分,并以价格的形式体现出来。产品差异化是避免价格制的有效手段,更好地制定本公司与其他竞争者的差异部分,能够增加产品的差异化价值,从而提高公司收益。

对于航空公司来说,主要是多寡头竞争市场,要想提高差异化价值,可以通过广告宣传、提供更好的服务质量等方面改变消费者的价值感知,削弱其他竞争替代企业的力量,从而提高差异化价值,进而提升乘客的支付意愿。首先要做好自身在市场中的定位分析,找准自身特色,凭借自身独有的竞争优势来改善公司的服务质量、航线规模和会员积分优惠等,最大程度地增加消费者的顾客价值。提升差异化价值也是差异化定价的重要方式,做好顾客对不同等级舱位票价的差异价值的认知,提高顾客的接受度,对于提高收益是十分关键的。例如,航空公司的商务舱比经济舱座位更舒适,私密性更好,对行李限重的要求更宽松,退票限制条件更少,因此票价更高,商务型乘客也愿意为这样的差异买单。因此,航空公司要更好地利用自身特色来制定特色服务,提升差异化价值,从而提高收益。

2. 挖掘不同消费者的价值评价差异

不同类型的消费者对产品的需求不同,因此对产品价值的评价也存在差异。价值评价的差异为实施多等级票价奠定了基础,能够帮助企业管理者更好地了解顾客的需求和心理感受。根据不同消费者的价值评价差异,抓住其特征,建立更详细的市场细分结构。根据不同的子市场差异制定不同的价格和服务,保证不同消费者需求的满足,这也就是多等级票价实施的依据和内涵。

3. 确定消费者的价格弹性

价格弹性也称价格敏感度,通常以市场需求函数来进行表示。它主要是指一定时期内产品价格相对变化引起的需求量的相对变化的反应程度。价格弹性系数用公式可表示为:

$$E_p = \frac{\frac{\Delta Q}{Q}}{\frac{\Delta P}{P}} = \frac{\Delta Q}{\Delta P} \times \frac{P}{Q}$$

式中,E_p——价格弹性系数;

Q——需求量;

P——价格;

ΔQ——需求量的变化值;

ΔP——价格的变化值。

当产品价格弹性系数的绝对值大于1,则表示为富有弹性,此时价格的变动会引起需求量的大变动,说明市场对价格非常敏感,此时的公司不应该通过提价来增加收益。而当价格弹性系数的绝对值小于1时,此时为缺乏弹性的市场,这时说明价格的变动不会引起很大的需求量的变动,因此公司可以采取提高价格的方式来增加收益。

在实践中,对不同市场类型做出价格弹性的预估是有一定难度的。对于航空公司来说,不同消费者对多等级票价的价格反应是不同的。这主要是根据市场细分情况来做出判定,对于不同年龄、收入、消费能力等类型的乘客做出进一步的划分,判断不同子市场类型的价格敏感性。航空公司在制定多等级票价的过程中,通过不断的动态定价可以不断地对价格弹性做出监测与评估,判断市场的价格弹性,从而掌握适合本公司的差别定价方案。对于价格弹性绝对值较大的市场类型,航空公司不能通过一味地提价来增加收益,要根据实际情况适当设置多等级舱位。价格差距设置要在中等偏大的位置,如果差距过大,高价票价位太高,那么高价票可能因无人购买造成损失。对于价格弹性绝对值较小的市场,航空公司可以通过设置较高的商务舱票价,以此来实现航空公司的收益。

4. 确认最优价格结构

在对乘客的需求和行为差异做好判断之后,就可以制定相应的票价结构。对于前面过程中划分出来的不同的细分市场,通过判断其价格弹性,了解顾客心理需求,对不同的乘客制定多等级票价方案。根据细分情况确定航空舱位的分类等级和价格差异,并不断根据市场需求的变化调整最优价格结构。

3.3.3 考虑竞争对手的反应

市场中的竞争无处不在,航空公司在制定多等级舱位价格时要充分考虑竞争对手的反应,这就涉及了公司之间的博弈。实践中的理论和经验证明,产品差异化才是实现公司收益,维持博弈双方企业长久稳定发展的重要举措。产品差异化包括横向差异和纵向差异,航空公司通过自己的品牌特色与服务质量相适应的价格,可以改善价格战带来的损失。价格战是一种公司之间通过降价来争夺市场的方式,这种方式只能在短期内得到成效,长此以往,不仅不会带来长久的收益,反而会使竞争双方的利润为零。通过制定航空公司的差异性来争夺市场,除了制定特色服务外,也可以通过广告宣传、打造特色会员制度、改善分销渠道等方式来制定差异化服务。

航空公司的市场结构主要是多寡头垄断市场,其余的公司都是一些市场占有率极低,不足以构成市场威胁的小型企业。中国的航空市场占有率最高的为中国国航、东方航空、南方航空和海南航空四个大型航空公司,无论哪一个公司的定价策略发生变化,都会导致其他公司做出反应并及时调整。此外,为了实现航空公司之间的共赢,世界上成立了几个著名的航空联盟,联盟成员可以共享会员积分里程,减少转机次数,实现资源和代码共享,更有利于降低成本,吸引顾客,实现共赢。目前,中国国航属于星空联盟的一员,中国东方航空属于天合联盟的一员,自 2020 年 1 月中国南方航空退出天合联盟以后,南方航空和海南航空不属于任何联盟成员。所以目前来看,四家航空公司仍然互相处于寡头垄断竞争状态。但是作为寡头公司,航空公司之间既存在着竞争,也存在着一定的合作。寡头行业的极端情况是将其他寡头公司进行驱逐或者吞并,如共享单车平台或打车平台。另一种情况是在某种方式上进行合作,以便双方实现共赢。对于航空公司来说,他们之间可能形成某种"默认"的非正式的共同协议,如通过航线合作联营的方式来减少成本,从而实现双方的共赢。

在公司之间进行博弈的过程中,通过将对方可能采取的措施纳入自身收益函数的影响因素中,可以更全面地分析出适宜的价格策略。价格战很难为公司带来长久的收益,如 1992 年美国民航业采取的价格战策略,最终结果是两败俱伤,加深了公司的财务危机和民航业的萧条。其实,有实力的航空公司完全可以通过利用自身的资源优势和财务支持来制定自身的优势,票价更低的竞争者无法长期维持公司的正常运营。

考虑以上因素之后,我们需要进一步进行思考,如果竞争者制定了低价措施,我们应该如何站稳脚跟,是否应该适当跟进降价趋势。因此,当有新的竞争者进入或竞争对手制定了降价措施后,我们需要对以下问题进行考虑:

(1) 是否有更好的价格策略避免价格战。对于竞争者采取的降价措施,首先要判断竞争者的企业规模是否构成威胁,如果不构成威胁,那么就进一步发挥自身品牌特色,打造差异化市场;如果构成威胁,那么就要对其做出分析,如果要做出降价,可以考虑将降价应用到能更好牵制对手的地方。

(2) 如果采取降价策略,竞争者是否会进一步跟进。持续长久的价格战一定会带来公司的损失,因此,如果是势均力敌的企业,在制定价格策略时应该权衡降价可能带来的风险。

(3) 一旦采取价格战,结果带来的会是风险还是收益。当公司开始采取降价措施后,要及时观测竞争对手的反应和其制定的措施。如果对方没有进行再降价,那么就不会带来太多的风险;如果对方继续进行降价,那么接下来就需要进行慎重考虑。

(4) 是否有足够的资金成本来维持短时间的价格战。价格战是没有硝烟的战争,它在短期内给在位公司带来的是一定程度的打击。面临新进入的公司,在位公司短期内会丧失一部分市场份额,那么不论是否进行降价,都会造成一定程度资本的损失。在位公司要充分权衡利弊,对自身的资金成本做好预先判断。

(5) 如果竞争对手成功占取市场,是否会造成威胁。一旦后发公司利用其价格优势占领了一定程度的市场份额,那么会在一定程度上冲击自身的地位。如何更好地改进公司原有的差异化定价策略,实行新的举措,引进新客户并巩固原有忠实顾客是公司需要考虑的内容。

对于航空公司来说,实施降价举措,要从长远利益出发进行考虑。从应对成本和竞争对手实力的角度来确定航空公司的应对策略,如图3-4所示。

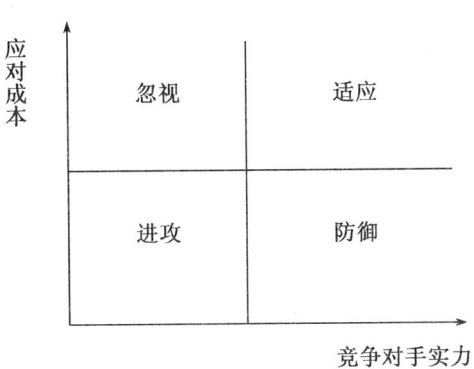

图3-4 航空公司的应对策略

从图中可以看出,当竞争者实力弱,航空公司应对成本低时,此时发动进攻策略比较有把握,主动降级以争夺市场,获胜概率也比较大。

当竞争对手实力较强,应对成本比较低时,航空公司采取防御策略。这种防御模式就是不跟进降价风潮,继续保持自己原有的价格体系和品牌特色,制订更好的防御计划,从而给竞争者造成一种错觉:该公司的实力强大,不会轻易倒闭,而自己的低价无法持续很长时间,因此过不了几天竞争者就会恢复到正常价格。这是一种理智且能帮助市场恢复稳定状态的方法。

当竞争对手实力较弱,应对成本比较高时,应该采取忽视的策略。小规模竞争公司航线规模小,无法通过低价长期占领市场,而降价给在位公司所带来的成本过高,因此应该置之不理,等待竞争对手主动放弃低价策略。

当竞争对手实力较强,应对成本比较高时,应该采取适应的策略。既然无法通过降价争夺市场,采取措施又可能带来更大的损失,因此便只能适应与新的竞争者共同平分市场。

因此,面对价格战时,要根据不同的形势来制定策略。其关键是找准自身定位,对竞争者的实力做好判断,判断好自身的应对成本。此外,航空公司要充分利用好市场细分和对顾客需求的判断,通过多等级票价来制定差异化的定价策略。

3.3.4 多等级票价的利弊分析

航空公司的多等级票价为公司带来了更多的收益,但其制定方法复杂烦琐,需要管理者对市场需求准确预测和判断。

航空公司实施多等级票价的优点就是通过市场细分,对舱位实施多等级票价制度,更有利于公司收益的提升;同时也刺激了消费者的购买需求,成本却没有增加;提供了更多样化的产品和服务,为市场注入新的活力;随着乘客人数的增加,平均成本也随之下降;航空公司也可以通过舱位售卖情况来判断顾客的实际需求,有利于更好地监测多等级票价的实施效果,也可以通过开放或关闭某等级舱位来增加需求。

同时,多等级票价也存在一定的弊端。由于多等级票价制定过程复杂,需要对市场准确预测,因此可能造成的最大问题就是预测不精确而导致的收益稀释;如果舱位数量控制不精确,可能导致原本想购买高价票的乘客购买低价票;如果舱位等级设置过多,可能给人造成眼花缭乱的感觉,不能方便乘客迅速看到低价舱位与高价舱位的差异;如果高价舱与低价舱的限制条件差别不明显,可能遭到乘客的反感。

因此,设置多等级票价时要对市场需求进行准确的预测,对舱位余量的控制也必须做到与市场相符。如果低价舱位预留过多,就会导致后来的商务型乘客买不到商务票,造成收益的稀释;如果低价舱位预留过少,可能休闲型乘客的需求没有满足,商务舱又出现了空座,造成更大的浪费。因此,制定多等级票价的时候,也要结合舱位控制同步实行。

3.4 动态定价的定价策略

动态定价是一种以市场为中心,随着供求关系、季节周期、市场细分、竞争关系的变化而随时调整价格的定价方法。这种定价方法同样需要企业管理者提前对市场充分了解和准确预测,综合考虑多种影响因素,合理制定每个时期的价格。

动态定价主要是由供需关系的不平衡所造成的,当市场需求大于供给量时,企业的定价就会做出相应的上涨;当市场需求小于供给量时,价格也就会适当降低,以防止产品的浪费。动态定价是易逝品常用的定价方式,如迪士尼乐园周末与平常日定价的不同,酒店节假日时期的成倍溢价,或是面包坊晚八点之后的特价促销。对于航空公司来说,动态定价也同样存在。由于运输市场的供需关系在不断发生变化,航空公司就要不断地做出价格调整。例如,乘客购票时期不同,有的提前一个月购买,有的提前一天购买,这两个时期的价格是不一样的,主要根据舱位剩余量和供需关系做出实时调整。根据乘客策略程度不同,对短视型和策略型的乘客,航空公司需要制定多元化的动态定价方案。企业管理者根据供需关系来防止产品的浪费或是有效利用产品发挥最大效益,对提高收益有着重要的作用。

3.4.1 动态定价的理论基础

实施动态定价主要有两个方面的依据,即供需关系和差别定价。动态定价实际上是一种动态的差别定价,它的动态取决于每时每刻市场供需关系的变化。合理运用这两者的关系能够对提高收益产生十分重要的影响。

供需关系是企业定价时需要考虑的最关键的因素,也是比较难判断准确的因素。市场中的供需关系每一刻都在发生变化,除了通常被熟知的春运、节假日等特殊时期,任何可能产生的大型会议、演唱会等也会造成突发性的需求量增大。因此对企业来说,要保持对市场的敏锐性,通过各种途径掌握可能发生的大型供需量变化。尤其对酒店、航空运输产业这类不可储存的行业来说,一旦房间或者座位没有售出,那么它造成的损失就是不可挽回的。但是如果能在最后的时刻适当降低价格,也许就会有潜在的消费者产生购买的念头。这样就能挽回由剩余产品没有售出所带来的损失。

差别定价的重点在于掌握市场细分情况,能根据不同市场制定不同的价格。在动态定价时,对于不同的子市场,同样也需要不同的动态价格进行差别定价。差别定价的过程中,可能导致消费者对价格差异的不公平感,因此在制定差别定价时,要充分利用好服务水平、产品质量等额外限制条件,保证差别定价的合理性。

此外,在实施动态定价的过程中,需要注意以下几个方面。

1. 动态定价的变动性

动态定价的关键就在于价格的变动性,它可能是随着时、日、周、季的变化而变化,根据每个时刻不同的需求量,制定不同的价格。例如,航空公司淡旺季和购买时间的不同,票价也不一样,而且每天都在发生变化。这种动态的定价过程一定要满足不同顾客的需求,以市场细分为基础进行定价,根据每种类型的乘客对价格或时间的敏感度不同来进行定价。从市场和顾客的角度出发,在满足顾客基本需求的条件下实现公司的收益最大化。

2. 动态定价的公正性

动态定价要考虑价格变动对顾客的心理带来的影响,保证顾客心理的公平性。例如,航空公司在动态定价时,常常会根据服务质量、购票时间、限制条件等作为动态定价的依据。要让消费者感知到价格的变动是公平公正的,并不仅仅是航空公司为了实现收益的举措。当市场需求量大于供给时,航空公司通常会增长机票价格。这不利于短途旅途的乘客选择航空出行,有可能会被铁路夺取一部分市场份额。因此航空公司增加票价的同时,也要制定一部分有限制条件的正常水准的价格,以满足顾客心理的平衡感。当市场需求量小于供给时,公司通常会用降价的方式以防产品的浪费。在这个过程中,也要考虑以往顾客的心理感受,如果降价幅度过大,可能导致顾客的心理不平衡。因此,动态定价也要保证在一个阈值范围内波动。

3. 动态定价的合理性

公司实施动态定价时,要充分保证变动价格的合理性,这关系到顾客对公司的基本认知和公司的品牌效应,产品的定位与价格相一致是顾客的普遍认知,也就是所谓的性价比。此外,公司的动态定价一定要做到诚实可靠,尤其是目前很多公司会和中介商合作进行代理销售。在这个过程中可能会出现一些不一致的地方,如退款条件、优惠时间期限、线上优惠与线下优惠能否同享等。公司要充分保证在自身实施动态定价时,不与代理方的优惠价格发生冲突,要保证消费者的利益不受到损害。此外,在特殊节假日大客流时期,公司的价格通常会出现上涨趋势,在这个溢价的过程中,要保证和其他竞争企业的溢价幅度相一致。如果其价格过度高于平时价格,且其他类型的竞争企业并没有出现过高的波动,那么就会严重影响公司的形象,带来的可能是永久性的份额损失。一个忠实的顾客需要长时间的积累,而丧失一个顾客可能仅仅在一瞬间。因此,在实施动态定价的过程中,要保证价格的合理性,不能为了公司收益而永久丧失顾客。

3.4.2 实施动态定价的基本条件

实施动态定价主要包括三个基本条件,如图 3-5 所示。满足这几个基本条件,才能有针对性地实施动态定价。

1. 市场需求变化

市场需求的变化就是指市场需求随着时间的变化而变化,即市场的季节性和波动性。例如,旅游城市所呈现出的淡旺季需求,体育馆的演唱会带来的突发性需求,大型酒店因举办会议而带来的需求等。这种市场需求的变化可能是由不同的淡旺季节带来的,也可能是受到经济、政治等社会环境影响。如果市场需求是固定不变的,那么供需关系就长期稳定,也就没有实施动态定价的必要,而这种情况是明显不存在的。绝大多数的市场需求都会因为季节或其他环境因素产生变化,因此,根据市场需求的变化而制定不同供需关系下的价格是十分有必要的。

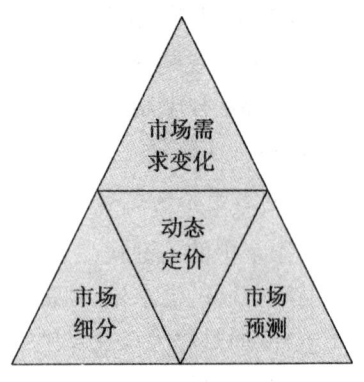

图3-5 动态定价的基本条件

2. 市场细分

市场细分是实施动态定价和差别定价的理论支持,它可以将市场划分为不同的类别,根据不同的类别制定不同的价格。而针对不同类型的乘客,制定动态价格的价格变动也存在差异。例如,航空公司在不同购票时期制定的票价不同,这主要针对于散客。但是如果航空公司和旅游公司签订了针对团体客的票价,就不能再随时发生变动。通常协议中都是直接签署一年的合作协议,这就需要航空公司对每个时期的价格做出提前判断,一旦制定好就不能再进行改动。因此,针对团体旅客的定价就需要根据以往的经验就行预测。因此,动态定价要根据不同的细分市场做出不同的定价方案,保证定价方案与细分市场的匹配性,从而提升公司收益。

3. 市场预测

动态定价的过程中,也要对市场需求做出预测。动态定价主要是基于市场而对价格做出随时的变动,而市场需求是一个不断变化的状态,因此对市场需求和客流量做出实时准确的预测才能保证价格制定的合理性。航空公司提前售票的价格就需要根据对市场的把控来制定,一般飞机起飞前机票的价格都会上涨,这是为了保证市场细分中商务旅客的定价需求。但一旦对市场需求的判断出现了失误,就可能导致舱位的浪费。因此,对市场需求预测的精准度也就直接决定了航空公司的最终收益,充分利用先进的预测手段来进行市场预测,能够保证动态定价的合理实施。

3.4.3 动态定价的影响因素

动态定价作为定价的一种常用方式,在制定价格的过程中要将可能影响定价的因素考虑在内,才能更全面地制定出正确合理的价格。综合来说,影响动态定价的主要因素有以下几个方面。

1. 政府政策和经济环境

航空公司作为运输业的重要运输方式之一,很大程度上受到中国政府的管控与规制。其运输能力不仅仅关系到自身公司的品牌实力,也是影响着中国经济发展的关键命脉。因此航空公司的票价制定很大程度上受制于政府的管控。除了政府的直接管控外,也受到了间接管控的影响。动态定价主要是根据市场需求来做出定价方案,而政府关于消费者的一系列政策直接影响到了市场需求的情况。例如,关于某欠发达地区旅游业的发展所制定的引导鼓励政策,因此可能带来一部分休闲型的旅客前往该地旅游;又或是2020年爆发的新型冠状病毒事件导致大批量的乘客无条件退票,也大大影响了航空公司的效益,在此期间的航空机票价格也是一直处于低谷的状态。政府针对经济环境所做出的管控无不影响着消费者的购买欲望,从而影响着航空公司的票价。

此外,经济的发展也影响着居民的出行方式,对于社会经济时局动荡、坠机事故频发、恐怖分子盛行的国家,航空公司的效益不能得到保证,此时就会采取低价的方式来吸引顾客。对于中国来讲,近年来经济水平的不断发展,民航旅客的周转量从2014年的6 334.19亿人公里发展到2018年的10 712.32亿人公里,其间一直处于攀升状态,这些都与经济的发展和社会环境有着很大的关系。同时需要注意的是,政府的法律法规也在影响着社会经济的基本形态和企业的发展规模,从而影响着居民对航空运输的需求,也影响着居民的人均收入。因此,政府的规制和社会经济环境都直接或间接地影响着航空公司的动态定价水平。公司也要对其做出敏锐的观察和及时的调整,从而实现收益的增加。

2. 市场波动性和季节性

公司在制定动态价格的过程中,要以市场为中心,充分考虑市场中的变动情况。市场中的变化情况主要分为波动性和季节性两个特征,这两个特征为制定动态价格提供了依据,也时刻影响着航空公司的定价趋势。航空公司根据市场需求的波动性和季节性,分析此时应该制定的票价,正是利用价格来调解供需关系的过程。因此,分析市场的需求变化情况,能够为动态定价提供更有利的依据。

市场的波动性是指市场需求发生的不规律性,它可能每时每刻都在发生变化,但一般呈现出周期性的变化规律。通常,市场规律都是一个不稳定的变动状态,一般是经过很长时间才能达到稳定平衡。市场的波动性就是这个不稳定的状态,它的发生是必然存在的并且难以准确预料的。它的变动过程比较频繁,受到的影响因素众多,因此,航空公司的价格也在每天发生变动。如果能够大致掌握市场需求大体的变化规律,就能够在需求旺盛的时期适当提升票价,从而实现收益的提升。

市场的季节性是指市场需求根据季节发生变化的过程,它的变动频率没有市场波动性那么高,而且通常比较容易进行预测。季节性是影响航空运输的重要因素,它很大程度上影响了乘客的出行,特别是对休闲型的乘客。例如,在夏季,很多旅游者就会前往西藏、青海地区观光游览;春秋季天气温和,同样也是出行人数较多的季节;而冬季由于天气寒冷,会有很多乘客前往海南度假。如果能充分掌握各个旅游城市的季节性需求,就能够以此制定价格,这也就形成了市场中淡旺季的现状。因此,如果航空公司能够抓准乘客出行的季节性变化规律,就能够根据市场需求制定相应的票价,实现收益的提升。

市场的波动性和季节性无时无刻不在影响着航空公司的动态定价,市场的波动幅度越大,航空公司的机票价格变动就越大;波动幅度越小,机票价格变动就越小。此外,市场的季节性越明显,航空公司淡旺季的价格差异也就越大。因此,掌握市场的变动性对于更好地制定机票价格有着十分重要的意义和影响。

3. 公司的品牌价值

公司的品牌形象与品牌价值对于一个公司的发展有着十分重要的影响,公司的品牌效应越好,客户对它的认可程度越高,实施动态定价就更容易实现。公司的品牌价值在于长期的积累,从日常的产品质量、性价比到服务水平和信誉程度,这些因素都影响着企业的文化氛围和大众认知度。公司正面的品牌形象影响着品牌价值,因此,公司应该在培训员工时充分灌输企业文化和思想,让员工在工作时将良好的品牌形象带给消费者,充分利用好已有的资源。同时也要充分了解消费者的需求,对投诉事件积极处理,了解消费者的心理感受和对公司的意见,建立相应的投诉和改进流程,以增加消费者对品牌的认可度。这样一来,改善公司的品牌价值就能够带来更忠实的客户,从而为实施动态定价带来更好的条件。

4. 竞争者的反应

公司在实施动态定价的过程中要充分考虑竞争者可能做出的反应。如果价格制定得过高,那么竞争者可能会以低价的形式争夺市场。由于竞争者的存在,公司在定价过程中也涉及了博弈问题。自身公司的定价策略和竞争者的定价策略在一定程度上都是相互影响的,充分了解竞争公司的品牌形象与常用的定价方案,对于本公司的价格制定都有着十分重要的影响。尤其在动态定价的市场需求预测过程中,要充分考虑对方可能制定出的促销活动或其他策略对市场需求的影响。因此,将竞争者的定价策略纳入自身动态定价系统的因素之一,能够更准确地实施动态定价策略,保证结果的准确可靠,提升公司的市场竞争力。

5. 管理者的能力

作为企业的管理者,他们对市场的预测能力和掌控能力直接影响了动态定价的实施效果。整个定价过程涉及的市场预测,构建收益模型与定价体系,制定具体价格,监控与评估过程与开发收益管理系统都需要企业管理者的专业敏锐度。此外,实施动态定价的管理者要与进行市场预测的管理者做好交接工作,这也需要管理者对多个领域专业度的熟悉和掌控。管理者对市场需求预测越准确,动态定价越符合消费者的心理预期,其实施效果也就越好。但如果对市场需求预测不准确,或者动态定价的价格制定得不符合消费者的心理预期,无论哪一个环节出现问题,动态定价的意义就会大大削减。然而对市场需求的预测并不容易,因此公司对高端管理人才的需求也就越来越大。因此,企业要充分利用好高端管理人才对定价体系的掌握,通过多方面的考核来对管理人员做出实时考核与评估,才能保证动态定价的有效性,实现收益的提升。

3.4.4 动态定价的基本模型

动态定价的模型有很多种,其中都与市场需求紧密相关。动态价格调整的思想大多为以收益最大化为目标函数,求得每个时间周期内最优的价格。下面简单介绍两种常见模型。

1. 价格连续集动态定价模型

对于连续型的价格集合,设价格为 p,则有 $p\in[0,+\infty)$。动态周期总共为 T,其中第 t 个时间段的需求为 $d(t,p)$。如果把市场需求看作自变量,设为 $d(t)$,则价格可表示为 $p(d(t),t)$。若 t 时刻,需求为 $d(t)$ 时的收益设为 $R(t,d(t))$,那么此时以收益最大化为目标函数的定价模型可表示为:

$$\max \sum_{t=1}^{T} R(t,d(t))$$

约束条件为:

$$\begin{cases} \sum_{i=1}^{T} d(t) \leqslant C \\ d(t) \geqslant 0 \end{cases}$$

其中，C 表示最大舱位数量。对于此类问题，可通过引入拉格朗日乘子进行求解。此外，若每个时间 t 的需求固定不变为 $d(t)=d$，则此模型可简化成：

$$\max dp(d)T$$

约束条件为：

$$dT \leqslant C$$

对于此简化模型的求解相对简便，在计算时需要首先找到需求 $d(p)$ 与价格 p 之间的函数关系，常见的价格反应函数有下列几种：

(1) 线性反应函数。当消费者的支付意愿成均匀分布时，需求与价格成线性关系，其中价格越高，需求量越小。用公式可表示为：

$$d(p) = C - mp$$

其中，$m>0$，表示为价格反应系数。此时，该价格反应函数的弹性为 $mp/(C-mp)$。当价格为 0 时，需求最大，为舱位的最大容量 C。

(2) 弹性不变的反应函数。当价格反应函数的点弹性保持不变时，此时有：

$$\frac{d'(p)p}{d(p)} = -\varepsilon$$

其中，价格 $p>0$，$\varepsilon>0$ 代表弹性。则此时的价格反应函数为：

$$d(p) = Kp^{-\varepsilon}$$

此时，$K>0$ 为任意参数，当 $p=1$ 时，$d(1)=K$。弹性不变的反应函数对于局部价格相对适用，而对于全局价格反应存在着不符合现实的缺陷。

(3) Logit 价格反应函数。对于以上两种类型的价格反应函数存在的缺陷，Logit 反应函数更能够体现一般市场的特征，它的表达形式为：

$$d(p) = \frac{K_1 e^{-(a+bp)}}{1 + e^{-(a+bp)}}$$

其中，a、b 和 K_1 是参数，$K_1>0$，$b>0$，a 通常定义为 $a>0$。在此种情形下，在"市场价格"附近，即 $\hat{p} = -\frac{a}{b}$ 附近的价格反应曲线最陡峭，此时价格的微小变化都会引起需求的巨大变化。

将以上常见的价格反应函数代入动态定价的模型中，可求解得到最优定价策略和最大收益。

2. 价格离散集动态定价模型

对于离散型的价格集合，此时 p 取价格集合中的特定数值。假设离散集中共有 k 个变量，价格集为 $P = \{p_1, p_1, \cdots, p_k\}$，需求集为 $D(t) = \{d_1(t), d_2(t), \cdots, d_k(t)\}$。此时，可引入凸组合的权数集 $a(t) = (a_1(t), a_2(t), \cdots, a_k(t)) \in W$，此时权数满足 $a_i(t) \geqslant 0$ 且 $\sum_{i=1}^{k} a_i(t) = 1$。令某时刻 t 的需求为 $d(t) = \sum_{i=1}^{k} a_i(t) d_i(t)$，则此时的动态定价模型可表示为：

$$\max \sum_{t=1}^{T} \sum_{i=1}^{k} a_i(t) R_i(t, d(t))$$

约束条件为：

$$\sum_{t=1}^{T} \sum_{i=1}^{k} a_i(t) d_i(t) \leqslant C$$

其中，$R_i(t, d(t)) = p_i d_i(t)$ 代表 t 时刻的收益，其他变量含义与连续价格集模型相同。此时，可通过引入对偶变量 λ 进行求解。目标函数可表示为：

$$\max_{a(t) \in W} \{ \sum_{i=1}^{k} a_i(t) R_i(t, d(t))(R_i(t) - \lambda d_i(t)) \}$$

其中，$\lambda \geqslant 0$ 且互补松弛条件为 $\lambda (\sum_{t=1}^{T} \sum_{i=1}^{k} a_i(t) d_i(t) - C) = 0$。对于该模型，若存在 i^* 使 $R_{i^*}(t) - \lambda d_{i^*}(t)$ 最大，则此时最优价格为 p_{i^*}。如果仅有一个最优解，那么满足唯一一个 $a_{i^*}(t) = 1$；如果有多个最优解，则此时存在多个 a_{i^*}，其中有 $0 < a_{i^*} < 1$。

3.4.5 动态定价的意义

动态定价在实际定价过程中有着不可轻视的作用，它能够帮助企业更好地制定适应市场变化的定价策略，提高企业的收益。具体来说，动态定价的实际意义有以下几个方面。

1. 实现以价格的手段调解供需平衡

市场上的供需常常存在着不平衡的现象，而企业制定的价格是改善供需不平衡现象的途径之一。充分利用价格杠杆的作用，能更好地调节供需平衡。而对于企业来说，提高收益的方式包括增长劳动时间、提高生产量和以价格来调节供需平衡。对于航空公司来说，舱位数量是固定的，劳动时间也无法充分延长，只有运用价格调节供需关系才是一种直接有效的方案。通过对市场需求的判断，运用动态定价的理论来实时改变价格，从而适应市场的波动情况。动态定价是一种与市场相适应的定价方式。有效运用动态定价的理论，能够有效控制供需平衡，提高企业的收益。

2. 避免剩余产品的浪费

根据市场需求来实时调整价格，能够避免在截止日期前因无法售出剩余产品而带来的浪费。作为易逝品的典型代表，航空公司剩余舱位表现出了明显的不可储藏性。因此一旦在飞机起飞前座位没有售出，那么就会导致剩余舱位的浪费，不利于航空公司收益的提升。如果使用单一的定价方案，那么无法刺激乘客的购买欲望，容易出现空座的情况。动态定价能够根据市场细分情况和供需平衡来调节票价，根据剩余舱位数量来进行动态的定价，能够提高舱位的售出率，从而避免剩余舱位带来的损失。例如，酒店当天晚十点以后的低价房，旅游尾单的打折出售，超市临近保质期的牛奶等。这样的促销不但能防止公司的损失，又能为顾客提供低价的商品，一举两得，是一种常见的促销手段。

3. 提升公司竞争力

动态定价是一种以市场需求为基准的定价方式，那么为何能提升公司的竞争力呢？经济学家们发现差异化能够为市场带来新的活力，打造公司的特色服务，是一种避免价格战的有效方式。现如今产品的价格越来越透明化，消费者对于性价比的要求也越来越高。那么头等舱和经济舱的价位悬殊，为什么还会有顾客选择头等舱呢？这就是由乘客需求不同所带来的必然结果。动态定价就是考虑了市场需求,根据不同产品差异化不同而制定了不同的价格,并实时进行价格调整。当产品定价满足消费者的需求和心理预期价位时,他们就会购买。例如,明星乘坐飞机时通常会选择商务舱,如果选择经济舱出行,可能引发一些安全隐患。同样,这也就是为何五星级酒店和经济酒店价位相差成倍,却又能长期屹立不倒的原因。因此,动态定价的方法是以市场需求和公司实际情况做出调整,不仅能够适应市场需求,又能打造公司的品牌效应,因此也能够提升公司的竞争力,避免价格战形成的恶性循环,是提高收益的重要举措。

4. 增加企业利润

对于企业来说,实施动态定价的最终目的就是提高收益,增加企业利润。动态定价能够满足市场需求,动态地对最优票价进行调整和优化,能够满足公司收益的最大化。对于航空公司来说,它们的特点是固定成本高,增量成本低,所以通常不会由于市场需求量的增加而带来增量成本的大额增加。因此,只要多卖出去一个座位,就能进一步提升收益,不会因为多一个乘客而带来过多的成本变动。因此,在固定舱位数量的情况下,通过动态定价的方法来鼓励乘客进行购买,避免舱位的浪费,就是提高收益的重要举措。航空公司的收益很大一部分能直接转化为公司利润,因此提高收益就是增加企业利润,从而提高公司影响力,实现市场份额的进一步扩大。

3.5 动态定价案例

为了充分理解动态定价的思想,现通过对中国东方航空公司官方网站 2020 年 2 月 12 日至 3 月 15 日的 MU5183 航班进行价格的整理,得出其每日价格如表 3-5 所示。其中,经济舱的价格变动情况如图 3-6 所示。

表 3-5 东方航空公司 MU5138 航班信息

出行时间	经济舱	超级经济舱	公务/头等舱	日期类型	备注
2月12日	1 070		2 350	星期三	当天价格
2月13日	1 070		2 350	星期四	
2月14日	1 070		2 350	星期五	
2月15日	1 070		2 350	星期六	
2月16日	1 070		2 350	星期日	
2月17日	1 070		2 350	星期一	
2月18日	1 070		2 350	星期二	
2月19日	900		2 350	星期三	
2月20日	720		2 350	星期四	
2月21日	560		2 350	星期五	
2月22日	560		2 350	星期六	

续　表

出行时间	经济舱	超级经济舱	公务/头等舱	日期类型	备注
2月23日	560		2 350	星期日	
2月24日	650		2 350	星期一	
2月25日	590		2 350	星期二	
2月26日	590		2 350	星期三	
2月27日	590		2 350	星期四	
2月28日	590		2 350	星期五	
2月29日	590		2 350	星期六	
3月1日	590		2 350	星期日	
3月2日	590	800	2 350	星期一	
3月3日	590	800	2 350	星期二	
3月4日	900	980	2 350	星期三	
3月5日	900	980	2 350	星期四	
3月6日	900	980	2 350	星期五	
3月7日	590		2 350	星期六	
3月8日	590		2 350	星期日	
3月9日	590	800	2 350	星期一	
3月10日	590	800	2 350	星期二	
3月11日	900	980	2 350	星期三	
3月12日	900	980	2 350	星期四	
3月13日	900	980	2 350	星期五	
3月14日	590	800	2 350	星期六	
3月15日	590		2 350	星期日	

以2月12日价格作为当天订购的价格为起始点，发现在购票当天至之后的一个星期中经济舱的价格都是一个月当中最高的，之后的一段时间发生缓慢下降，直至票价跌幅达到近50%。在3月4日，票价又出现增长，随后一直处于不断的波动状态，但其价格一直低于当日机票价格。头等/公务舱的价格一直没有发生变动，维持在2 350元。超级经济舱的价格位于经济舱和头等舱之间，其限制条件也是属于二者的中间地带。

由此可见，航空公司的动态定价大多是针对经济舱或超级经济舱，头等舱的价格没有出现太大的变动。但是在携程等其他中间代理网站上，价格等级又被进一步划分，但其定价的动态性依旧存在。航空公司的动态定价主要是基于市场供求关系所制定的，其目的是根据市场做出价格的变动，保证收益的最大化。因此，动态定价对于航空公司来讲至关重要。

除了时间周期的机票价格波动以外，市场需求对动态定价的影响也十分重要。现结合以往学者拟采用的机票调整方式对某航空公司一周内的需求与价格的变动关系进行分析。假设该航空公司的经济舱在两周内的需求上限为220人，需求下限为120人。机票价格最高为1 050元,最低为550元。如果分别按照非动态定价与动态定价两种方式进行定价,那么得到的两种价格与收益结果如表3-6所示。

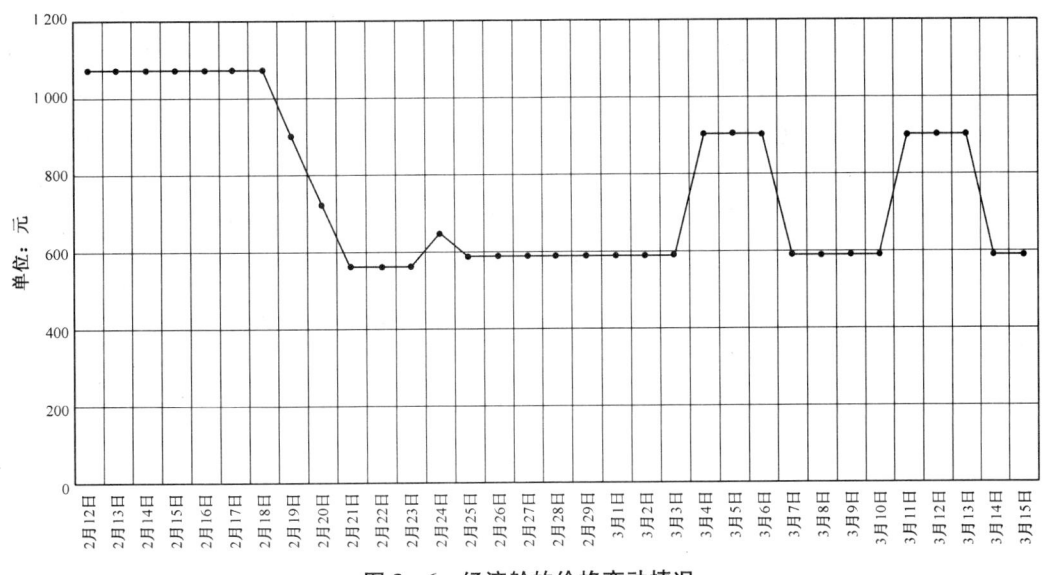

图3-6 经济舱的价格变动情况

表3-6 非动态定价与动态定价的价格与收益　　　　　　　　　　单位:元

星　期	日　期	市场需求	非动态定价	动态定价	非动态定价收益	动态定价收益
周一	2月17日	135	600	650	81 000	87 750
周二	2月18日	140	600	680	84 000	95 200
周三	2月19日	120	600	550	72 000	66 000
周四	2月20日	153	600	750	91 800	114 750
周五	2月21日	192	1 050	950	201 600	182 400
周六	2月22日	203	1 050	1 000	213 150	203 000
周日	2月23日	220	1 050	1 050	231 000	231 000
周一	2月24日	128	600	600	76 800	76 800
周二	2月25日	138	600	680	82 800	93 840
周三	2月26日	152	600	750	91 200	114 000
周四	2月27日	146	600	700	87 600	102 200
周五	2月28日	189	1 050	950	198 450	179 550
周六	2月29日	205	1 050	1 000	215 250	205 000
周日	3月1日	216	1 050	1 050	226 800	226 800
收益总计					1 953 450	1 978 290

从表中可以看出,市场需求每时每刻都在变动,其中周五、周六和周日的市场需求普遍较高。当采用非动态定价时,周一至周四的价格固定为600元,周五、周六和周日调整为

1 050元,这时总收益为1 953 450元。当采用动态定价的方式时,每天的价格都跟随着市场需求进行变动,当需求量较高时,定价较高;当需求量较低时,价格较低,最终获得的总收益为1 978 290元。由此可见,动态定价比非动态定价的收益增加了24 840元。由于动态定价的价格跟随着市场需求而进行变动,因此能够更好地适应市场需求的变化,从而实现公司收益的提升。

图3-7展示了非动态定价与市场需求的关系,可以看出,非动态定价主要是根据通常情况下的客流量数据对一周中周末与平常日进行差别定价。其中,周一至周四的客流量相对较少,机票价格为600元;周五和周末的客流量最大,因此价格制定为1 000元。这种方法较为简单易行,但是由于市场需求和机票价格之间存在着一定程度的差距,因此不利于收益的最大化。当价格低于市场需求时,航空公司会损失一定的收益;当价格高于市场需求时,可能导致乘客选择其他航空公司,造成客流的减少,从而降低了收益。由此可见,非动态定价的方式虽然操作简单,但总体上不符合收益管理的核心内容,不利于实现最大化的收益。

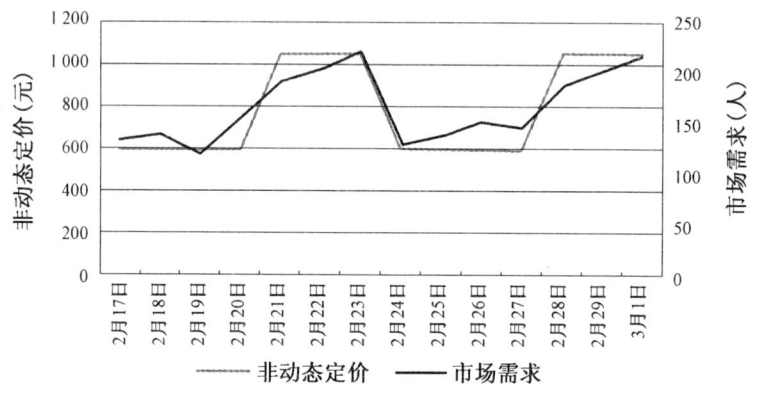

图3-7 非动态定价与市场需求对比图

动态定价与市场需求的关系如图3-8所示。在动态定价时,航空公司通过对市场需求的预测来制定相应的价格,实现价格与市场需求的同方向变动。在这种情况下,价格能够按照市场需求来进行变动,此时的动态定价能够最大程度地满足市场需求,从而提升航空公司收益。需要注意的是,动态定价需要事先对市场需求进行精准的预测。由于市场中经济、社

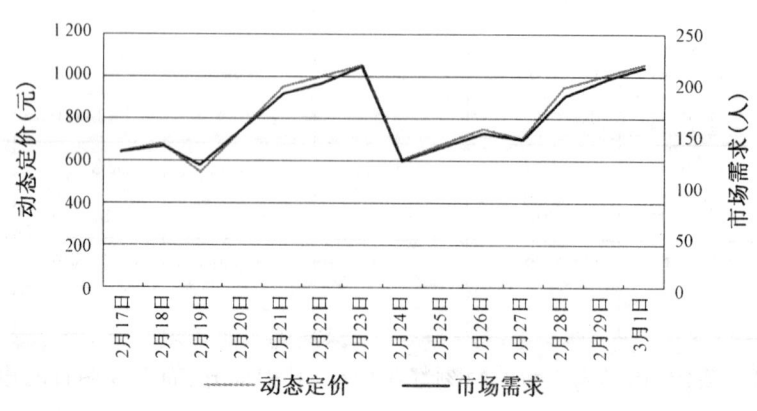

图3-8 动态定价与市场需求对比图

会和环境等影响因素众多,决策者的经验和模型准确度有限,因此不能实现动态价格与需求的曲线图完全一致。但是,动态定价的思想至关重要,航空公司的管理者应该提高对市场的判断能力,尽最大努力实现价格与需求的同步变动。

本章思考题

1. 航空公司乘客的市场细分主要有哪几种类型?请简单介绍。
2. 市场细分主要有哪三种作用?
3. 价格歧视主要分为哪三种?航空公司一般采用哪种歧视定价方法?
4. 多等级票价制定的步骤是什么?利弊有哪些?
5. 动态定价主要有两个理论依据,分别是什么?请简要说明。
6. 动态定价影响因素有哪些?实施动态定价的意义是什么?
7. 下表展示的是在一个距离为1 000公里、舱位数为200个的航线上,计算分别以客座率、客公里收入、座公里收入最大为销售目标的航班舱位销售,完成下表。

不同销售目标引起的收入差异

等级	票价(元)	不同销售目标的销售数量		
		客座率	客公里收入	座公里收入
Y	1 000	0	20	17
M	950	13	23	23
Q	900	14	22	19
B	700	55	30	37
V	500	68	15	40
售出的座位数				
航班客座率				
航班总收入				
平均票价(元)				
客公里收入(元)				
座公里收入(元)				

第4章 收益管理中的预测方法

本章关键字

时间序列法(Time Series Method)　　　增量法(Pickup Methods)
回归模型(Regression Model)　　　　　采集点(Data Collection Point)
概率推断法(Dynamic Pricing)　　　　　潜在旅客需求(Potential Passenger Demand)
预测精度指标体系(Prediction Accuracy Index System)

教学重点

1. 航班基础数据结构形式。
2. 时间序列法在订座过程中的应用。
3. 增量法和改进增量法在订座过程中的应用。
4. 航空公司客运量预测。
5. 旅客溢出量及潜在旅客需求估计。

> 收益管理是一项前瞻性的工作,预测是收益管理的基础,是对未来风险的管理,需要做大量的分析预测工作。分析预测工作的目的是帮助收益管理人员把握宏观与微观经济环境、市场供需情况的变化,以及竞争对手的举动,做到"知己知彼"。没有快速、准确的预测技术是不能实施收益管理的。预测工作准确与否对创造最大收益至关重要。

航空旅客的需求具有多样性,有些旅客要求很快就能购票乘机,而且舒适,服务质量高,不在乎票价高;有的旅客要求很快就能购票乘机,其他要求不高,当然也不在乎票价高;还有一部分旅客要求票价低,只要能乘机旅行就行,无其他要求。收益管理是指把不同机舱的座位以不同的价格卖给不同需求的旅客,也就是说,把飞机的座位在合适的时候,以合适的价格卖给合适的旅客,使得航空公司的收益最大。这是航空公司为适应航空运输市场的激烈竞争,将航班座位管理与价格管理相结合而形成的一门现代化航空运输管理技术。

收益管理的思想早在20世纪60年代已形成。60年代中期,美国的美利坚航空公司、三角航空公司采用电脑订座位,大大提高了工作效率,方便旅客购买机票。但同时也发现有些旅客订了座位而不来乘机。于是航空公司实行超售技术,既能减少座位浪费,又为更多旅客提供乘机机会。收益管理是一项前瞻性的工作,是对未来风险的管理,需要做大量的分析预测工作。分析预测工作的目的是帮助收益管理人员把握宏观与微观经济环境、市场供需情况的变化,以及竞争对手的举动,做到"知己知彼"。分析预测工作是否准确对创造最大收益至关重要。收益管理是在市场学、运筹学、经济学、预测学及计算机技术基础上发展起来的一门管理技术,而预测是收益管理的基础。没有快速、准确的预测技术是不能实施收益管理的。

收益管理的预测技术特点为:短期性、快速性和准确性。收益管理对旅客需求预测期可分为长期、中期和短期。长期可为航班离港前336~112天,中期可为112~56天,而短期可为56天及以下。做长期预测时要考虑季节因素、周期变动因素和增长因素,但它的预测期是以每天为基础。虽然预测期可分为长、中、短期,但最终都落实到某天某个航班的旅客需求量,同一个航班不同舱位的旅客需求量。这是一种非常短期、非常具体的需求预测。所谓快速性是由预测的短期性决定的。由于这种预测技术为每天每个航班营运决策,尤其是票价决策服务,所以旅客需求预测必须快速进行。有的航空公司一天需要对票价进行三次决策,那就意味着一天至少进行三次需求预测,由此特点决定了预测技术的选择,一般以时间序列预测方法为主。所谓准确性是指预测的精确度要高。若预测结果误差大,必然给航空公司的收益造成很大损失。以超售为例,若预测误差大,当No-show率高于实际情况,会加大超售成本;若No-show率低于实际情况时,虚耗了座位,同样会给航空公司造成损失。

4.1 预测方法分类

在收益管理领域,预测方法可分为三类:定量分析法、定性分析法和决策分析法。其中,定性分析法主要包括判断法、技术分析法和德尔菲分析法。此类方法主要是进行定性的判断,不涉及定量的研究。决策分析法是结合定量分析法和定性分析法,包括市场调查法、随机性法和启发式方法等。在实际的收益管理中,应用最多的是定量分析法。

定量分析法需要大量的历史数据作为基础,根据数据组织关系的不同又可分为时间序列法和因果分析法。常用的时间序列法有移动平均法、指数平滑法、季节指数法和增量法等。因果分析法包括回归分析法、模拟法和贝叶斯分析法等,其中回归分析法最为常用。时间序列法是根据时间组织数据然后统计分析的方法,能够预测出某一时间的需求,但不能够解释其原因。因果分析法侧重数据之间的因果关系,容易解释数据变化的原因。在实际应用中,时间序列法主要用来预测微观水平,而因果分析法既可以预测微观水平也可以预测宏观水平。

除了以上常规的预测方法之外,近年来又发展了不少新兴的预测方法,较为典型的有神经网络模型、自适应模型和复合模型等。其中神经网络是目前发展迅速、应用广泛的前沿交叉学科,它能够模拟生物的神经结构,是一种非线性动力学系统。复合模型也叫组合模型,结合了多种预测方法,以期弥补单个预测方法存在的不足,能够提升最终的预测精度。

4.1.1 移动平均法

移动平均法也称为滚动平均法,通过在一个完整的数据集上创建一系列不同子集的平均值来预测未来的数据。给定一个数据序列和一个固定大小的子集,移动平均法通过初始的子数据序列的平均值来得到第一个元素。然后,向前滚动子数据序列,即移除序列中的第一个数据,加入序列中紧随初始子数据序列的下一个数据。这就创建了一个新的子数据序列,然后计算新子数据序列的平均值,作为移动平均的第二个元素。在整个数据序列中重复上述过程便可以计算出所有元素。移动平均常用于时间序列数据,以平滑短期波动,并且能够反映长期的趋势或周期。移动平均法常用来分析财务数据,如股票价格、商品销售量等,也可以用于经济学研究,如国内生产总值(GDP)、就业情况或者其他宏观经济时间序列。按照平滑的次数,移动平均法分为一次移动平均法和二次移动平均法。

1. 一次移动平均法

设有数据序列 $X_1, X_2, \cdots, X_N$,数据子集大小为 N,然后在整个数据序列上滚动求出各数据子集并计算其平均值,即可得到一次移动平均数。

$$M_t^{(1)} = \frac{X_t + X_{t-1} + \cdots + X_{t-N+1}}{N} = M_{t-1}^{(1)} + \frac{X_t - X_{t-N}}{N}, \quad t \geq N \tag{4.1}$$

式中,$M_t^{(1)}$——某数据子集的平均值;

X_t——数据序列中的第 t 个数据;

N——数据子集的大小,也即移动平均的项数。

从公式中可以看出,每向前移动一次,就增加一个新数据,移除一个旧数据,然后得到一个新的数据子集,即得到一个新的平均数。

移动平均能够平滑数据的波动,消除数据的周期性影响,进而能够反映数据的长期变化趋势。移动平均预测公式为:

$$\hat{X}_{t+1} = M_t^{(1)} \tag{4.2}$$

第 $t+1$ 个数据的预测值是第 t 周期的移动平均值。

2. 二次移动平均法

当数据序列的趋势变化较小时,利用一次移动平均法即可准确预测未来的数据。如果数据序列趋势变动明显,一次移动平均预测的结果会出现滞后偏差。简单起见,假设数据序列按照线性趋势进行变动。此时需要进行第二次移动平均来修正线性变动趋势,利用其滞后偏差的规律计算直线的斜率和截距,然后根据得到的斜率和截距来建立直线趋势预测模型。

设一次移动平均数是 $M_t^{(1)}$,则二次移动平均数的计算公式为:

$$M_t^{(2)} = \frac{M_t^{(1)} + M_{t-1}^{(1)} + \cdots + M_{t-N+1}^{(1)}}{N} = M_{t-1}^{(2)} + \frac{M_t^{(1)} - M_{t-N}^{(1)}}{N} \tag{4.3}$$

设有数据序列 $X_1, X_2, \cdots, X_t$,具有直线变动趋势,并假定该数据序列未来仍然按照此趋势变动。则具有直线趋势的预测模型为:

$$\hat{X}_{t+T} = a_t + b_t T \tag{4.4}$$

式中,t——当前时期;

T——当前时期与预测时期的间隔数;

$\hat{X}_{t+T}$——第 $t+T$ 的预测值;

a_t——直线的截距;

b_t——直线的斜率。

a_t 和 b_t 的计算公式为:

$$a_t = 2M_t^{(1)} - M_t^{(2)} \tag{4.5}$$

$$b_t = \frac{2}{N-1}(M_t^{(1)} - M_t^{(2)}) \tag{4.6}$$

移动平均法中,数据子集的大小 N 对于预测的结果有着较大的影响。N 的选取跟预测项数和实际数据的变化规律有关。N 有两个极端,即当 N 等于1时,直接取数据序列中最新的值作为下一期的预测值,当 N 等于数据序列的长度时,使用了全部数据的平均值作为下一期的预测值。

另外,N 的选取还跟数据的随机程度相关。当数据的随机因素越大时,数据子集 N 也应该越大,这样能够最大限度地消除数据随机性带来的影响;当数据的随机因素越小时,数据子集 N 也应该越小,这样能够最大程度地反映数据序列最新的变化趋势,预测误差也小。

移动平均法计算简单,计算量少,并且能够较准确地反映数据序列的整体变化趋势。但是在实际使用移动平均法进行预测时,通常有两个限制:一是当需要预测的数据的项数较多时,需要的历史数据也较多。而实际上历史记录通常不完整,影响了预测的准确度。二是移动平均法使用的历史数据均给予了相同的权值,但实际情况是越近的数据越能够反映数据序列的变化趋势,应该拥有较大的权值;而越远的数据与当前数据相差可能较大,应该拥有较小的权值,这样才更合理。

4.1.2 指数平滑法

移动平均法的预测值实际上是以前观测值的加权和,并且对于不同时期的数据给予了相同的权值,这与实际情况往往出入很大。指数平滑法在处理不同时期数据的权值方面对移动平均法进行了改进。根据平滑次数的不同,指数平滑法分为一次指数平滑法、二次指数平滑法和三次指数平滑法。基本思想为:预测值是以之前数据序列的加权和,并且对不同的数据给于不同的权值,新数据有较大的权值,旧数据则有较小的权值。

1. 一次指数平滑法

设有数据序列 $X_1, X_2, \cdots, X_t$,则一次指数平滑公式为:

$$S_t^{(1)} = \alpha X_t + (1-\alpha) S_{t-1}^{(1)} \tag{4.7}$$

式中,$S_t^{(1)}$——第 t 周期的一次指数平滑值;

α——平滑系数,且 $0 < \alpha < 1$。

为了深入研究指数平滑法的本质,将上述依次展开,可得:

$$S_t^{(1)} = \alpha \sum_{j=0}^{t-1} (1-\alpha)^j X_{t-j} + (1-\alpha)^t S_0^{(1)} \tag{4.8}$$

由于 $0 < \alpha < 1$,当 $t \to \infty$ 时,$(1-\alpha)^t \to 0$,于是式(4.8)变为:

$$S_t^{(1)} = \alpha \sum_{j=0}^{\infty} (1-\alpha)^j X_{t-j} \tag{4.9}$$

由此可见,$S_t^{(1)}$ 实际上是 $X_t, X_{t-1}, \cdots, X_{t-j}$ 的加权平均,加权系数分别为 $\alpha, \alpha(1-\alpha)$,$\alpha(1-\alpha)^2, \cdots$,是按照几何级数衰减的,越新的数据,权值越大;越旧的数据,权值越小,并且权值之和等于1。因为加权系数的变化符合指数规律,并且又有平滑数据的功能,所以称为指数平滑。一次指数平滑法的预测模型为:

$$\hat{X}_{t+1} = S_t^{(1)} = \alpha X_t + (1-\alpha) \hat{X}_t \tag{4.10}$$

第 $t+1$ 期的预测值是由前一期的一次指数平滑计算出来。由公式(4.10)可见,指数平滑法不需要大量的历史数据,仅需少量的近期数据就可以预测,这大大减少了数据存储的问题,降低了对数据完整性的要求。有时仅需一个最新观察值、最新预测值和平滑系数 α 值即可进行预测。一次指数平滑的预测值最终由上一期的预测值加上上期预测值的误差的修正值。

(1) 初始值的选取。

对于第一个指数平滑值 $S_1^{(1)}$(即初始值),一般是采用下面两种方法之一来确定:一是令 $S_1^{(1)} = X_1$,即采用市场现象的第一期实际观察值作为第一个指数平滑值;二是取观察值前几期的平均值作为初始值。

(2) 平滑系数 α 的选择。

根据公式(4.9)可知,平滑系数的大小直接影响过去各期数据对预测值的作用。在确定平滑系数时,必须根据市场现象时间序列本身的规律而定。当时间序列变化剧烈时,宜选择较大的平滑系数,以很快跟上变化。但要注意,平滑系数取值越大,风险也越大。当平滑系数取值接近 0 时,则各期数据的作用缓慢减弱,呈比较平稳的状态。通常对同一个市场现象的预测中,同时选择几个平滑系数进行测算,分别计算出对应的预测误差,选择误差较小时的平滑系数。

2. 二次指数平滑法

一次指数平滑法适用于没有明显变化趋势的数据序列。如果数据序列的趋势变化明显时,直接使用一次指数平滑法来预测未来值会产生明显的滞后偏差,这时需要第二次指数平滑来修正上述偏差。

如果数据序列存在趋势,一次指数平滑值和二次指数平滑值都将滞后于实际值。修正的方法是将二者之差加在一次指数平滑值上即可对趋势误差进行修正。具体计算公式为:

$$S_t^{(2)} = \alpha S_t^{(1)} + (1-\alpha) S_{t-1}^{(2)} \tag{4.11}$$

式中,$S_t^{(1)}$——一次平滑值,由公式(4.7)确定;

$S_t^{(2)}$——二次平滑值。

设有数据序列 $X_1, X_2, \cdots, X_t$,具有直线变动趋势,并假定该数据序列未来仍然按照此趋势变动,则预测公式为:

$$\hat{X}_{t+T} = a_t + b_t T \tag{4.12}$$

式中,t——当前时期;

T——当前时期与预测时期的间隔数;

$\hat{X}_{t+T}$——第 $t+T$ 的预测值;

a_t——直线的截距;

b_t——直线的斜率。

a_t 和 b_t 的计算公式为:

$$a_t = 2S_t^{(1)} - S_t^{(2)} \tag{4.13}$$

$$b_t = \frac{\alpha}{1-\alpha}(S_t^{(1)} - S_t^{(2)}) \tag{4.14}$$

4.1.3 增量法

增量法是估计每个预订阶段的增长,然后将各个时间阶段预测的数据累加到一起作为最终的预测。增量法主要包括加法增量法和乘法增量法。

1. 加法增量法

加法增量法假定旅客在航班起飞之前的任意一天的座位预定量与最终的座位预定量是相互独立的。它通过历史同一时期需求增量的平均值来预测未来座位的预定量。表 4-1 展示历史航班离港前 56 天的情况,这是一张某个航班某个座位等级的历史订座记录矩阵。

表 4-1 增量预测法

周	总订座	7	14	21	28	35	42	49	56
-5	25	22	10	5	3	3	2	0	0
-4	30	21	15	17	12	7	3	1	0
-3	27	25	14	9	8	5	5	2	1
-2	40	34	30	16	11	6	3	0	0
-1	35	29	20	12	13	8	3	1	0
0	39	33	30	21	14	6	4	2	1
1		28	22	18	10	7	4	2	1
2			18	11	10	7	4	2	1
3				15	9	8	6	6	2
4					11	7	3	2	0
5						9	8	5	2

上表第一列表示航班时间,0 表示本周航班,-1 表示上一周同一航班;1 表示下一周同一航班。

上表第二列表示该周该航班的总订座量。

上表第三列到第十列分别表示航班离港前 7 天的订座量,前 14 天的订座量,以此类推。

设 X_{i-j} 表示离港日期 i 提前 j 天的订座量,A_{i-j} 表示离港日期 i 提前 j 天与提前 $j-1$ 天的增量,则根据定义,有:$A_{i-j}=X_{i-j}-X_{i-j-1}$。

定义 F_{iT} 为离港日期 i 预订时间为 T 的订座数的估计。$\overline{A_j}$ 表示平均增量,则加法增量法的预测公式为:

$$F_{iT}=\overline{A_j}+X_{i-j} \tag{4.15}$$

比如,以上表为基础,考虑历史航班离港前 35 天的订座情况,运用增量法计算最终的订座数。

从上表可知:$X_{i-j}=9$,即航班离港前 35 天的现有订座数为 9(见表 4-2)。

表 4-2 增量预测法计算逻辑

周	A_{i-j} 离港前 35 天内增加的订座数	总订座	35
-5	25-3	25	3
-4	30-7	30	7
-3	27-5	27	5

续表

周	A_{i-j} 离港前35天内增加的订座数	总订座	35
-2	40-6	40	6
-1	35-8	35	8
0	39-6	39	6
1			7
2			7
3			8
4			7
5			9

$\overline{A_j} = (22+23+22+34+27+33) \div 6 = 26.83$

$F_{iT} = \overline{A_j} + X_{i-j} = 26.83 + 9 = 35.83$

所以最终得到未来第五周的航班总订座数位36人。

2. 改进增量法

通过上述例子,可以发现在预测未来第五周航班总订座数据时,并没有用到第1周到第4周的数据,但事实上,这部分数据离航班起飞时最接近的,信息的价值量往往是最高的,所以有必要把这部分信息充分利用起来,这就了改进的增量法。计算逻辑顺序如下:

(1) 计算各时段的增量,比如航班离港前一周的增量;航班离港前一周与航班离港前二周的增量;以此类推。

(2) 计算各时段的增量的平均数据 $\overline{A_j}$。

(3) 航班最终订座量,$F_{iT} = \sum_{j=1}^{T} \overline{A_j} + X_{i-j}$,其中 X_{i-j} 就表示已有订座量。

比如,以上表为基础,考虑历史航班离港前14天的订座情况,运用改进增量法计算未来第二周的最终订座数,考虑移动步长为5。如表4-3所示。

表4-3 改进增量预测法计算逻辑

周	总订座与航班离港前7天增量	总订座	7	航班离港前7天与航班离港前14天的增量	14
-5	25-22=3	25	22	22-10=12	10
-4	30-21=9	30	21	21-15=6	15
-3	27-25=2	27	25	25-14=11	14
-2	40-34=6	40	34	34-30=4	30
-1	35-29=6	35	29	29-20=9	20
0	39-33=6	39	33	33-30=3	30
1			28	28-22=6	22
2					18

求得:

$$\overline{A}_1 = (6+6+6+2+9) \div 5 = 5.8$$
$$\overline{A}_2 = (6+3+9+4+11) \div 5 = 6.6$$

又知：
$$X_{i-j} = 18$$

$$F_{iT} = \sum_{j=1}^{T} \overline{A}_j + X_{i-j} = 5.8 + 6.6 + 18 = 30.4$$

所以最终得到未来第二周的航班总订座数位 31 人。

3. 乘法增量法

乘法增量法是通过历史同一时期需求的平均增长比率来预测未来某航班的订座量。该方法假定已经产生的订座量会影响未来需求增长的比率。定义 M_{ij} 为航班离港之日 i 提前 j 天与提前 $j-1$ 天的增长比率，则：

$$M_{ij} = \frac{X_{i,j}}{X_{i,j-1}} \tag{4.16}$$

乘法增量的预测公式为：

$$F_{iT} = \left(\prod_{j=1}^{T} \overline{M}_j\right) \times X_{ij} \tag{4.17}$$

式中，$\overline{M}_j$——航班离港之日 j 天与 $j-1$ 天订座量的平均增长比率。

4.1.4 回归模型

多元回归是指两个及两个以上变量和对应的因变量之间的相关变换，那么，由此建立起来的数学型公式便可以称作为多元回归模型。回归建模步骤流程如图 4-1 所示。

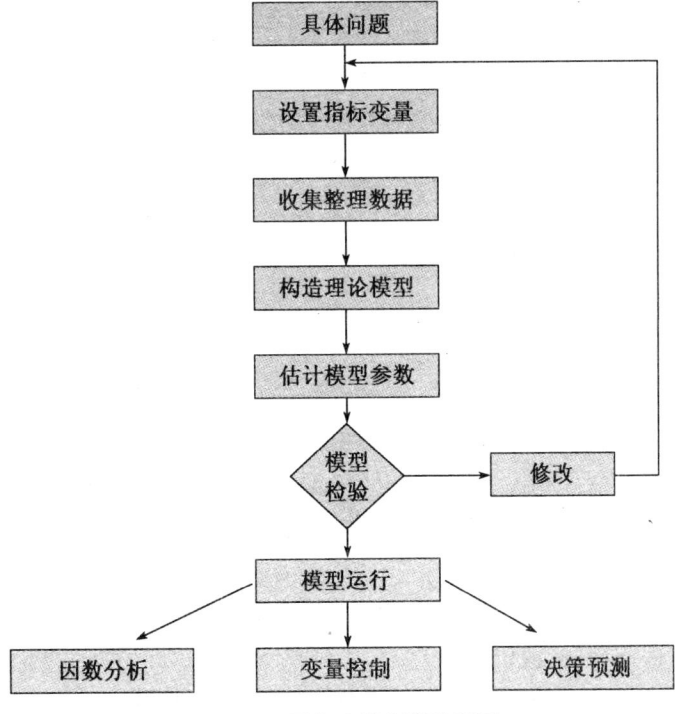

图 4-1 回归建模步骤流程图

1. 多元回归的预测模型

设 y 与 $x_1, x_2, \cdots, x_{m-1}$ 的原始数据如表 4-4 所示。

表 4-4 观测数据表

变量	y	x_1	x_2	$\cdots$	x_{m-1}
1	y_1	x_{11}	x_{12}	$\cdots$	x_{1m-1}
2	y_2	x_{12}	x_{22}	$\cdots$	x_{2m-1}
$\vdots$	$\vdots$	$\vdots$	$\vdots$	$\ddots$	$\vdots$
n	y_n	x_{1n}	x_{2n}	$\cdots$	x_{nn-1}

若 y 与 $x_1, x_2, \cdots, x_{m-1}$ 有如下线性关系：

$$y = \beta_0 + \beta_1 x_1 + \beta_2 x_2 + \cdots + \beta_{m-1} x_{m-1} + \varepsilon \tag{4.18}$$

其中 y 为因变量，$x_1, x_2, \cdots, x_{m-1}$ 为自变量，$\beta_0, \beta_1, \beta_2, \cdots, \beta_{m-1}$ 是 m 个未知的参数；那么平均值为 0 且方差符合 $\sigma^2 > 0$ 这个要求的随机变量是不可观测的，因此称作为误差项，且 $\varepsilon \sim N(0, \sigma^2)$。对原始数据进行多次观察，可以获取 n 组样本：

$$\begin{cases} y_1 = \beta_0 + \beta_1 x_{11} + \cdots + \beta_{m-1} x_{1m-1} + \varepsilon_1 \\ y_2 = \beta_0 + \beta_1 x_{21} + \cdots + \beta_{m-1} x_{2m-1} + \varepsilon_2 \\ \vdots \\ y_n = \beta_0 + \beta_1 x_{n1} + \cdots + \beta_{m-1} x_{nn-1} + \varepsilon_n \end{cases} \tag{4.19}$$

其中 $\varepsilon_1, \varepsilon_2, \cdots, \varepsilon_n$ 是相互独立的，且服从 $\varepsilon \sim N(0, \sigma^2)$ 分布。

令 $Y = \begin{pmatrix} y_1 \\ y_2 \\ \vdots \\ y_n \end{pmatrix}_{n \times 1}, X = \begin{pmatrix} 1 & x_{11} & x_{12} & \cdots & x_{1m-1} \\ 1 & x_{21} & x_{22} & \vdots & x_{2m-1} \\ \vdots & \vdots & \vdots & \vdots & \vdots \\ 1 & x_{n1} & x_{n2} & \cdots & x_{nn-1} \end{pmatrix}_{n \times m}, \beta = \begin{pmatrix} \beta_0 \\ \beta_1 \\ \vdots \\ \beta_{m-1} \end{pmatrix}_{m \times 1}, \varepsilon = \begin{pmatrix} \varepsilon_0 \\ \varepsilon_1 \\ \vdots \\ \varepsilon_n \end{pmatrix}_{n \times 1}$，则式 (4.18) 用矩阵形式表示为：

$$\begin{cases} Y = X\beta + \varepsilon \\ \varepsilon \sim N(1, \sigma^2 I_n) \end{cases} \tag{4.20}$$

2. 模型参数的估计

在确认了多元素回归模型以后，对收集来的样本数据进行整理与统计，然后对确定的回归模型进行未知参数的计算与估计。对未知参数进行估计的时候，使用频率最多的是最小二乘法，这是一种非常经典的参数估计方法，对于不满足模型基本假设的问题，给出了一些新的估计方法，如主成分法和偏最小二乘估计，但是它们都是以普通最小二乘法为基础。然而，当存在许多参数变量时，计算量很大，并且通常使用诸如 TSP, SPSS, SAS 等计算机软件。

若对于多个参数 $\beta_0, \beta_1, \beta_2, \cdots, \beta_{m-1}$ 进行最小二乘法的设定，那么 $\hat{\beta}_0, \hat{\beta}_1, \cdots, \hat{\beta}_{m-1}$ 为参数的最小二乘估计，因此，预测值可以写为：

$$y_k = \hat{\beta}_0 + \hat{\beta}_1 x_{k1} + \cdots + \hat{\beta}_{m1} x_{kn-1} + e_k \tag{4.21}$$

$$e_k = y_k - \hat{y}_k \tag{4.22}$$

其中，$k = 1, 2, \cdots, N$。e_k 是误差 ε_k 的估计值。又令 $\hat{y}_k$ 为 y_k 的估计值，有：

$$\hat{y}_k = \hat{\beta}_0 + \hat{\beta}_1 x_{k1} + \cdots + \hat{\beta}_{m1} x_{kn-1} \tag{4.23}$$

公式(4.21)是观测值 $y_k(k=1,2,\cdots,n)$ 的回归拟合值,缩写为回归值或拟合值。相应地,向量 $\hat{y} = X\beta = (\hat{y}_1, \hat{y}_2, \cdots, \hat{y}_n)^T$ 是因变量向量 $y = (y_1, y_2, \cdots, y_n)^T$ 的回归。

按照要求,应最小化使用最小二乘法,要使得原始数值 y_k 和进行回归以后的 $\hat{y}_k$ 两者之间的平均偏差和 Q 有最小值。也就是说,Q 值越小误差愈小,效果越好。即:

$$Q = \sum_{k=1}^{N} [y_k - (\hat{\beta}_0 + \hat{\beta}_1 x_{k1} + \cdots + \hat{\beta}_{m1} x_{kn-1})]^2 \tag{4.24}$$

由于 Q 是关于 $\beta_0, \beta_1, \beta_2, \cdots, \beta_{m-1}$ 的非负二次方,所以必须存在最小值。根据数学分析的最优值原则,应满足以下等式:

$$\begin{cases} \dfrac{\partial Q}{\partial \beta_0} = -2 \sum_{k=1}^{N} (y_k - \hat{y_k}) = 0 \\ \dfrac{\partial Q}{\partial \beta_1} = -2 \sum_{k=1}^{N} (y_k - \hat{y_k}) x_{k1} = 0 \\ \vdots \\ \dfrac{\partial Q}{\partial \beta_{m-1}} = -2 \sum_{k=1}^{N} (y_k - \hat{y_k}) x_{kn-1} = 0 \end{cases} \tag{4.25}$$

公式(4.23)称为正规方程组。将 $\hat{y}_k = \hat{\beta}_0 + \hat{\beta}_1 x_{k1} + \cdots + \hat{\beta}_{m1} x_{kn-1}$ 代入式(4.25),整理得:

$$\begin{cases} N\beta_0 + (\sum_{K=1}^{N} x_{k1})\hat{\beta}_1 + \cdots + (\sum_{K=1}^{N} x_{kn-1})\hat{\beta}_{m-1} = \sum_{K=1}^{N} y_k \\ (\sum_{K=1}^{N} x_{k1})\hat{\beta}_0 + (\sum_{K=1}^{N} x_{k1}^2)\hat{\beta}_1 + (\sum_{K=1}^{N} x_{k1} x_{k2})\hat{\beta}_2 + \cdots + (\sum_{K=1}^{N} x_{k1} x_{k2})\hat{\beta}_{m-1} = \sum_{K=1}^{N} x_{k1} y_k \\ \vdots \\ (\sum_{K=1}^{N} x_{kn})\hat{\beta}_0 + (\sum_{K=1}^{N} x_{kn} x_{k1})\hat{\beta}_1 + (\sum_{K=1}^{N} x_{kn} x_{k2})\hat{\beta}_2 + \cdots + (\sum_{K=1}^{N} x^2_{kn-1})\hat{\beta}_{m-1} = \sum_{K=1}^{N} x_{kn} y_k \end{cases}$$
$$\tag{4.26}$$

很容易看出,上述方程组的系数矩阵是对称矩阵。那么,令:

$$X = \begin{pmatrix} 1 & \cdots & 1 \\ x_{11} & \cdots & x_{N1} \\ \vdots & \cdots & \vdots \\ x_{1m-1} & \cdots & x_{Nm-1} \end{pmatrix}, Y = \begin{pmatrix} y_1 \\ y_2 \\ \vdots \\ y_{m-1} \end{pmatrix}, \hat{\beta} = \begin{pmatrix} \hat{\beta}_0 \\ \hat{\beta}_1 \\ \vdots \\ \hat{\beta}_{m-1} \end{pmatrix} \tag{4.27}$$

公式(4.27)便可以写作 $(X^TX)\hat{\beta} = X^TY$ 或 $A\hat{\beta} = B$。A 若为满秩,则:

$$\hat{\beta} = (X^TX)^{-1} X^TY \tag{4.28}$$

上式为回归系数 β 的最小二乘法估计。

3. 模型检验

当估计模型的未知参数完成时,首先可以初步地建立一个回归方程式,至于这个方程式是否可以准确地表现出 x 与 y 之间的关系还有待证明。通常在建立准确的模型前,x 与 y 之间的关系仅仅是一种猜测,虽然是有根据的,但是还是不够精准,因此需要检验这种假设,即显著性检验。

(1) 回归方程的拟合优度检验。

通过思考在一元回归中,判断模型对样本值的拟合优劣情况可以用 R^2,那么,在多元回归方程中,也是同样适用的。即 $SSE=SSR+SSE$。$[SST = \sum_{i=1}^{n}(y_i-\bar{y})^2$ 表示离差平方和的总数;$SSR = \sum_{i=1}^{n}(\hat{y}_i-\bar{y})^2$ 表示回归的平方和;$SSE = \sum_{i=1}^{n}(y_i-\hat{y}_i)^2$ 表示残差的平方和。式中:y_i 为第 i 个样本点$(x_1,x_2,\cdots,x_p)$上的回归值;$\bar{y}$ 为 y 的样本平均值。$]$

判定系数 R^2 的数学模型为:

$$R^2 = 1 - \frac{SSE}{EET} \tag{4.29}$$

很明显,当 R^2 越接近 1 的时候,预测模型的精度值越高,拟合效果也越精准;反之,结果越不理想。

(2) 回归方程的整体显著性检验。

在一元回归模型当中,t 检验和 F 检验是等同的,可是在多元回归模型中,就不同了。因此,关于 F 检验的该测试具有重要意义,表明对自变量的线性回归效应是显著的,但不等于每个自变量的影响;反之也不成立。

(3) 回归系数的显著性检验。

回归系数的显著性检验即 t 检验,实际上就是对多元回归方程式中的每一个 x 与 y 之间的关系进行检测,看看效果是否显著。假设 $H_0:\beta_j=0\leftrightarrow H_1:\beta_j\neq 0$,检验统计量 t 为:

$$t = \frac{\hat{\beta}_j}{\sigma/\sqrt{\sum_{i=1}^{n}(x_i-\bar{x})^2}} \tag{4.30}$$

$$t_j = \frac{\hat{\beta}_j}{\sqrt{(X^TX)^{-1}\left(\sum_{i=1}^{n}(y_i-\hat{y}_i)^2/(n-m)\right)}} \tag{4.31}$$

在回归效果差的情况下,使用退避方法根据 t_j 大小顺序地移除相应的不重要的独立变量,并且利用余下的重要因子执行最后的显著性回归。

4. 残差分析

估计的回归方程可能具有较高的判断系数,或者它可能通过显著性检验,但不能说它是一个好的模型。因为这些是基于模型假设,如果原始模型假设不正确,则通过残差分析进行验证。

DW 检验的基本思想:如果存在正相关,则残差的相邻值应相对接近,分子项将更小,DW 值将更小;如果存在负相关,就相反[92]。检验统计量 DW 的表达式为:

$$DW = \frac{\sum_{t=2}^{n}(e_t-e_{t-1})^2}{\sum_{t=1}^{n}e_t^2} \tag{4.32}$$

DW 值在数学上导出,浮动范围为$[0,4]$,t 表示时间,残差按时间顺序收集。

4.2 航班基础数据和特性

4.2.1 航班基础数据结构

航空公司收益管理预测所需的基础数据主要分为航班计划数据、飞机起飞前各个采集点(Data Collection Point,DCP)采集的订座数据、起飞后的离港数据、票价数据和其他辅助数据等。预测所需的基础数据主要是收集每个DCP点的订座数据,如图4-2所示,给出预测数据的基本结构形式。

起飞时间	10	9	8	7	6	5	4	3	2	1	0
2019-10-1	0	1	3	5	10	20	35	45	55	60	90
2019-10-2	0	0	2	3	7	9	20	30	45	58	
2019-10-3	0	0	3	7	9	20	22	25	26		
2019-10-4	0	0	3	4	7	10	15	18			
2019-10-5	0	0	0	3	6	9	12				
2019-10-6	0	0	0	2	4	8					
2019-10-7	0	0	0	1	4						
⋮											
2020-1-1	0										

图4-2 航班订座数据结构

航班数据在飞机起飞前设定不同时间点上采集,采集时间间隔以天为单位,随着航班起飞时间的临近,DCP点的设定就更密集,按照距离起飞时间的远近把DCP点划分11个采集点,表示为DCP11,DCP10,DCP9,…,DCP1,DCP0。图4-2所示当天为2019年10月1日,那么,当天起飞航班在DCP0点(起飞当天采集点)的订座数据为90人,在DCP1点(起飞前一天采集点)的订座为60人,预测需求为DCP-1点的订座数。以此类推,形成一个倒三角形的结构,当航班离港之后数据填满整行,系统预测的正是那些未离港航班的订座需求数。

4.2.2 航班订座数据的特性

航班历史订座数据与两个时间变量有关:

(1) 订座时间,即在飞机起飞前购买机票的日期,在表中表示为各个DCP点的订座数据;

(2) 飞机起飞时间,即为旅客消费机票产品的时间。航班的历史订座数据中包含了各种各样的信息,通过对数据特性的分析可以得到一个直观的认识,图4-3为总订座曲线图,随着总运力和旅客需求的逐年增长,承运旅客的人次呈现逐年增长的趋势,但是每一年中每个月承运旅客人次的趋势变化基本一致,通过以往趋势可以大体描画出未来年的订座趋势走向图。

航班订座数据是由不同影响因素同时发生作用后的综合反映。详细分析影响订座数据的因素对于预测结果有积极意义,可分为几类情况:

(1) 旅客消费行为的主观因素,如对航班时刻、票价和限制条件的不同选择,对不同机型和航班类型的选择(直达、中转和经停)。旅客的个人行为分析很难定量化,因此在实际应用中多采用人工经验。

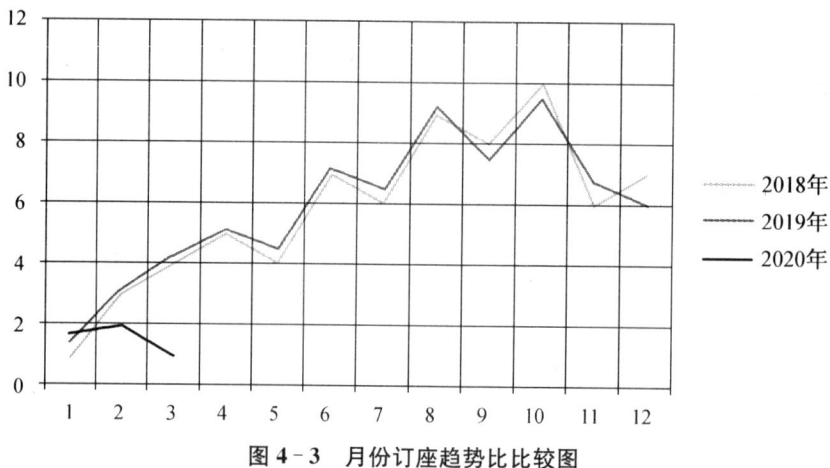

图 4-3 月份订座趋势比比较图

（2）在实际预测中可以量化的影响因素，主要有季节性，分为淡季、旺季和平季；特殊事件对航班的影响，如一年两届的广交会；节假日影响，春节、国庆节、圣诞节等出行的旅客量激增，热点旅游城市的流量增大；星期的影响，一周中的某一天（Day Of Week，DOW）具有相同的订座趋势，而对于某个航线在一周内呈规律性的周期变化等；相同航线，不同的起飞时刻对订座也存在一定的影响，如周五晚上的航班和周日晚上的航班在特定航线上有明显增加的趋势。

（3）不可预知、非规则的变动因素，这种变动都是由偶然事件引起的，如自然灾害、政治运动、政策改变等影响经济活动的变动，规则变动幅度往往较大，而且无法预测，这部分数据往往是不能作为有效的历史数据参与预测的，比如2020年新冠肺炎等，只能在类似的情况下作为参考。

4.2.3 航班预测数据整理

依据航班数据的特性对历史数据进行整理，按照航班号、航段、舱位、季节、DOW、节假日和事件类型等来划分历史数据，对于同一特性的航班需求预测抽取同一特性的历史数据。但是原始的历史数据并不能完全反映实际的订座需求，如坏数据、异常数据和受到座位数限制的数据等，需要在预测前对这些数据做相应的处理。

1. 坏数据与异常数据的处理

坏数据是指在收集订座数据过程中出现不符合预先设定的订座规则的数据。例如，某个舱位的订座数超过总座位数，订座数据为负数等。设定数据校验范围，对超出校验范围的数据做坏数据标注，不作为预测数据。

经过数据校验，偏离同类数据的均值较大，在3倍标准差区间之外，此类数据标注为异常数据，不作为预测数据。

2. 订座数据不受限处理

当某个舱位的订座数达到了座位控制的最大订座上限时，本舱位将关闭不再销售。此时的订座数量是受到限制的，易低估预测的需求，尤其预测高票价舱位的座位数会少于实际需求，总收入会相应减少，因此对限制数据进行必要的不受限制处理，有如下几种处理方法：

(1) 保持原有数据,不做检补处理;

(2) 去掉限制数据,只用未受到限制的数据;

(3) 均值替代法,抽取历史数据中没有受到限制的订座数据,取均值与当前航班的订座数据中受到限制的数据比较,如小于均值,则当前的订座数据用此均值替换;

(4) 订座趋势法,取相邻 DCP 点上均未受限制订座数据均值比,受限数据除以相应的百分比得到不受限制数据;

(5) 预估算法,预估算法基于如下假设,假设航班的旅客需求服从正态分布,在某个航班某个舱位上的订座数在受到限制的情况下,其未受限需求被低估的条件概率是常量(τ 值取 0.15),即实际存在的需求数高于预测数,并且比例固定,通过此条件概率,反复迭代推算出来的新未受限需求数,直到均值和标准差近似于收敛为止。

4.3 航空公司客运量预测

4.3.1 新中国成立以来我国民航客运量发展趋势

我国民航业的整体发展趋势,以及准确了解客运量的增减幅度,收集 1950—2016 年中国民航客运量的数据(见表 4-5),了解其发展状态,以便进行后续研究。

表 4-5 新中国成立以来中国民航客运量年度运量表

年 份	民航客运量(万人)	年 份	民航客运量(万人)	年 份	民航客运量(万人)
1950	1.04	1967	30.56	1984	554
1951	1.66	1968	29.22	1985	747
1952	2.22	1969	27.93	1986	997
1953	2.13	1970	21.73	1987	1 310
1954	2.86	1971	33	1988	1 443
1955	3.82	1972	46	1989	1 283
1956	5.12	1973	60	1990	1 660
1957	6.85	1974	94	1991	2 178
1958	13.33	1975	138.99	1992	2 886
1959	16.63	1976	146	1993	3 383
1960	20.73	1977	164	1994	4 039
1961	24.83	1978	231	1995	5 117
1962	16.88	1979	298	1996	5 555
1963	18.61	1980	343	1997	5 630
1964	22.5	1981	401	1998	5 755
1965	27.21	1982	445	1999	6 094
1966	31.9	1983	391	2000	6 722

续 表

年 份	民航客运量(万人)	年 份	民航客运量(万人)	年 份	民航客运量(万人)
2001	7 524	2007	18 576	2013	35 397
2002	8 594	2008	19 251	2014	39 195
2003	8 759	2009	23 052	2015	43 618
2004	12 123	2010	26 769	2016	48 796
2005	13 827	2011	29 317		
2006	15 968	2012	31 936		

图 4-4 明显可以得出，1950—1978 年中国的民用航空运输属于发展极其缓慢的阶段，客流量也处于很低的状态。在 1978 年，我国开始打开国门，实行了对外开放政策，对内又实行了经济体制的改革，截至 2016 年年底，中国民航客运量 48 796 万人次，是 1978 年的 211 倍。不难发现，同时期的民航客运量的增幅速度明显快于国民经济的增长浮动，也高于同行业其他运输方式的增幅。

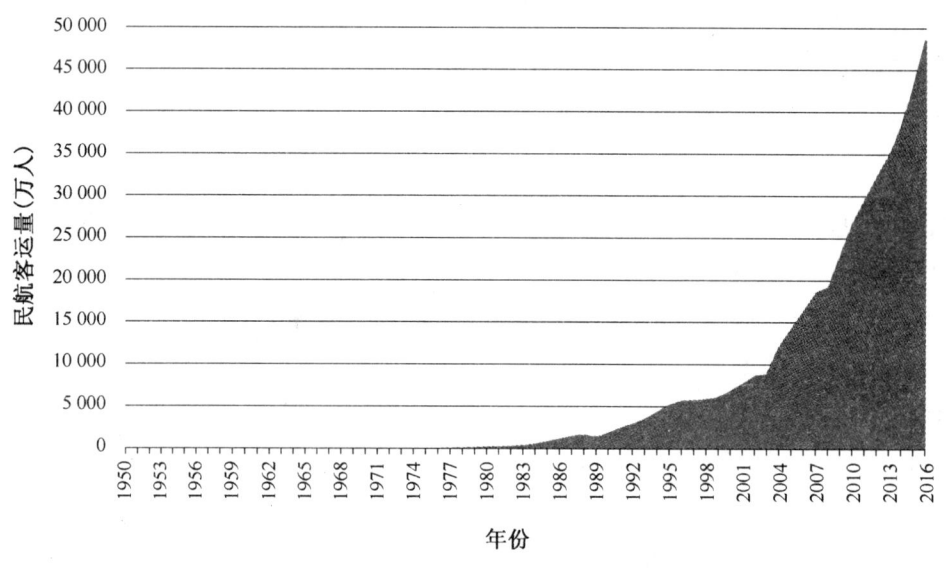

图 4-4 民航客运量

4.3.2 我国民航运输发展阶段判断

从上述分析中可以得知，在 1978 年之前我国民用航空客运量非常小，所以我们选择 1978 年以后的数据进行计算，设 1978 年的客运量为 1，那么 1978 年到 2016 年的航空客运量绝对增长率可以用以下公式求得：

$$T=\frac{a_n}{a_{1978}} \tag{4.33}$$

式中，a_n——某年民航客运量；

a_{1978}——1978 年民航客运量。

通过表 4-6 可以发现，1978—1996 年民航客运量进入明显的上升阶段，自 1990 年以来,客运量迅速发展,1996—1999年,客运量已经放缓,而到了2000年,快速发展的情况又得以恢复。这一系列发展变化和当时的社会状态和经济发展状态密切相关,在"八五"时期,我国GDP快速提升,在亚洲1997年的金融风暴中,经济的萎缩给全世界民航业带来极大冲击。从2002年以后,民航业的快速发展使航空业在综合交通体系中的分量越来越重,而2003—2004年,客运量的急速下降与国内由"非典"造成的禁游令背景相一致,由图4-5可以看出,2004年到2016年客运量增长趋势大幅度增加。

表4-6 1978年以来的航空客运量绝对增长表

年 份	绝对增长率	年 份	绝对增长率	年 份	绝对增长率
1978	1.000 000 00	1991	9.428 571 4	2004	52.480 519 5
1979	1.290 043 29	1992	12.493 506	2005	59.857 142 9
1980	1.484 848 48	1993	14.645 022	2006	69.125 541 1
1981	1.735 930 74	1994	17.484 848	2007	80.415 584 4
1982	1.926 406 93	1995	22.151 515	2008	83.337 662 3
1983	1.692 640 69	1996	24.047 619	2009	99.792 207 8
1984	2.398 268 40	1997	24.372 294	2010	115.883 117
1985	3.233 766 23	1998	24.913 420	2011	126.913 420
1986	4.316 017 32	1999	26.380 952	2012	138.251 082
1987	5.670 995 67	2000	29.099 567	2013	153.233 766
1988	6.246 753 25	2001	32.571 429	2014	169.675 325
1989	5.554 112 55	2002	37.203 463	2015	188.822 511
1990	7.186 147 19	2003	37.917 749	2016	211.238 095

$$增长百分比 = \frac{T - 1.00}{1.00} \times 100\% \qquad (4.34)$$

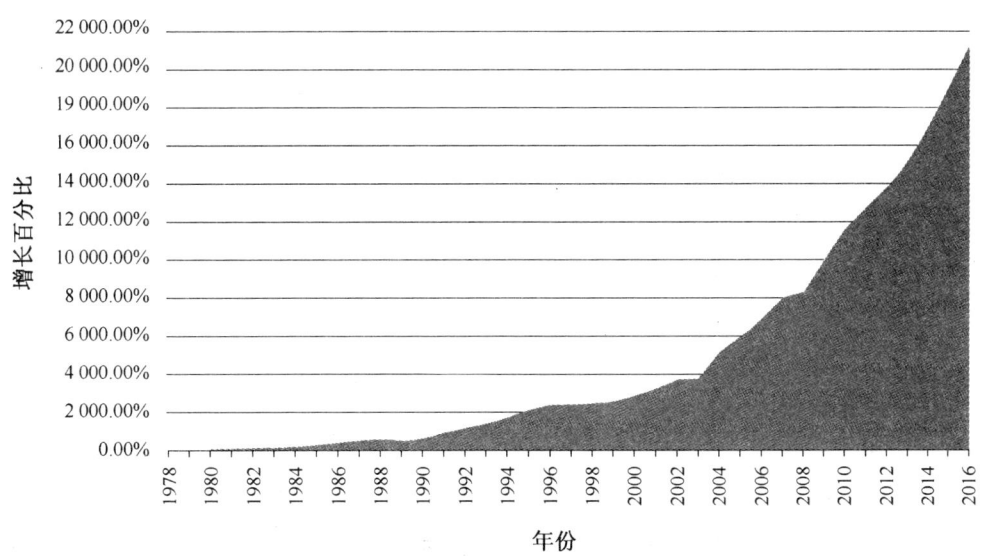

图4-5 1978年以来我国民航客运量增长趋势

4.3.3　民航客运量的影响因素解析

无论是国家经济发展势态,还是现行政策,均会对民航运输的发展产生较为深刻的影响,甚至是决定性影响。近些年来,我国经济一直保持着快速发展之势,民航相较之前也取得了长足发展。经济的迅猛发展以及市场经济体制的推行在很大程度上推动了旅游产业的发展,而这则间接促进了航空运输业发展。国家当前制定并推行的经济政策以及政治政策等均会对航空运输产生相对较为深刻的影响,稳健的经济政策有利于推动经济发展、提高生产力,促使广大民众的生活水平、经济收益大幅提高,由此使得人们的交通需求进一步扩大。

1. 经济发展水平

近些年来,我国宏观经济一直保持着良好的发展势态,在 2017 年,GDP 总值超过 276 637 亿元,同比增长更是高达 11.4%。在此之后,我国经济也呈现出较为可观的发展形势。根据以往数据能够了解到,我国经济增长不及民航运输。所以,国家宏观经济迅猛发展势必会推动民航运输取得质的飞跃。在今后发展中,我国需要在坚持可持续发展理念的基础上,合理优化并升级产业结构,在城镇一体化进程持续推进的过程中,加速工业结构优化,将更多精力和人力投放于信息产业、服务产业等。民航运输是否能够得到进一步发展和我国经济结构调整、产业升级等方面具有密切联系。

2. 旅游行业的发展

我国地域辽阔,旅游资源呈现出明显的丰富化、差异化、多样化等特征。在国民经济保持迅猛发展势头的背景下,旅游行业取得了长足发展;反过来,旅游行业的高歌猛进为促进经济发展、维护社会稳定做出了卓越贡献。当前我国居民生活水平相较之前大幅改善,生活质量不断提升,人均可支配收入持续增加,而这即为人们旅游、休闲、娱乐等提供了强大的物质条件。为促进旅游业发展,我国推行并实施假日经济模式,"五一"三天假、"十一"七天假以及春节七天假均是人们旅游消遣的绝好时机。一般来讲,在假期相对较短时,人们倾向于航空短期旅游,而这在很大程度上激发起了人们短期旅游的热情和兴趣。民航凭借着快捷的速度、良好的氛围以及较强的舒适性等一系列优势而备受人们青睐,成为人们外出旅游交通工具的理想选择。

3. 人口发展状况

一般来讲,人口基数愈大,客运需求规模愈大。众所周知,我国是一个典型的人口大国,为控制人口增长,我国曾在较长的一段时间内推行计划生育政策并将其作为基本国策之一。人口数量过多会在一定程度上影响政策的推行和居民生活水平的提升,但是依旧需客观承认,人数增多能够使得客运需求量变大。无论是国民的年龄结构特征,还是城乡人口比例等,它们均会对客运需求量产生较为深刻的影响。

4. 中西部城镇化的发展

近些年来,我国一直强调要大力开发西部地区,促进中西部区域经济发展平衡,而这势必会促进西部交通运输行业发展。在此发展背景下,作为交通运输行业的重要分支,民航将积极响应国家开发西部的号召,将民用航空业扎根于西部,建立更多的机场,增设更多往返于该地区的基础航班,采购更多的飞机,培训出来更多专业技能强、综合素质高的新型飞行员。在此政策下,支线航空势必会得到进一步发展。旨在促进中西部经济得到全面协调发展,加深国内各区域经贸联系,需积极开辟更多干线上的航线航班,为推进中西部经济发展创造便利条件。在人口数量达到特定标准、经济发展达到特定水平的区域修建机场、增设航班一向是规划和建设机场的重要指导准则。由此可知,航空运输通常优先发展于经济发展水平较高、人口数量较多且经贸发达的城市区域。城市化发展水平的高低是衡量一国家或者区域经济发展水平的主要指标。根据客运需求的产生可知,在工业化进程持续推进、城镇一体化发展的今天,城市发展规模进一步增大,城市数量也会变得愈来愈多,城市人口数量亦持续增加,而这即会在一定程度上促进客运量增大。所以,城镇一体化进程的不断推进有利于促进航空客运量增长。

5. 相关政策的改变

近些年来,我国坚持推行并实施稳健的货币政策,得益于改革开放政策的积极推行以及国家经济的迅猛发展,国内各个领域均取得了长足发展。在我国成功入世后,新一轮的税收制度即面向多个行业进行实施,关税的下调有利于推动民航发展,航空材料购置费用的减少有助于民航获得更多的经济收益。当前我国居民生活水平得到了大幅改善,人均可支配收入相较之前明显增多,社会保险制度也变得越来越完善化、规范化,在此发展形势下,广大民众的消费理念发生了较大转变,消费能力明显提高,越来越多的人开始将民航作为异地旅游、异地出差交通工具的首选。另外,在全球经济一体化进程持续推进的今天,各国经贸往来变得日益密切,作为一项重要的运输工具,民航取得了长足发展。

作为当前应用比较广泛的一种运输方式,民航运输不单单会受到宏观经济发展的影响,也会受到诸多微观经济因素的相互影响。这是因为不管是民航运输公司还是乘坐民航飞机的消费者,严格来讲,他们均为含有个体色彩的微观元素。

(1) 民航的运输价格。

作为民航运输中不可忽略的一个重要因素,票价在很大程度上也直接决定了民航的经济发展情况。具体来讲,它既能体现一个国家的经济发展动向,彰显民航公司的经济管理能力,更能关系到日益变化的客运需求。由此可见,对民航运输发展起到重大作用的因素有两个:一是票价,二是管理水平。这些年来,民航运输产业一直秉持"价格与供需均衡"的规律。如果运输价格在某段时间内保持稳定增长,那么该阶段的需求就会大大减小;反之,则会扩大需求规模。不过在特殊情况下,需求曲线也会发生变化,出现价格与需求呈显著正相关的现象。

在1994年之前,民航票价的浮动变化不明显,只是偶尔出现下降趋势,原因是在此阶段,乘客有一定经济能力可选择飞机出行,价格因素产生的影响不是太显著。但随着经济的迅猛发展,以及市场经济的诞生与普及,为从源头上满足广大乘客的飞机出行需求,运输价格则得到了数次宏观调控。在民航供应需求得到有效保障的同时也产生了供过于求的现象,由此引发了激烈的市场竞争。在此情况下,受价格因素的影响也就明显增大。自1997年以来,无论基于哪方面来看,民航运输价格与需求都保持良好的反相关性。自进入21世纪,在国民经济保持强劲发展态势的同时,人们的经济收入也实现了大幅度提升,消费观念也发生了巨大变化,致使民航运输价格波动受多因素影响,倾向于坐飞机出行的乘客日益增加,但人们在选择出行工具时首要考虑的仍是价格因素,在此情况下,民航运输价格变化也就愈加敏感。所以,合理调控民航票价是实现供需平衡的根本保障。截止到现在,民航运输价格一直都是人们极为关注的一个重要问题。近些年,民航运输价格推行的是政府指导价格,整体来看,主要分为以下三个层次:其一,独家直飞的运输价格是开放的;其二,旅游城市的运输价格未完全开放,上限仍需要调控;其三,大部分航线推行标准价上调25%、下调45%的运输价格。自改革政策全面实施之后,政府放宽了对民航公司票价的制定限制。尽管相较于国际民航票价,国内民航的运输价格相对较低,并且呈显著下降之势,不过就当前经济发展情况来看,大部分人还没有能力承受高昂的飞机票。因此,科学调控民航运输价格、提高民航公司的管理水平是尤为重要的,唯有此才能实现运输资源的高效配置与使用,从源头上满足人们的出行需求,并主动顺应不断变化的市场趋势,推动民航产业更好、更快发展。

(2) 航班正常率。

航班正常率具体指的是正常航段班次与计划航段班次之间的比值。它对人们的出行工具选择产生了一定影响。对于部分乘客来说,在选择出行工具时,票价不是他们的首要考虑因素,最为关注的是航班是否会准时起飞、准时到达,若是航班无法在指定的时间到达旅客的目的地,那么将会有很大部分旅客去选用耗时虽长却最终及时到达的出行工具,由此可以看到,航班正常率对于旅客选择的重要性,正常率越高,将飞机作为第一出行工具的可能性就越大,在此情况下,运输价格就不会成为他们选择飞机出行的首要因素。纵观我国的法定假期,尽管假期数量明显增多,但时间上却无法满足人们远距离出行的需求,在短短的几天假期里,人们如果选择外出旅游,就会倾向于选择耗时短的飞机出行,但是,一旦无法保证航班的正常率,乘客们不能在预期时间内安全返回家中,必然会对其后续的工作、生活产生一定影响,由此就会流失这部分乘客。因此,正常率也是民航公司在运营发展过程中亟需考虑的一个重要因素。

(3) 航油成本。

航油成本会对航空企业的经济效益产生很大影响,而盈亏则会对民航运输市场发展前景产生决定性影响。例如,假设航空企业一直处于高盈利运营状态,并且可获利润非常大,在此情况下,就会吸引越来越多的公司跻身于此行业,另外正处于该行业的公司会更加致力于扩充规模,增加航线、飞机以及高素养的航空专业型人才。

据相关数据资料显示,2003 年亏损 50 亿元的航空公司,2004 年的收入却超过了 87 亿元,2005 年又骤然降低 60%,利润还不足 30 亿元。在对航空公司的亏损原因进行全面分析后发现,是航油成本得不到合理调控而造成的。对于航空企业来说,航油是最大的成本支出。客观来讲,是因航油成本的快速上调造成公司严重亏损的。民航公司为保证正常运营只能下调运输供给量。

(4) 飞行小时数。

飞行小时由两部分组成:一是空中飞行时间;二是飞机地面滑行时间和。在需求量相对较高的情况下,若供给不足,则无法满足人们的乘坐需求。

(5) 可提供座位数。

所谓可提供座位数,便是指航空公司在每个航班上对顾客出售的最大座位数与航班飞行次数的乘积之和。这是反映航空运输供给水平的重要因素。若是需求远远高于供给,必然会成为乘客运输量的一个重要影响因素;反之就会与实际运输量形成显著差比,直接反映出闲置资源的数量。

(6) 旅客周转量。

所谓的旅客周转量便是指在一定的时间范围内旅客数量与飞机运输距离的乘积。该指标通常是表示运输成果的重要特征,同时也是制定运输生产方案的重要依据。从某个层面上体现了民航客运供给水平。

(7) 航班载运率。

它指的是运输总周转量和可提供吨公里之间所形成的比值,是评估飞机运能力利用水平的重要指标。一般来讲,此值越高,表示飞机的运载利用率越高。航空公司根据实际情形对航班进行调节,有助于改善资源浪费的情况。

(8) 航班客座率。

航班客座率是评价飞机座位利用率的重要指标,若是过低,会资源浪费,并且有损航空公司的经济收益。

4.3.4 民航客运量的预测

对民航客运量进行合理的预测,对航空公司进行飞行计划、航班安排具有参考意义,也是了解交通运输市场未来发展趋势所必需的,更是民航发展战略调整的必要前提。因此,进行精准的客运量预测是极其必要的,并具有实践意义。

通过采集数据(数据以 2017 年中国统计年鉴为准),构建多元回归模型,先将民航客运量设为变量 y,定期航班航线里程设为自变量 x_1,入境旅游人数设为 x_2,铁路客运量设为 x_3,国内生产总值设为 x_4,全国居民消费水平设为 x_5,城镇总人口数设为 x_6。在此基础上,收集了 1996 年至 2016 年的相关数据(见表 4-7)。

表 4-7 原始数据

年 份	x_1	x_2	x_3	x_4	x_5	x_6	y
1996	116.65	5 112.75	94 797	71 813.6	2 641	37 304	5 555
1997	142.50	5 758.79	93 308	79 715.0	2 834	39 449	5 630
1998	150.58	6 347.84	95 085	85 195.5	2 972	41 608	5 755
1999	152.22	7 279.56	100 164	90 564.4	3 143	43 748	6 094
2000	150.29	8 344.39	105 073	100 280.1	3 721	45 906	6 722
2001	155.36	8 901.29	105 155	110 863.1	3 987	48 064	7 524
2002	163.77	9 790.83	105 606	121 717.4	4 301	50 212	8 594
2003	174.95	9 166.21	97 260	137 422.0	4 606	52 376	8 759
2004	204.94	10 903.82	111 764	161 840.2	5 138	54 283	12 123
2005	199.85	12 029.23	115 583	187 318.9	5 771	56 212	13 827
2006	211.35	12 494.21	125 656	219 438.5	6 416	58 288	15 968
2007	234.30	13 187.33	135 670	270 232.3	7 572	60 633	18 576
2008	246.18	13 002.74	146 193	319 515.5	8 707	62 403	19 251

续表

年 份	x_1	x_2	x_3	x_4	x_5	x_6	y
2009	234.51	12 647.59	152 451	349 081.4	9 514	64 512	23 052
2010	276.51	13 376.22	167 609	413 030.3	10 919	66 978	26 769
2011	349.06	13 542.35	186 226	489 300.6	13 134	69 079	29 317
2012	328.01	13 240.53	189 337	540 367.4	14 699	71 182	31 936
2013	410.60	12 907.78	210 597	595 244.4	16 190	73 111	35 397
2014	463.72	12 849.83	230 460	643 974.0	17 778	74 916	39 195
2015	531.72	13 382.04	253 484	689 052.1	19 397	77 116	43 618
2016	634.81	13 844.38	281 405	744 127.2	21 228	79 298	48 796

数据来源:《中国统计年鉴2017》。

当参数变量很多时,计算量非常大,一般使用计算机软件,如 TSP,SPSS,SAS 等。其预测模型的计算步骤如下:

第1步,数据输入。在 SPSS 数据编辑窗口中输入数据。

第2步,确定分析方法。在"Analyze"菜单"Regression"(回归分析)中选择"Linear"(线性)命令,进入弹出的"Linear Regression"(线性回归)对话框,点击对话框左边列表中的 y 变量,然后点击"从属"框左边的按键。将变量 y 添加到因变量框中;以同样的方式,将参数添加到"独立"框中。

(1) 设定自变量进行筛选的方式。
(2) 设置变量筛选的条件。
(3) 确定作图的标志变量。
(4) 加权最小二乘法。
(5) 选择输出项,分析结果的保存设置。
(6) 设定独立变量进行筛选的有效参数以及剔除变量处理方式的制定。

第3步,完成回归分析。

通过软件分析,最终得到的显著自变量是 x_2(入境旅游人数)、x_3(铁路客运量)、x_4(国内生产总值)。由此建立的预测模型为:

$$y = -9\,817.778 + 0.390x_2 + 0.110x_3 + 0.029x_4$$

$$R^2 = 0.997$$

因此,可以得到回归的预测数值和回归预测所得到的精度值,如表4-8所示。

表4-8 客运量实际值及多元回归预测值和其预测的精度

年 份	客运量 y	回归预测值 y_{1t}	预测精度 a_{1t}
1996	5 555	4 721.181 9	0.849 898
1997	5 630	5 040.486 6	0.895 291
1998	5 755	5 626.442 6	0.977 662
1999	6 094	6 706.511 6	0.899 489

续 表

年 份	客运量 y	回归预测值 y_{1t}	预测精度 a_{1t}
2000	6 722	7 947.040 7	0.817 757
2001	7 524	8 483.141 2	0.872 522
2002	8 594	9 197.574 2	0.929 768
2003	8 759	8 494.417 6	0.969 793
2004	12 123	11 484.744 9	0.947 352
2005	13 827	13 090.353 6	0.946 724
2006	15 968	15 321.702 2	0.959 525
2007	18 576	18 182.289 0	0.978 805
2008	19 251	20 712.374 0	0.924 088
2009	23 052	22 128.836 6	0.959 953
2010	26 769	25 955.063 8	0.969 594
2011	29 317	30 303.666 3	0.966 345
2012	31 936	32 023.793 1	0.997 251
2013	35 397	35 842.582 5	0.987 412
2014	39 195	39 434.683 8	0.993 885
2015	43 618	43 394.423 8	0.994 874
2016	48 796	48 366.690 4	0.991 202

根据上述建模过程,通过1996—2016年数据样本预测客流量,并将预测值与实际值进行比较,得到相对误差。1996—2016年的预测值及其相应的误差,以及预测值和实际值之间的比较如表4-8和图4-6所示。考虑到在对客流量进行预测时,任何社会经济系统的成长都无法远离人为和自然灾害的潜移默化,即使有些阶段的预测精度较低也是允许的,并且存在一定的合理性。因此,多元回归模型是对客流量研究的重要研究工具。

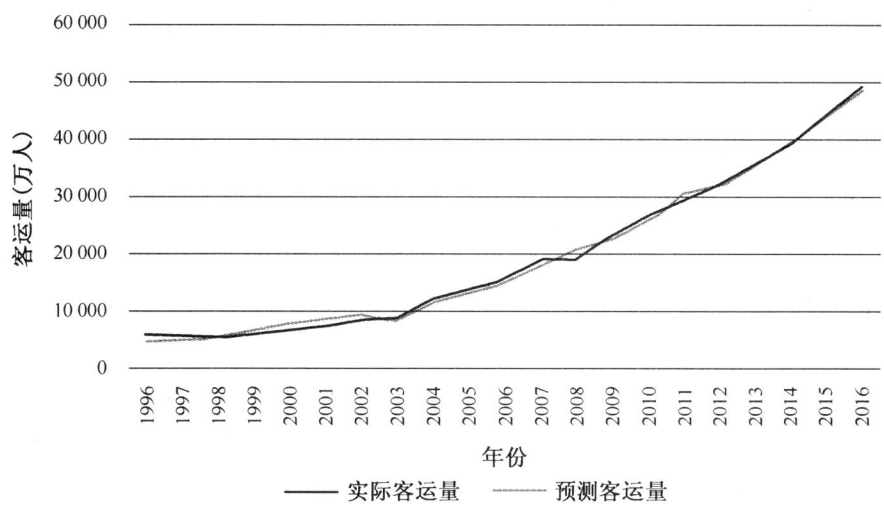

图4-6 1996—2016年民航客运量多元回归预测模型预测值与实际值比较图

4.4 旅客溢出量及潜在旅客需求估计

4.4.1 旅客溢出量计算

在航空公司的运量预测中,常有把航空公司可能完成的运量预测和运量需求预测混淆在一起。根据航空公司历史上完成的运量,采用各种预测技术做出的预测,一般说来,它不是运量的需求预测。将航空公司历史上完成的运量转换成运量的需求量,在此基础上做出的预测才是运量的需求预测。

需求预测的另外一个重要问题就是订座数据可能并没有反映真实的需求。如果航班座位数太少了,旅客想要的订座没有订上,这一信息没有在订座系统中反映,也说明整个订座信息是不完全的。也就是说,若航班订座等于 C,实际的订座数必然小于或者等于 C。因此,当航班订座数等于 C,必然有旅客被拒绝了,这部分被拒绝的旅客数,就称之为溢出量。因此真实的市场总需求应为实现的需求加上潜在的需求。

平均客座利用率太高将产生什么后果?显然,一部分旅客买不到票,不能按计划完成旅行,不仅直接给航空公司的收入带来损失,更为主要的是,在激烈的市场竞争中,航空公司失去了一部分旅客,影响航空公司的市场份额,也就是说对未来的营运带来潜在的收入损失。平均客座利用率太低将带来什么后果?运力过剩,飞机利用率低,盈利水平下降,甚至出现亏损。

平均客座利用率什么时候正好,既不高又不低,这种情况出现又会产生什么结果?旅客感到满意,愿什么时候乘飞机就什么时候乘飞机,旅行方便;航空公司的管理人员感到满意,收益水平接近最佳状态。这种情况下的平均客座利用率就是航空公司的目标客座利用率。

航空公司的统计工作对于航空公司的管理是非常重要的。对于航线运量预测和航班管理,统计部门应提供去程的数据,回程的数据,每个季度或每个月份的数据,每周中每天数据,特别是每周中高峰日的有关数据。不同周中同一天的数据,如每周星期一的数据。

表 4-9 是某航空公司某条航线每周的星期一、星期二和星期三某航班承运旅客的数据。

表 4-9 航班数据统计表

周\星期	一	二	三	周\星期	一	二	三
1	68	95	36	10	82	37	88
2	54	45	48	11	55	39	78
3	59	60	41	12	75	100	69
4	68	86	70	13	62	49	66
5	46	100	56	14	84	69	82
6	97	77	57	15	41	37	94
7	76	55	80	16	112	64	61
8	33	73	82	17	106	78	85
9	53	93	81				

注:飞行本航班的飞机最大可利用座位数是 121,121 座也就是这架飞机的容量。

根据表4-9,按组别周一、周二、周三统计得到历史承运旅客的最大值、最小值和平均水平,统计得到相应汇总数据如表4-10所示。

表4-10 航班数据汇总表

	一	二	三
MAX	112	100	94
MIN	33	37	36
MEAN	68.88	68.05	69.05

通过计算发现,周一、周二、周三的最大运输量为112,而该航班的最大可利用座位是121,所以没有任何旅客溢出的现象。

通过图4-7和图4-8,我们可以发现,航班运输的间隔和频数,应为航班的最大可利用座位(飞机容量)为121。故在此情况下,座位数充分,没有旅客被该航班拒绝。

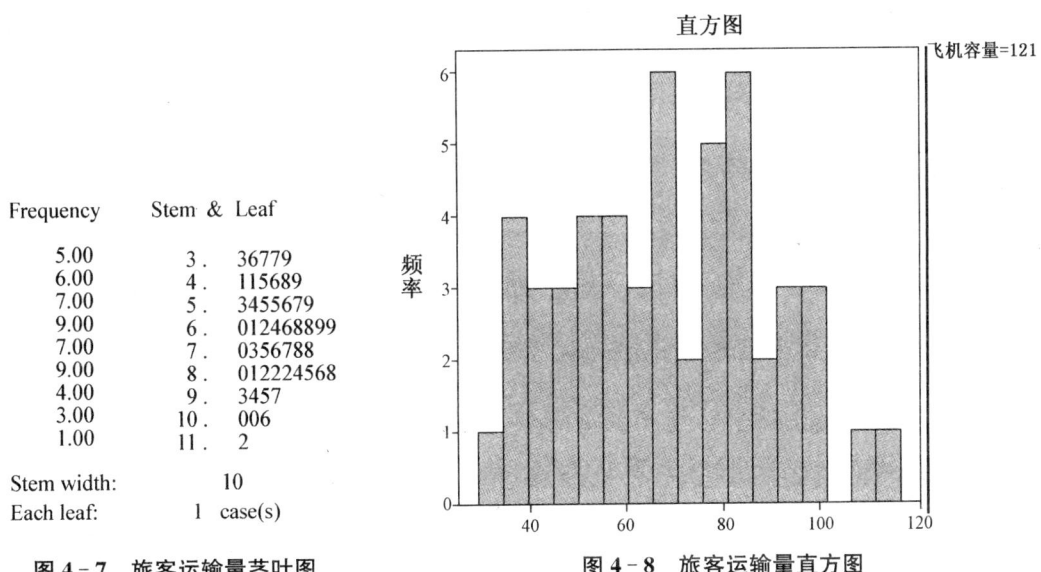

图4-7 旅客运输量茎叶图　　图4-8 旅客运输量直方图

表4-9统计数据为每周3天,共计17周,所以可以计算得到总的航班最大可利用座位数(=飞机容量×天数):

(1) 总的航班最大可利用座位数=121×17×3=6 171;
(2) 共计实际运输旅客数为3 502人;
(3) 平均座位利用率=3 502÷6 171=56.75%;
(4) 平均旅客需求率=3 502÷6 171=56.75%。

航班最大可利用座位数如果减少,那么将发生什么样的情况呢?

对不同的飞机容量估计旅客溢出量,若减少飞机容量,将产生:

(1) 客座利用率增大;
(2) 某些班次的承运旅客人数将等于飞机容量;
(3) 某些班次的承运旅客人数将低于旅客需求量。

以表4-9数据为例,航班最大可利用座位为90(飞机容量=90),这时将会出现高的客座利用率和旅客溢出(见图4-9)。

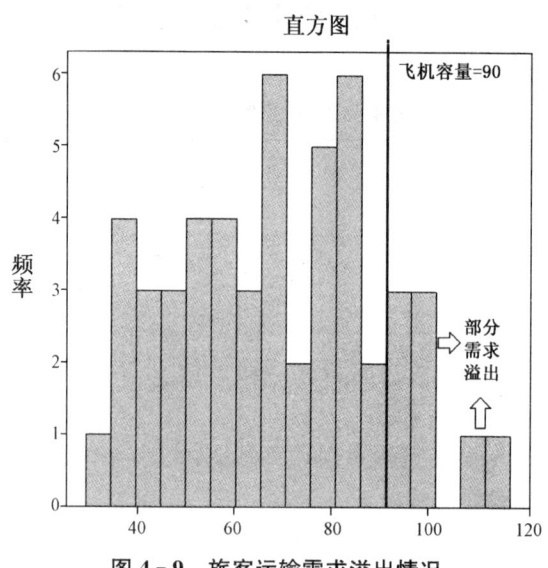

图 4-9 旅客运输需求溢出情况

在图 4-7 中,考虑茎为 9、10 和 11 的情况:

(1) 茎为 9 时,有四个,分别为 93、94、95 和 97,因为飞机容量为 90,所以旅客溢出量为 19,即(93-90)+(94-90)+(95-90)+(97-90)=19。

(2) 茎为 10 时,有三个,分别为 100、100、106,因为飞机容量为 90,所以旅客溢出量为 26,即(100-90)+(100-90)+(106-90)=26。

(3) 茎为 11 时,有一个,分别为 112,因为飞机容量为 90,所以旅客溢出量为 22,即 (112-90)=22。

综合三种情况,得出总的旅客溢出量为 67,即 19+26+22=67。

所以当飞机容量=90 时,各项数据计算结果如下:

(1) 总的航班最大可利用座位数=90×17×3=4 590;

(2) 共计实际运输旅客数为 3 502-67=3 435(因为超过飞机容量部分不能进行运输);

(3) 平均座位利用率=3 435÷4 590=74.84%;

(4) 平均旅客需求率=3 502÷4 590=76.30%;

(5) 平均航班溢出旅客=67÷(17×3)=1.31。

所以,当飞机容量为 90 时,是不能满足旅客需求量的。

假设每溢出一个旅客收入减少 200 元,每增加一个座位营运成本为 50 元。

假定飞机容量=70 为基础,此时的飞机容量成本为 0。

(1) 飞机容量=70→飞机容量=80 时。

① 飞机座位数增加了 10 个,因为没有座位的营运成本为 50 元,故成本增加 500 元。

② 飞机容量为 70 座时,溢出的旅客为 7.73 人;飞机容量为 80 座时,溢出旅客为 3.67 人;少溢出旅客 4.06 人(=7.73-3.67)。

③ 增加收入 812 元(=4.06×200),增加的收入减去增加的成本,即 312 元(=812-500)。

也就是说,飞机容量由 70 座增加到 80 座,可增加收入 312 元。

同理,计算得到结果见表 4-11。

表 4-11 飞机容量的成本、收入和利润的计算

容　　量	70	80	90	100	110	121
容量的成本	0	500 元	1 000 元	1 500 元	2 000 元	2 550 元
增加的成本	0	500 元	500 元	500 元	500 元	550 元
溢出的旅客数	7.73	3.67	1.51	0.35	0.04	0.00
增加的溢出	4.06	2.16	1.16	0.31	0.04	0.00
增加的收入	0	812 元	432 元	232 元	62 元	8 元
增加的收入减去增加的成本	0	+312 元	-68 元	-268 元	-438 元	-542 元

(2) 当飞机容量为 70 座时，溢出旅客 7.73 人，对旅客来说很不方便，对航空公司也很不利，失去一部分旅客，影响市场份额。

当容量由 70 座增加到 80 座时，溢出的旅客人数由 7.73 人降到 3.67 人，航空公司虽然可增加 312 元的利润，但对旅客的旅行仍然不方便，有 3.67 人仍被拒绝在该航班之外。

容量由 80 座增加到 90 座时，溢出旅客减少到 1.51 人，对于航空公司来说，飞机容量在 80 座与 90 座之间可获得量大利润，在这种情况下，对航空公司和旅客均为有利；再增加容量，虽然溢出旅客仍然还可减少，但减少幅度非常小，对竞争和市场份额几乎不产生影响，但航空公司的利润将大幅度下降。

4.4.2 航班潜在旅客需求的估计

如果在航班需求预测中完全根据以前所有航班的历史资料而不考虑这些航班是否已经售空，那么因为忽视了旅客溢出量问题，市场的总需求往往会被低估的。因此，如果通过一定的方法能把旅客溢出量部分计算出来，也就是说把潜在的旅客需求预测出来，那么就可以获取到市场的航班座位总需求。

1. 朴素的潜在需求预测

考虑用没有售空的航班在统一时间段的订座数来代替这段时间内被拒绝的需求，也就是潜在需求。

例如，表 4-12 为 5 个历史航班的订座情况，DCP1-9 运力不受限制，如果运力受限用 C 表示，现在要估计航班 2 DCP10-12 座位没有受限的订座数，航班 3 DCP11-12 座位没有受限的订座数。

表 4-12 朴素的潜在需求估计

航　　班	DCP1-9	DCP9-10	DCP10-11	DCP11-12	DCP9-12 运力不受限
1	40	11	8	7	7+8+11=26
2	50	7	C	C	23.66
3	60	10	8	C	23.66
4	30	9	7	5	9+7+5=21
5	25	15	6	3	15+6+3=24

通过计算航班 1、航班 4 和航班 5 没有受限的情况，得到运力不受限情况下的平均订座

估计数＝(26+21+24)÷3＝23.66，所以：

(1) 航班2。

DCP9-12的不受限制的总需求为23.66；

DCP9-12＝DCP9-10+DCP10-12；

所以，DCP10-12＝23.66-7＝16.66。

(2) 航班3。

DCP9-12的不受限制的总需求为23.66；

DCP9-12＝DCP9-10+DCP10-11+DCP11-12；

所以，DCP10-12＝23.66-10-8＝5.66。

2. 增量法估计潜在需求

增量法估计潜在需求，使用DCP之间运力不受限制订座增量的平均水平，同时考虑航班的实际订座增量。

$$\begin{matrix}\text{不受限制的}\\\text{订座数}\end{matrix}=\begin{matrix}\text{本航班不受约束}\\\text{的订座数}\end{matrix}+\max\begin{Bmatrix}\text{不受限制订座增量的平均水平,}\\\text{受限航班已接受的实际订座量}\end{Bmatrix}$$

例如，已知航班在某个DCP点运力受限时，仍旧接受订座数，如C5，是指在某个时间点关闭了舱位，但依然接受了5个座位的订座需求。现已知某航班订座情况如表4-13所示，试用增量法估计订座数。

表4-13 增量法的潜在需求估计

航班	DCP1-9	DCP9-10	DCP10-11	DCP11-12	DCP9-12运力不受限
1	40	11	8	7	7+8+11=26
2	50	7	C8	C4	20
3	60	10	8	C6	24
4	30	9	7	5	9+7+5=21
5	25	15	6	3	15+6+3=24

第一步，计算不受限的平均订座数：

DCP10-11的平均值＝(8+8+7+6)÷4＝7.25

DCP11-12的平均值＝(7+5+3)÷3＝5

第二步，不同DCP受限航班的订座数：

航班2 DCP10-11的订座数＝max{7.25,8}＝8

航班2 DCP11-12的订座数＝max{5,4}＝5

航班3 DCP11-12的订座数＝max{5,6}＝6

第三步，计算受限航班总的订座数：

航班2 DCP10-12的订座数＝7+8+5＝20

航班3 DCP10-12的订座数＝10+8+6＝24

3. 概率推断法

给定需求分布以及座位限制值C，不受限的需求最好估计是$E[X|X>C]$，即在需求大于座位数C的条件下，需求的期望值。

已知低估需求概率,落在订座限 C 右边的观察值是受限的观察值,在 A 区域需求不会被低估,在 B 区域需求会被低估,则在需求受限的条件下需求被低估的概率是 $\tau=\dfrac{B}{A+B}=\dfrac{1-F(P)}{1-F(C)}$,若 $\tau=0.15$,C 是已知,得到的 P 值则为不受限制的需求。计算步骤如下:

第一步,使用不受限的数据,获得最初的均值和标准差的估计值;

第二步,利用低需求概率,计算出 P,把所有受限的观察值使用估计的 P 值代替;

第三步,使用新的不受限制的数据,重新获得均值和标准差的估计值;

第四步,重复第二步和第三步,直到均值和标准差收敛。

该方法的使用过程中,是在不断修正均值和标准差,直到均值和标准标准差趋于稳定。

例如,已知航班订座情况如下表所示,其中航班 2 和航班 3 运力受限,受限情况下航班 2 的订座数 19(=7+8+4),航班 3 的订座 24(=10+8+6,如表 4-14 所示);低估概率=0.15。

表 4-14 朴素的潜在需求估计

航　班	1	2	3	4	5
DCP9-12 运力不受限	26			21	24

第一步,计算得到初始估计均值为 20.33,标准差 2.52;

第二步,航班 2,计算得到 $P=23.48$;航班 3,计算得到 $P=26.48$(见图 4-10)。

第三步,重新计算形成新的均值和标准差,反复迭代,直到均值稳定,最后得,均值=24.28,标准差=2.19。

最后,航班 2,计算得到 $P=26.56$;航班 3,计算得到 $P=23.83$s。

航班 2 累计概率计算					概率
$P(X\leq C)$	$C=$	受限座位数	19	$F(C)=$	0.298 827
$P(X\leq P)$	$P=$	不受限座位数	23.486 55	$F(P)=$	0.894 824

	Tao	低估的概率	0.15

航班 3 累计概率计算					概率
$P(X\leq C)$	$C=$	受限座位数	24	$F(C)=$	0.927 351 9
$P(X\leq P)$	$P=$	不受限座位数	26.111	$F(P)=$	0.989 102 8

	Tao	低估的概率	0.15

正态分布	$U=$	均值	20.33
	Sigma=	标准差	2.52

图 4-10 估计的 P 值计算过程

4.5 预测重要性及准确性度量

"凡事预则立,不预则废"。希腊有个智者精通天象,他通过分析天象,认定来年橄榄会大丰收,于是,他用自己所有的钱去租橄榄油榨油器,因为当时没有人跟他竞争,所以他能以很低的租价租到很多榨油器。到收获的季节,果然橄榄大丰收,很多人要用榨油器,一时间榨油器供不应求,他因此能以更高的价格把榨油器转租给别人,发了一笔财。可见,准确预测,把握机遇,是成功的关键。预测,是指推算和预料未来可能会发生的情况。

计划是管理的主要职能之一,在做计划的过程中,预测是一个重要的环节。企业经常要进行各种各样的预测,如预测产品的销售量和销售收入、原材料的价格、能源的价格及消耗量、劳动力的成本及劳动力的预算等。企业通过预测来计划和组织未来的生产、经营和销售。航空公司运营管理工作也一样,无论是营运资金预算、物料采购计划、人力资源预算、员工定岗和排班次,还是公关、广告以及促销计划,都离不开对市场需求情况、客座率情况,从收益管理的角度来看,分析预测工作的重要性表现在下面三个方面:

(1) 准确有效的分析预测,能使管理人员敢于并善于承担风险,以取得最大的可能得到的收益,避免因短视和仓促的决策丧失良机。如果能准确预知未来,就能减少对未来不确定性的恐惧,从而可以避免出现决策短视和仓促决策的情况。

(3) 分析预测工作的好坏直接关系到收益管理工作的成败。

预测结果比实际结果大时,收益管理的策略必定过于激进,表现为不该关掉的舱位等级被关掉了,销售的限制条件过于苛刻,其结果是客座率没有预期的高,整体收入没有预期的高。

预测结果比实际结果小时,收益管理的策略必定过于保守,表现为该关掉的舱位等级没有关掉,没有设置销售限制条件或者销售限制条件过于宽松,其结果是客座率虽然很高,但是没有达到预期的平均价格,因而整体收入也没有预期的高。

可见,无论是预测结果比实际结果大还是小,都会对公司的收入造成不良影响。因此,收益管理人员应当努力提高预测的准确性。预测准确性因此也成为衡量收益管理经理工作表现的重要尺度之一。与此同时,我们也要正确理解预测的特性和局限性。

第一,预测是面向未来的。预测是对未来某段时间的情形进行分析。这段时间越远,预测的难度越大,预测出现误差的可能性也就越大。

第二,预测具有不确定性。不确定性源于掌握的情况不够多。所以要提高预测的准确性,就要尽量找到更多更可靠的资料和数据。

第三,预测通常依赖历史数据。虽然过去发生的事情并不能在未来也发生,但是研究过去发生了什么还是预测的好的开端。只不过如果过去发生的事情与未来不相关时,在预测中要进行调整。例如,2019新型冠状病毒给航空运输业的冲击,是始料未及的。

第四,从预测的特性来看,预测的准确性通常比希望得到的结果差。为了提高预测的准确性,经营管理者应该使用更为复杂和成熟的预测模型或软件。当然,前提是建立这些模型或购买使用这些软件的投资应当能得到理想的回报。

4.6 衡量预测误差的方法

为了便于测试和评估每个模型的预测效果,并反映每个预测模型的充分性和有效性,选择以下五个误差指标作为测量组合预测精度的评估标准,全面综合评估预测结果。

(1) 误差平方和:$SSE = \sum_{t=1}^{N}(x_t - \hat{x}_t)^2$;

(2) 平方绝对误差:$MAE = \frac{1}{N}\sum_{t=1}^{N}|x_t - \hat{x}_t|$;

(3) 均方误差:$MSE = \frac{1}{N}\sqrt{\sum_{t=1}^{N}(x_t - \hat{x}_t)^2}$;

(4) 平均绝对百分比误差:$MAPE = \frac{1}{N}\sum_{i=1}^{N}\left|\frac{x_t - \hat{x}_t}{x_t}\right|$;

(5) 均方百分比误差:$MSPE = \frac{1}{N}\sqrt{\sum_{t=1}^{N}\left(\frac{x_t - \hat{x}_t}{x_t}\right)^2}$。

本章思考题

1. 预测方法有哪些?航空公司目前主要采取哪种定价方法?
2. 已知某航班历史订座数据如下表所示,试用增量法和改进增量法计算未来第三周的航班订座订座量(移动步长=4)。

周	总订座	7	14	21
−3	27	25	14	9
−2	40	34	30	16
−1	35	29	20	12
0	39	33	30	21
1		28	22	18
2			18	11
3				15

3. 回归分析的原理和计算步骤。
4. 根据书中表 4-9 航班数据统计表,当航班最大可利用座位数为 100 时,求平均客座利用率、平均旅客需求率、平均每个航班溢出旅客。

第 5 章 超售管理

本章关键字

未按计划成行(No-show)
拒载(Denied Boarding)
超售模型(Overbooking Model)
No-show 率预测(No-show Rate Prediction)

座位虚耗(Spoiling)
灰色模型(Grey Model)
取消订座(Cancellation)

教学重点

1. 超售的原因。
2. 座位虚耗和拒载间平衡关系。
3. 考虑成本和考虑收益的超售模型应用。
4. 应用 Excel 实现如 GM(1,1)等模型对 No-show 率预测。
5. 超售策略改进路径。

> 超售能为航空公司带来额外收益,已成为航空公司收益管理应用中不可或缺的手段和方法,但超售面临着两种风险:座位虚耗风险和拒载风险。计算和确定超售数额,通过超售尽可能最大化利用飞机座位,增加航班收益,同时有效应对超售后发生 DB 现象,尽可能避免影响企业声誉。

5.1 超售的基本原理

超售是指某一航班飞机起飞前实际销售的旅客数超过飞机所能提供的座位数。航空公司之所以要进行超售,是因为航空公司允许旅客取消订座,而不用缴纳任何罚金,甚至在购买机票后,退票或误机也只缴纳少量的赔偿金。在东航的国内航班上平均大约有 5%~10%的订座旅客在航班起飞前未能按计划成行而成为 No-show 旅客,国际航班的比率更高达 10%~15%,部分航班甚至更多,大约有 20%的座位在销售一空的航班上最后虚耗空出。这就是我们有些乘客体验到的,在市面上订不到票,上了飞机又发现有很多空位的原因。因而,航空公司通过采用超售手段,即所销售的座位数超过飞机物理座位数,以补偿因旅客取消订座、No-show 以及重复订座造成的虚耗损失。

超售能为航空公司带来额外收益,已成为航空公司收益管理应用中不可或缺的手段和方法。但超售也会带来一定的风险。航空公司面临着两种风险:座位虚耗(Spoiling)风险和 DB(Denied Boarding)风险。以航班容量为临界点,实际到达机场的已订座的旅客人数少于航班容量,造成座位剩余而浪费,带来空座损失,这是座位虚耗风险;如果最终前来登机的旅客数多于航班容量,造成旅客登机被拒绝,带来超售成本,这是 DB 风险。这两种风险主要来源于旅客行为的不确定性,少量是由于内部运力变更等引起容量变化而造成的(如临时更换机型)。航空公司的任务是确定精确的超售数额,使 DB 的可能性减少到最低水平,同时也使虚耗座位的数量减少到最小。从理论上说,超售越多,座位虚耗的可能性越小,但拒绝登机的可能性越大。超售越少,DB 的可能性越小,但座位虚耗的可能性会越大。两者关系见图 5-1。应该把可售座位数(AU 值)定在什么水平上才能达到最优化的结果,是航空公司在超售问题中首先要解决的问题。

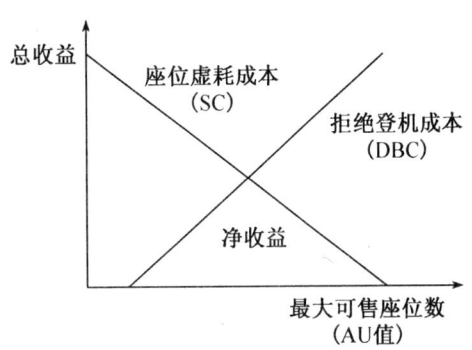

图 5-1 座位虚耗成本和 DB 成本的关系

从理论上讲,超售越多,空位的可能性越小,但旅客被拒绝登机的可能性越大;超售越少,旅客被拒绝登机的可能性越小,但飞机起飞后空位的可能性越大。为了尽量减少损失,航空公司利用计算机系统,根据航班的班次频率、飞机的载量、当前的订座情况、订座取消的比例、No-show 概率、旅客对超售的态度及公司对超售旅客的处理等因素,计算和确定超售数额,通过超售尽可能最大化利用飞机座位增加航班收益。因此,在对实超旅客的处理程序和方法没有完善和被公众完全接受之前,航空公司在确定超售数额时,一般采用相对保守的超售数,尽量避免实际发生超售的概率。尽管如此,航空公司也很难保证在某些相对紧张、航班密度较小的航线上,由于实超旅客无法成行所造成的投诉现象。

5.1.1 超售原因

收益管理中 40%的收益提高正是来自于超售,现阶段国内航空公司研究收益管理,可以从研究超售这种使用最广泛也是最有效的收益管理手段开始。

以东航航班从上海飞往青岛,空中客车 A-320 飞机,座位布局 F8/Y48 为例,某年 7 月旺季某一自然周的订座和实际离港情况如表 5-1 所示。

表 5-1 某航班离港人数统计表

星　期	座位数	订座数	离港人数
周一	156	156	152
周二	156	156	155
周三	156	156	150
周四	156	156	152
周五	156	156	153
周六	156	156	154
周日	156	156	155

表 5-1 中的数据显示,7 月旺季某一自然周的实际离港人数总是比订座人数少 1.9%(约 3 个座位),即航班起飞时大约有 1.9% 的座位是空的。与此同时,那段时间在值机现场,航班起飞前,总是有一些人候补该航班却因事先电脑订座显示已满而无法订座成行,这种表面上看起来(从订座数来看)航班已满而实际上尚有 1.9% 空闲座位的现象,对航空公司来讲,是一种浪费,航空公司完全可利用好这一实际现象,通过有效办法获取本就应该获得的收入,防止虚耗带来的损失。同时不禁要问,为什么会发生离港人数少于订座人数的情况呢？一般来说有以下几种原因：

第一,旅客订好座位并购买机票后,因故没能按时前往机场,即 No-show。旅客人数很多,总有个别旅客因为各种各样的原因不能成行,存在 No-show 现象,直译为"误机"。

第二,重复订座。旅客可能同时与多家联系购票,各家代理都订座,无意中造成重复。虽然订座系统很容易发现并取消同航班上的重复订座,但很难发现不同航班上的重复订座。

第三,虚假订座。机位紧张时,代理商为了抢占座位,如果一旦抢占的位子到时没人要,同时又忘了取消,航空公司就会蒙受座位损失,航空公司目前还是无法完全杜绝此类现象。

第四,旅客错过衔接航班。航空公司规定中转旅客必须有足够的中转时间,但前一段航程飞机延误后,旅客就不能按原计划衔接下一航班。有时前一航站会拍发延误旅客电报,通知下一航站取消订座,订座临时取消后如果卖不出去,就会造成座位浪费。

超售作为收益管理决策问题中研究历史最长,也是航空公司使用最早最广泛的收益管理手段,是航空公司收益管理的一项重要内容。所谓超售,是指接受的旅客订座数超过了相应票价舱位的实际座位数或飞机的最大允许座位数。

超售的目的是减少座位虚耗损失(Spoiling Cost)。航空公司之所以采取超售的方式,是因为存在订了座却不登机的旅客(No-show)、取消订座的旅客(Cancellation)和没有事先订座直接赶到机场要求乘机的旅客(Go-show)。据美利坚航空公司测算,如果没有超售,航班快起飞时大约有 15% 的座位虚耗。No-show 旅客的存在不仅浪费了航空公司的生产资源,同时也浪费了社会资源。座位的浪费除了给航空公司带来直接的经济损失外,从竞争的角度来说,还会带来长期损害,造成负面影响。

所以,在航空公司实行超售的过程中,关键的环节是如何确定合理的可销售座位数(也称超售水平),以及一旦发生实超,持有有效客票的旅客无法登机时应如何正确地应对。

5.1.2 旅客订座过程

旅客订座的完整过程包括三个阶段：订座阶段、确认阶段和登机阶段,如图 5-2 所示。

1. 订座阶段

乘客通过代理人、电话、网络或者直接到航空公司的售票网点向航空公司提出申请订座,此时乘客需要提供所订航班的时间、起飞地点、到达地点等相关信息。航空公司的工作人员通过查询订座系统,看是否有满足乘客要求的航班,如果有,就可以将乘客姓名、证件号码、出票时间等相关信息输入系统(同时乘客向航空公司支付票款),完成该乘客的订座申请；如果没有,那么该乘客只能放弃订座或者重试改订其他航班。

2. 确认阶段

旅客完成订座申请后,可能马上或在约定的出票时刻前完成出票,也可能在出票前甚至出票后,向航空公司提出取消订座的申请,相关工作人员将旅客取消订座的信息输入订座系统,原有的旅客订座记录就取消了。

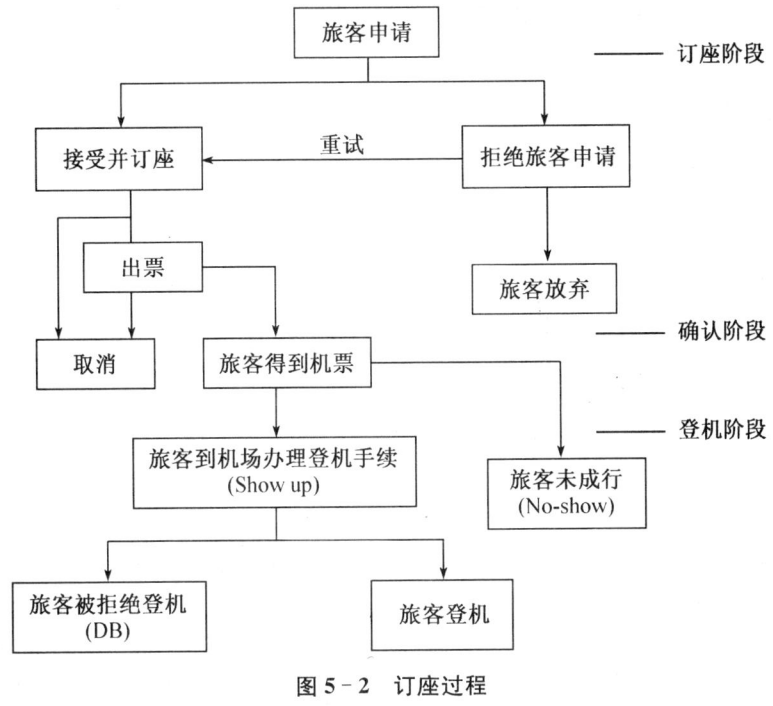

图 5-2 订座过程

3. 登机阶段

乘客在航班起飞前需到机场航空公司值机柜台,持机票领取登机牌,并办理相关手续(当然,有少部分持有机票的乘客可能由于种种原因没有按照机票规定的时间成行,又没能及时通知航空公司取消订座,即我们常说的 No-shows)。成行乘客(Show-ups)在领取登机牌和办理手续的时候会面临两种情形:一是成功领到登机牌并办好手续,并持登机牌登机,对于这部分乘客来说当然是万事大吉、皆大欢喜;二是被航空公司告知航班已满,无法登机,航空公司需要对这些乘客进行后续处理(如赔偿损失、改签其他航班等)。

将超售问题划分为两个阶段,以航班起飞前办理登机为分界,分别是订座控制阶段和离港控制阶段(见图 5-3)。在订座阶段,决策者根据当前的订座状态(已订座旅客数)和未来订座以及订座取消的趋势(确认阶段)考虑未来离港时的两种风险,决定当前的许可订座数量(也称开放座位数),使航班起飞时的期望收入最大化,并且使风险最小化。

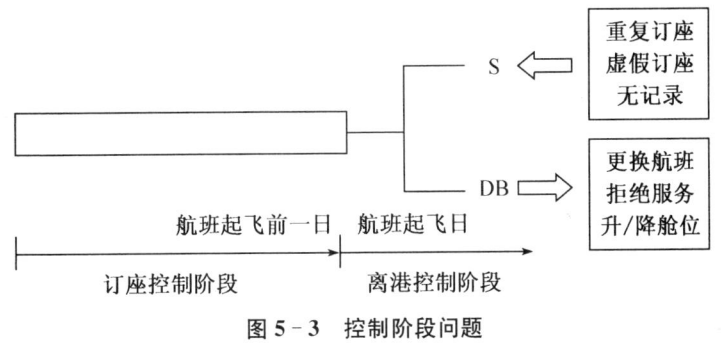

图 5-3 控制阶段问题

在离港阶段,需要处理超售决策的两种后果——座位虚耗和拒绝登机。如果出现座位虚耗,需要安排各类非订座旅客登机,以填补空座;如果出现超售,则按照升舱(或降舱)、转移到后续航班等措施处理。在离港阶段需要制定超售的业务操作流程和规定。

5.2 超售模型

5.2.1 理想超售模型

所谓理想超售模型就是不考虑超售可能带来的DB成本而建立的模型。不考虑DB成本的情况下,影响超售的因素主要包括以下三个方面。

1. No-show率

No-show率是航班离港时订座但未到机场乘机的旅客占全部订座旅客的比例,可以根据航班历史上的No-show率变化规律进行预测。有时也称1/(1-No-show率)为超售率或超售比率。

由于影响订座取消和No-show率因素的多样性、难测性,一般是使用时间序列的方法来对其预测。从时间的动态发展过程思考,可以延伸到市场的发展。市场的发展其实也是连续性的,说明了事物的发展也是有固定的规律的。只有发生作用的条件产生变化,才会重复地出现这些符合规律的现象。

No-show率预测就是通过将现在与过去的规律相结合,去推测未来可能会发生的规律,这样才有可能提供比较准确的市场信息,帮助超售来做决策。

2. 减载座位数

减载座位数是指由于各种原因不能利用的座位数。而这些原因是来自多方面的,可能是设备的因素,也可能是天气的因素等问题。还有一种可能性,就是航空公司由于临时的决策需要更换飞机来完成此次的飞行任务,且更换后的飞机座位数比原先的机型要少,这时候势必造成超售。由此可见,当航空公司在进行超售的时候,一定要将减载座位数的因素考虑在内。

3. 潜在的升舱能力

升舱能力是指高等级舱位需求不满,低等级舱位不够时,允许低等级舱位旅客占用高等级舱位的座位数。

假设某航空公司的航班A,头等舱有座位25个,经济舱有座位120个,但是头等舱的需求在市场上却小于供给,仍然有12个头等舱的座位没有销售出去,那么在超售的时候,把经济舱的座位总数假定为132个(=120+12)。潜在升舱能力就是增加的这12个座位。通过这种能力可以销售更多的座位来提高飞机的载运率。在为航空公司增加收益的同时也创造了好的名誉。

$$AU=\frac{T-a+b}{1-\text{No-show}率} \tag{5.1}$$

式中,AU——可销售座位数;

T——经济舱物理舱位数,是飞机容量与头等舱运力之差;

a——减载座位数;

b——潜在升舱能力,是头等舱运力与头等舱需求的差。

例如,根据表5-2给出的波音737、777和空客320的经济舱的座位情况,计算不同航班的经济舱最大可销售座位数。

表5-2 理想超售公式计算结果

航 班	飞机容量	No-show率	减载座位数	头等舱运力	头等舱需求
A	128	20%	5	8	3
B	150	5%	10	12	8
C	345	10%	25	49	30

以航班A为例,可知$T=128-8=120$,$a=5$,$b=8-3=5$,所以经济舱最大可销售座位数$AU=150$。

5.2.2 考虑成本的超售模型

由于有时预测的准确性不一定很高,其误差可能是因为No-show率的随机性所导致的,而这种预测的误差会给航空客运收益管理中研究超售问题的公司带来损失。如果实际No-show率大于预测No-show率,会造成座位虚耗损失;反过来,如果实际No-show率小于预测No-show率,航空公司就不得不拒绝某些旅客登机,这时会带来DB损失。航空公司的任务是确定合适的超售数额,减少座位的虚耗,同时还要使DB的风险减少到最低程度。电脑系统根据一定的参数和预测,算出每超售一个座位可能造成的拒绝登机损失以及此超售额可能出现的座位虚耗,从而找出一个最佳平衡点,使航空公司的收益尽可能最大。从理论上说,超售越多,座位虚耗的可能性越小,但DB的可能性越大;超售越少,拒绝登机的可能性越小,但座位虚耗越大,如图5-4所示。

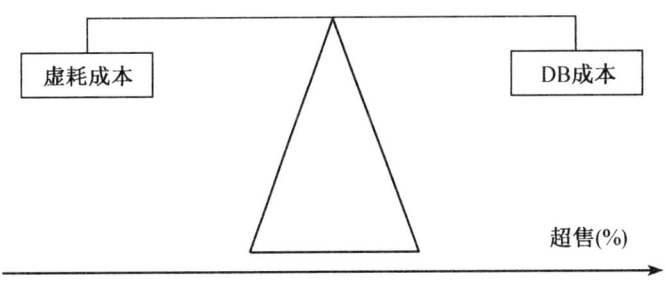

图5-4 损耗成本与DB成本的平衡

最佳AU值的计算方法应该是:基于总成本最低的原则进行计算AU值,计算流程如下:

(1) 当某航班到达的人数小于等于飞机容量时,计算出总虚耗成本;
(2) 当某航班到达的人数大于飞机容量时,计算出总DB成本;
(3) 计算总成本,即总虚耗成本和总DB成本之和。
(4) 基于总成本最低的原则,计算出AU。

1. 符号说明

C:表示飞机实际拥有的座位数,即飞机的总容量;
r:表示一张机票出售后所能得到的净收入,即机票价格;

DB:表示赔偿每一名 DB 旅客所需要的费用;

p:购买机票的旅客到达成行概率,即 $p=1-$No-show 率;

$p(k)$:表示 k 个旅客到达的概率,假设订票旅客到达机场的概率服从二项式分布;

AU:表示航班可出售最大座位数量;

TSC:表示损耗总成本;

TDB:表示 DB 后发生的总成本。

对于所有的航班,飞行的总成本都是固定不变的,不会随着其他因素的变化而改变,一般将其设置为常数,模型中暂不考虑;考虑超售情况下的机票销售,因此 $AU \geqslant C$。

2. 模型建立

当某航班到达的人数小于等于飞机容量时,即 $k \leqslant C$ 时,虚耗成本为:

$$TSC = \sum_{k=0}^{C}(C-k) \times r \times p(k) \quad (5.2)$$

当某航班到达的人数大于飞机容量时,即 $k>C$ 时,DB 成本为:

$$TDB = \sum_{k=C+1}^{AU}(k-C) \times DB \times p(k) \quad (5.3)$$

因此可以得到总成本函数为:

$$TC = TSC + TDB \quad (5.4)$$

其中,根据假设条件,航班到达 k 位旅客的概率为:

$$p(k) = C_{AU}^{k} p^{k}(1-p)^{AU-k} \quad (5.5)$$

3. 计算案例

某航空公司上海—广州的航线,航班飞机容量 $C=100$,出售一张机票所得的净收入 $r=100$ 元,赔偿 DB 旅客的费用 $DB=500$ 元。从历史数据中得到,旅客的到达概率为 $p=0.8$,不考虑飞行固定成本 F,求 AU。

从已知中我们可得到如下信息(见表 5-3)。

表 5-3 模拟案例计算信息表

C	p	No-show 率	DB 单客损失	r(平均票价)
100	0.8	0.2	500	100

可以使用 Excel 进行求解,使用二项分布概率函数 BINOMDIST,通过计算不同 k 时,旅客的到达概率从而得到相应的 TSC 和 TDB 值(见表 5-4)。

表 5-4 Excel 计算部分信息表

旅客数	概 率	座位损耗成本	旅客数		DB 成本
1	6.38029E-82	6.31649E-78	101	0.049 846 286	24.923 143
2	1.51851E-79	1.48814E-75	102	0.037 140 37	37.140 37
3	2.38912E-77	2.31745E-73	103	0.025 962 2	38.943 3
4	2.79527E-75	2.68346E-71	104	0.016 975 285	33.950 569
5	2.59401E-73	2.46431E-69	105	0.010 346 84	25.867 101
6	1.98874E-71	1.86942E-67	106	0.005 856 702	17.570 106
7	1.29552E-69	1.20484E-65	107	0.003 065 19	10.728 164

通过枚举不同 AU，求得总 TC(见表 5-5)。

表 5-5 枚举法计算数据

AU	TC	AU	TC	AU	TC
99	2 080	107	1 440	115	822
100	2 000	108	1 360	116	759
101	1 920	109	1 280	117	706
102	1 840	110	1 200	118	665
103	1 760	111	1 121	119	642
104	1 680	112	1 042	120	640
105	1 600	113	966	121	663
106	1 520	114	892	122	714

从表 5-5、图 5-5 均可以看出，随着航班可出售最大座位数量的增加，航班总成本逐步下降，但当 $AU=120$ 时，TC 取得最小值 640 元后，航班总成本就不再减少了，相反却在增多。所以，120 即为航班超售时航空公司的最优销售量。

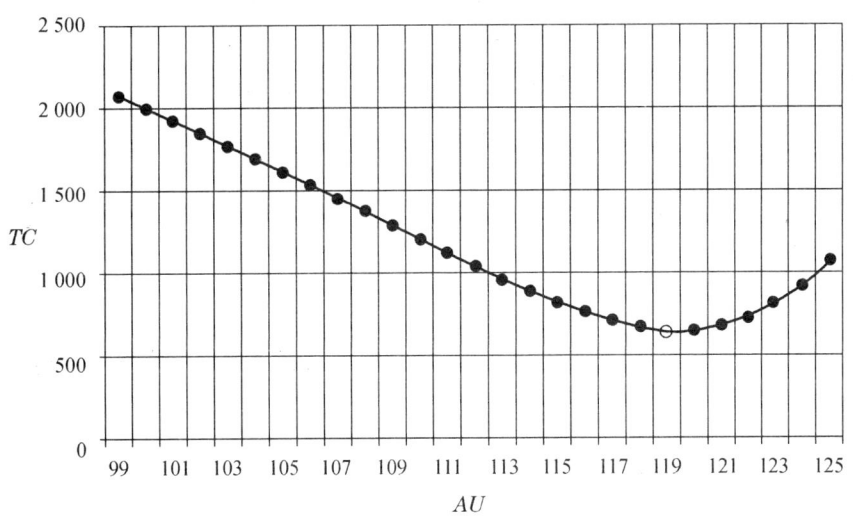

图 5-5 不同 AU 水平下的总成本曲线

5.2.3 考虑收益的超售模型

在 5.2.2 中考虑总成本最低的原则进行航班可出售最大座位数量的计算，本部分主要从收益最大化的角度来计算航班可出售最大座位数量。

实施超售后，如果实际达到机场的人数小于飞机容量，就产生正常航班收益。但是实际到达机场的人数大于飞机容量，此时，因为有部分旅客可能因为航班衔接、重复订座等原因，通过候补部分旅客，使得超售后收益等增加，但是超售有一个最佳平衡点，超售过多，DB 成本增加。

最佳 AU 值的计算方法应该是：基于总收益最大的原则计算 AU 值，如图 5-6 所示，计算流程如下：

(1) 当某航班到达的人数小于等于飞机容量时，计算正常收益；
(2) 当某航班到达的人数大于飞机容量时，计算出超售收益；
(3) 计算总收益，即正常收益和超售收益之和。
(4) 基于总收益最大原则，计算出 AU。

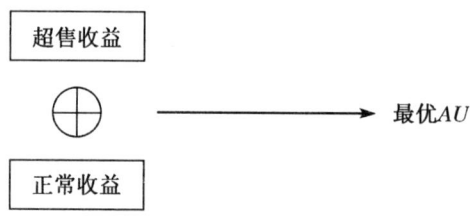

图 5-6 超售收益与正常收益叠加

1. 符号说明

C：表示飞机实际拥有的座位数，即飞机的总容量；
R：表示航班全部所得，即总收益；
r：表示一张机票出售后所能得到的净收入，即机票价格；
p：购买机票的旅客到达成行概率，即 $p=1-\text{No-show}$ 率；
$p(k)$：表示 k 个旅客到达的概率，假设订票旅客到达机场的概率服从二项式分布；
AU：表示航班可出售最大座位数量；
DB：表示赔偿每一名 DB 旅客所需要的费用。

对于所有的航班，飞行的总成本 F 都是固定不变的，不会随着其他因素的变化而改变，一般将其设置为常数。考虑超售情况下的机票销售，因此 $AU \geqslant C$。

2. 模型建立

首先是从航班收益的角度上来建立模型的，以求收益最大，当某航班到达的人数为 k 时，航班的总收益为：

$$R=\begin{cases}r\times k & 0\leqslant k\leqslant C\\ r\times C-DB\times(k-C) & C<k\leqslant AU\end{cases} \quad (5.6)$$

其中，根据假设条件，航班到达 k 位旅客的概率为：

$$p(k)=C_{AU}^{k}p^{k}(1-p)^{AU-k} \quad (5.7)$$

则航班的期望收益可表示为：

$$R=\sum_{k=0}^{C}r\times k\times p(k)+\sum_{k=C+1}^{AU}[r\times C-DB\times(k-C)]\times p(k) \quad (5.8)$$

从而超售的数学模型为：

$$\begin{aligned}&\max\quad R\\ &\text{s.t.}\quad AU\geqslant C\text{ 且为整数}\end{aligned} \quad (5.9)$$

3. 模型计算

从模型的分析中可知，AU 必须是整数，故目标函数是不连续的；考虑到航空公司实际运作时 AU 的取值也并不大，因此可以采用枚举法进行求解。为了求出航班的最优销售量，

设 AU 的最初值为飞机容量 C,然后增加 AU 的值,并计算相应的期望收益 R,直到 $R(x) > R(x-1)$ 且 $ER(x) > R(x+1)$,则此时的 AU 就是航班可出售最大座位数量。

4. 算例分析

某航空公司上海—广州的航线,飞机容量 $C=142$,出售一张机票所得的净收入 $r=1500$ 元,赔偿 DB 旅客的费用 $DB=800$ 元。从历史数据中得到,旅客的到达概率为 $p=0.9$。使用枚举法来求出所需要的解,得到表 5-6 的结果数据,做成曲线图如图 5-7 所示。

表 5-6 枚举法计算所得数据

销售量	收益	销售量	收益	销售量	收益
142	189 616.3	151	193 067.2	160	210 994.6
143	189 616.4	152	195 444.5	161	208 738
144	189 617.217	153	198 533.5	162	205 920.1
145	189 622.8	154	202 100.4	163	202 903.9
146	189 647.9	155	205 741.6	164	199 993.3
147	189 732.4	156	208 966.6	165	197 399
148	189 959.9	157	211 316.3	166	195 233.4
149	190 469.5	158	212 473.6	167	193 524.9
150	191 444.6	159	212 330.8	168	192 242.9

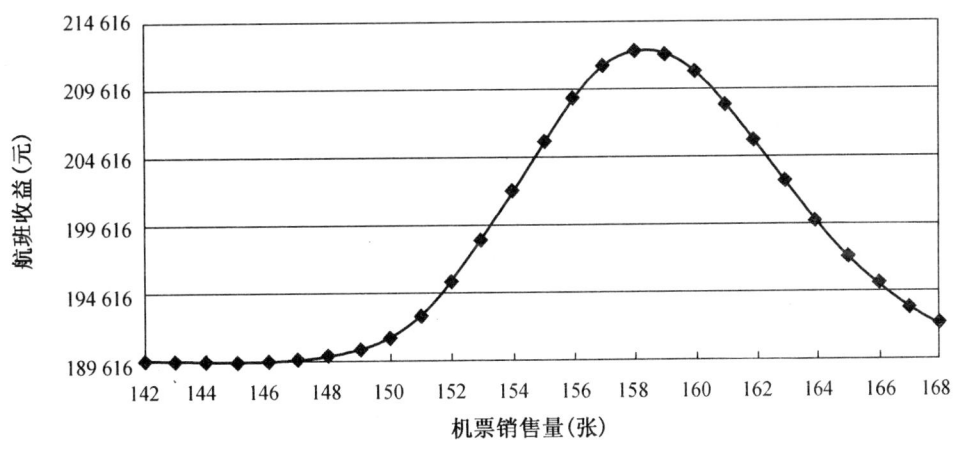

图 5-7 机票销售量不同的情况下的航班收益图

从表 5-6、图 5-7 均可以看出,随着机票销售量的增加,航班收益也在增加的,但当 $AU=158$ 时取得最大值 212 473.6 元后,航班收益就不再增加了,相反却在减少。所以,158 即为航班超售时航空公司的最优销售量。分别对两种不同的情况进行如下讨论:

(1) 赔偿 DB 旅客的费用 DB 保持不变,改变 p 的值,最优机票销售量和航班收益两者之间变动的情况。表 5-7 显示 p 值在 0.7~1.00,DB 值不变的情况下,该航班的最优销售量以及航班收益。

表 5-7 p 值不同情况下的最优机票销售量和航班收益

p 值	最优销售量(张)	航班收益(元)
0.7	204	175 109.8
0.75	190	179 668.4
0.80	178	180 199.7
0.85	168	182 954.1
0.90	158	212 473.6
0.95	150	234 156.5
1.00	142	234 500

从表 5-7 可以看出,随着旅客到达率 p 的增加,最优机票销售的数量在慢慢减少,而同时航班的收益却在增加。可以将这种情况理解为,旅客的到达率越大,允许超售的机票数量就越少,此时航班的收益也会随着到达旅客的增加而增多。当旅客到达率为 1 时,已经无须超售,航班收益将在该点达到最大值。

(2) 旅客到达率 p 保持不变,改变 DB 的值,最优机票销售量和航班收益的变动情况。表 5-8 显示了 DB 值在 300~2 000,p 值不变的情况下,该航班的机票销售量以及航班收益。

表 5-8 不同 DB 值下的最优机票销售量和航班收益

DB 值	最优销售量(张)	航班收益(元)
300	161	213 975.4
400	160	213 486.2
500	159	212 954.1
700	158	212 347.7
800	158	212 473.6
1 000	157	211 454.2
1 500	156	210 968.3
2 000	155	210 552.2
2 500	155	210 104.4
3 000	154	209 622.5

从表 5-8 可以得到,最优机票销售量随着赔偿费用的增加而减少,与其对应的航班收益也随之减少。这种情况与航空实际的操作还是比较吻合的,即赔偿的费用越高,航空公司的销售策略就会越保守,航班超售的数量也就越小;通常在面临较高的赔偿费用形势下,航空公司的收益也对相对比较低。

以上 AU 的确定模型中使用了二项分布,但并不局限于这一分布,可以根据对实际数据的分析,选择实际数据的统计分布形式,如伽马分布、正态分布等,其基本原理是相同的。

5.3 No-show 率预测

超售是提高航空公司收入的一种销售方式。有时旅客订不到座位,而航班离港时,发现飞机上还有些空座。为了解决座位虚耗，在航班座位订满的情况下，再增订一部分座位，防止虚耗，这叫作超售。

为什么会发生座位虚耗？这主要是由于航空代理人太多，有些代理人素质低，为了本身的收益而虚假订座。有些航空公司加入国外订座分销系统，由于缺乏经验，或管理不善，也会发生虚假订座。有些旅客在航班起飞前更改乘机日期或行程，而没有通知航空公司，还有其他原因等。订了座位，而在航班离港时又没有见到旅客，这称为No-show。超售发生的基本条件是运力小于旅客的需求。也就是说某一航班的有效座位数小于旅客的需求量。大多数航班在需求旺季会具备这种条件。有些旅游航线和有些地区的节假期间有个别航线均具备这种条件。

No-show率是指No-show数除以该航班的有效座位数。例如，某航空公司在Y舱设立舱位等级W、K、H、M，其座位数分别为40、30、20和10个，其票价分别为800元、750元、700元和650元。若H舱位座位订满，但No-show有2个，则No-show率为10%不同舱位（或称不同票价等级）都要计算No-show及No-show率。No-show率预测的是否准确有效，会直接影响到航班的收益。确定超售量在不计超售成本的条件下，关键是确定No-show率。No-show率是个随机变量，主要是由需求的特性决定的。它在不同季节、不同月份、不同周是不同的。就是在同一周内，每天也不同。在同一天，不同航班也不同。在同一天同一航班上，不同舱位也是不同的。只有掌握了No-show率的变动规律才能对其进行预测。

预测No-show率，首先要收集某一航班各舱位折扣票的历史数据，包括CRS（计算机订座系统）的订座记录、离港系统的登机旅客记录，然后统计No-show数及No-show率。根据No-show率散点图的分布特点及发展趋势，选择预测方法并进行预测。表5-9列出了某航班H舱连续12天的订座、离港记录及No-show率的情况。

表5-9 H舱No-show率表

日 期	订座（个）	离港（个）	No-show	No-show率（%）
1	20	18	2	10
2	20	17	3	15
3	20	18	2	10
4	20	20	0	0
5	20	17	3	15
6	20	16	4	20
7	20	17	3	15
8	20	19	1	5
9	20	18	2	10
10	20	17	3	15
11	20	18	2	10
12	20	17	3	15

No-show率的变化情况如图5-8所示，由图可看出H舱No-show率呈现出水平型变动形态。下面重点介绍几种时间序列预测方法。

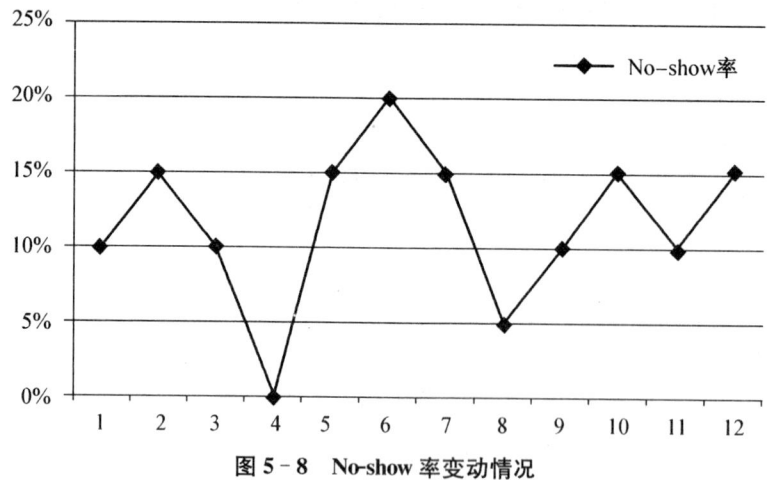

图 5-8 No-show 率变动情况

5.3.1 移动平均预测法

移动平均法是用一组最近的实际数据值来预测未来一期或几期内公司产品的需求量、公司产能等的一种常用方法。移动平均法适用于即期预测。当产品需求既不快速增长也不快速下降,且不存在季节性因素时,移动平均法能有效地消除预测中的随机波动,是非常有用的。

基本思想是:根据时间序列资料逐项推移,依次计算包含一定项数的序时平均值,以反映长期趋势的方法。因此,当时间序列的数值由于受周期变动和随机波动的影响,起伏较大,不易显示出事件的发展趋势时,使用移动平均法可以消除这些因素的影响,显示出事件的发展方向与趋势(即趋势线),然后依趋势线分析预测序列的长期趋势。移动平均法根据预测时使用的各元素的权重不同,可以分为简单移动平均法和加权移动平均法。

1. 简单移动平均法

$$F_{t+1}=\frac{X_t+X_{t-1}+\cdots+X_{t-N+1}}{N} \tag{5.10}$$

其中,F_{t+1}——$t+1$ 期的预测值;

N——移动平均的时期个数,也称为移动步长;

X_i——第 i 期的实际值。

从公式(5.10)可以发现简单移动平均的各元素的权重都相等。

2. 加权移动平均法

加权移动平均给固定跨越期限内的每个变量值以不相等的权重。其原理是:历史各期需求的数据信息对预测未来期内的需求量的作用是不一样的。除了以 N 为周期的周期性变化外,远离目标期的变量值的影响力相对较低,故应给予较低的权重。

$$F_{t+1}=\omega_1 X_t+\omega_2 X_{t-1}+\cdots+\omega_N X_{t-N+1} \tag{5.11}$$

其中,F_{t+1}——$t+1$ 期的预测值;

ω_i——第 i 期实际需求量权重,$\omega_1>\omega_2>\omega_3>\cdots$ 且 $\sum \omega_i = 1$;

N——移动平均的时期个数,也称为移动步长。

下面用 Excel 软件进行预测，采用一次移动平均法预测 No-show 率。

进入 Excel 2010 之后，输入表 5-8 中的 No-show 率。输入后点击"数据"栏，在"数据"栏中找"数据分析"菜单，点击"数据分析"，在"数据分析"中找"移动平移"，点击"移动平均"，出现"移动平均"界面（见图 5-9）。

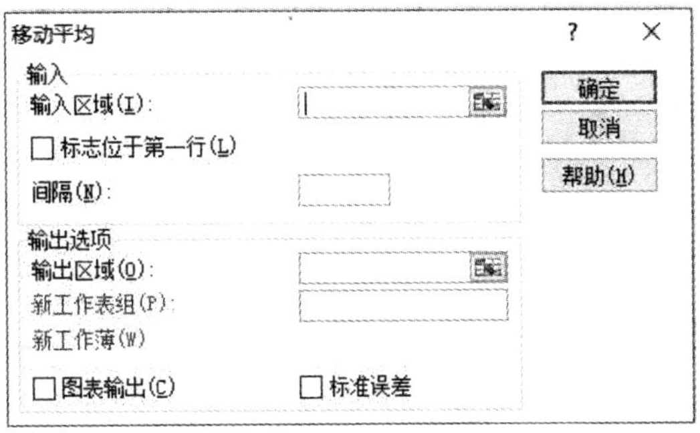

图 5-9 "移动平均"操作界面

按要求分别输入数据范围，间隔即移动步长 N，选 N 分别为 2、3 和 4，确定预测结果的输出位置，若除要求输出预测结果外，还要求观察预测误差（即界面上的标准差）及图表，分别用鼠标点击，最后点击"确定"。No-show 率移动平均的结果见表 5-10 和图 5-10。

表 5-10 移动平均法计算结果

日 期	No-show 率	2 期移动	3 期移动	4 期移动
1	10%			
2	15%			
3	10%	13%		
4	0%	13%	12%	
5	15%	5%	8%	9%
6	20%	8%	8%	10%
7	15%	18%	12%	11%
8	5%	18%	17%	13%
9	10%	10%	13%	14%
10	15%	8%	10%	13%
11	10%	13%	10%	11%
12	15%	13%	12%	10%
		13%	13%	13%

预测第 13 天的预测值，可以比较不同移动步长下的误差，选择误差最小的移动步长作为第 13 天预测时所用的步长。

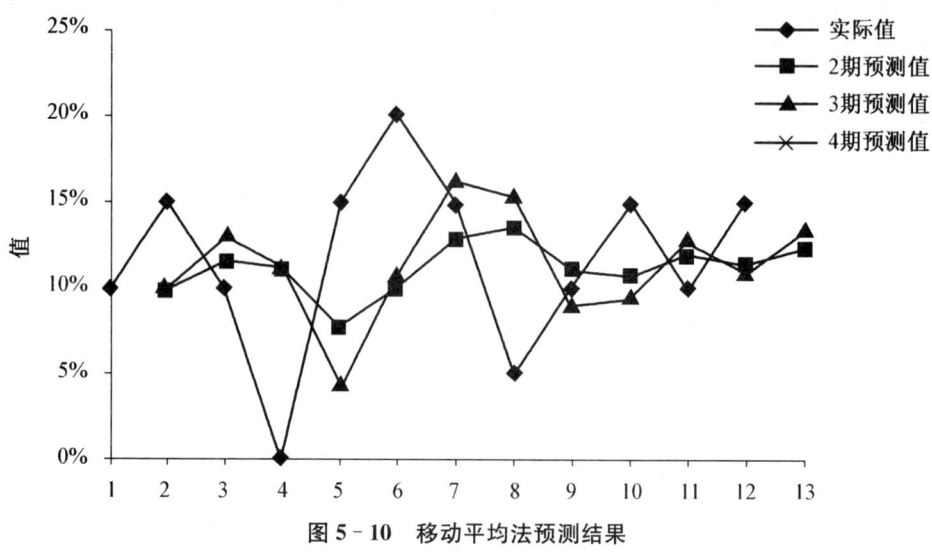

图 5-10 移动平均法预测结果

5.3.2 指数平滑法及季节指数平滑法

1. 指数平滑法

指数平滑法是生产预测中常用的一种方法,也用于中短期经济发展趋势预测。所有预测方法中,指数平滑法是用得最多的一种。简单的全期平均法是对时间数列的过去数据一个不漏地全部加以同等利用;移动平均法则不考虑较远期的数据,并在加权移动平均法中给予近期资料更大的权重;而指数平滑法则兼容了全期平均法和移动平均法所长,不舍弃过去的数据,但是仅给予逐渐减弱的影响程度,即随着数据的远离,赋予逐渐收敛为零的权数。

设有数据序列 $X_1, X_2, \cdots, X_t$,则一次指数平滑公式为:

$$F_{t+1} = \alpha x_t + (1-\alpha) F_t \tag{5.12}$$

式中,F_i——第 i 周期的预测值;

α——平滑系数,且 $0 < \alpha < 1$。

2. 季节指数平滑法

Winters 法,又称季节指数平滑法,对具有趋势变动和季节变动两种形式的时间数列,分别对每种形式进行指数平滑,然后将各种形式的平滑结果结合起来,对原时间数列进行预测。这就扩大了指数平滑方法的应用范围,提高了对兼有趋势和季节变动两种形式时间数列预测的准确性。

Winters 季节预测方法以三个方程式为基础,其中,每一个方程式都用于平滑模型的三个组成部分(平稳的、趋势的和季节性的),且都含有一个有关的参数。这种方法可以平滑随机性和修正倾向性,还包括处理季节性的附加参数。

反映长期趋势的公式:

$$T_t = \alpha \frac{X_t}{S_{t-L}} + (1-\alpha) \times (T_{t-1} + b_{t-1})$$

反映长期趋势增量的公式:

$$b_t = \beta \times (T_{t-1} + b_{t-1}) + (1-\beta) \times b_{t-1}$$

反映季节变动的公式：
$$S_t = \gamma \frac{X_t}{T_t} + (1-\gamma) \times S_{t-L}$$

从 t 后推 m 期的预测值：
$$F_{t+m} = (T_t + b_t m) \times S_{t+m-L}$$

式中，$\alpha, \beta, \gamma \in (0,1)$——平滑系数，可以用预测误差最小来确定平滑系数；

L——季节周期长度；

X_i——第 i 期的实际值；

F_{t+m}——从 t 后推 m 期的预测值。

指数平滑公式中初始值的确定通常有两种方法：第一种，长期趋势的初始值是第一期的实际值，即 $T_1 = X_1$，$b_1 = 0$，所有季节指数初始值为 1。第二种，长期趋势的初始值是一个季节周期的平均值，季节指数的初始值用 $\frac{X_t}{T_t}$ 来确定，趋势增量用一个季节周期内的实际值的拟合曲线的斜率来确定。

下面用 Excel 软件进行预测，采用指数平滑法预测 No-show 率。

进入 Excel 2010 之后，输入表 5-9 中的 No-show 率。输入后点击"数据"栏，在"数据"栏中找"数据分析"菜单，点击"数据分析"，在"数据分析"中找"指数平滑"，点击"指数平滑"，出现"指数平滑"界面（见图 5-11）。

按要求分别输入数据范围，阻尼系数是指 1-平滑系数，分别取平滑系数 0.3 和 0.6 进行计算，若除要求输出预测结果外，还要求观察预测误差（即界面上的标准差）及图表，

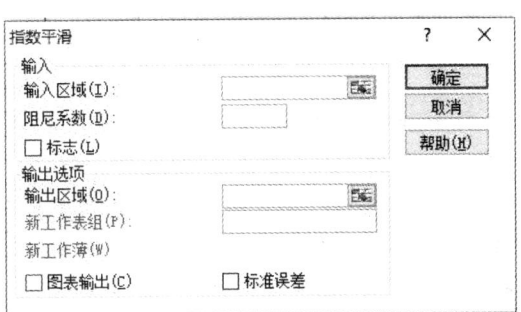

图 5-11 "指数平滑"操作界面

分别用鼠标点击，最后点击"确定"。No-show 率的结果见表 5-11。

表 5-11 指数平滑法计算结果

日　期	No-show 率	a=0.3	a=0.6
1	10%		
2	15%	10%	10%
3	10%	12%	13%
4	0%	11%	11%
5	15%	8%	4%
6	20%	10%	11%
7	15%	13%	16%
8	5%	14%	16%
9	10%	11%	9%
10	15%	11%	10%
11	10%	12%	13%
12	15%	11%	11%
		12%	13%

5.3.3 灰色预测法

我们可以通过物体运动的速度、加速度、方向和时间求得运动总路程;一家公司的生产成本、人力成本、折旧费、运营成本和总盈利额是可以被得知的,那么根据这些数据就可以算出这家公司的净利润。但是在更多情况下,并不是所有的元素都是已知的,并且都有既定的理论去定义它们之间的关系。例如,鲜食农产品物流量预测问题,高校教育投入水平对经济增长的影响问题,民航 No-show 率预测问题,对于这种小样本且无规律的数据,我们利用概率统计和模糊数学都是难以精确计算的。所以,邓聚龙教授在1982年创立了灰色系统理论,他把部分信息明确、部分信息不明确的系统称为灰色系统,并建立了灰色预测模型。邓聚龙教授在接受全国粮食需求量预测研究任务时,发现用现有的预测方法无法解决该问题,由此引出了灰色系统理论和灰色预测模型。

灰色理论将信息系统分为黑、白、灰三种。其中,白色系统是指信息和规律完全已知,而黑色系统则是完全未知,灰色系统介于黑色、白色系统之间,即部分信息已知、部分信息未知的系统。灰色系统理论的研究对象是部分信息已知,部分信息未知的"贫信息"系统。信息不完全是灰色系统的特质,分为四种情况:

(1) 系统的元素或者参数方面的信息不完全;
(2) 系统的结构或关系的信息不完全;
(3) 系统的运行或功能结果的信息不完全;
(4) 系统与环境边界的信息不完全。

灰色系统通过对部分已知信息的处理,研究整个系统的行为和变化规律。就拿我们的身体来说,血压、脉搏、血小板、心率等都可以得知,但是每一个器官当下的状态是未知的。而医生诊断病状时,靠的就是这些检验报告和临床经验,推断出病人的身体状况,对症下药,即医生根据已知信息研究人体整个系统的行为。

GM(1,1)模型是邓聚龙教授研究推出的一个应用非常广泛的灰色系统模型,常被用于数列预测,即对系统变量的未来行为进行预测。虽然这些值是随机的、混乱的,但毕竟是有序的、有界的,因此这一数据合集势必具备潜在的规律。其中 GM 表示 Grey Model 灰色模型,(1,1)代表只拥有一个变量的一阶方程。GM(1,1)模型中的发展系数$-a$决定了该模型的适用范围。当$|a|<2$时,该模型才有意义。近年来,GM(1,1)模型的意义在一次次实践中不断被证实。GM(1,1)模型及其优化模型在社会、自然和医学等领域都得到了广泛的使用。这几年来,灰色理论被我国航空运输行业的科研人员引入航空工程领域,使用灰色系统理论来预测民航客运量累积值的变化,同时也取得了一定的研究成果。本节重点介绍应用灰色理论来预测 No-show 率。

设 $X^{(0)}$ 为非负序列:

$$X^{(0)} = \{X^{(0)}(1), X^{(0)}(2), \cdots, X^{(0)}(n)\} \tag{5.13}$$

$X^{(1)}(k)$ 是 $X^{(0)}(k)$ 的 $1-AGO$ 序列:

$$X^{(1)} = \{X^{(1)}(1), X^{(1)}(2), \cdots, X^{(1)}(n)\} \tag{5.14}$$

其中, $X^{(1)}(k) = \sum_{i=1}^{k} X^{(0)}(i), k = 1, 2, \cdots, n$。

$Z^{(1)}$ 为 $X^{(1)}$ 的紧邻值生成序列:

$$Z^{(1)} = \{Z^{(1)}(1), Z^{(1)}(2), \cdots, Z^{(1)}(n)\} \tag{5.15}$$

其中，$Z^{(1)}(k) = 0.5X^{(1)}(k) + 0.5X^{(1)}(k-1), k = 2, 3, \cdots, n$。

若 $\hat{a} = (a, b)^T$ 为参数列，$Y_N = [X^{(0)}(2) X^{(0)}(2) \cdots\cdots X^{(0)}(n)]^T$：

$$B = \begin{bmatrix} -Z^{(1)}(2) & 1 \\ -Z^{(1)}(3) & 1 \\ \vdots & \vdots \\ -Z^{(1)}(n) & 1 \end{bmatrix} \tag{5.16}$$

则灰色微分方程 $X^{(0)}(k) + aZ^{(1)}(k) = b$ 的最小二乘估计参数列满足：

$$\hat{a} = (B^T B)^{-1} B^T Y_N \tag{5.17}$$

$\dfrac{dX^{(1)}}{dt} + aX^{(1)} = b$ 为灰色微分方程 $X^{(1)}(k) + aZ^{(1)}(k) = b$ 的白化方程，也叫影子方程。它的解也称作时间相应函数：

$$X^{(1)}(t) = \left[X^{(1)}(0) - \frac{b}{a}\right]e^{-at} + \frac{b}{a} \tag{5.18}$$

则取 $X^{(0)}(1) = X^{(1)}(0), k = 1, 2, \cdots, n$，其还原值：

$$\hat{X}^{(0)}(k+1) = \hat{X}^{(1)}(k+1) - \hat{X}^{(1)}(k); k = 1, 2, \cdots, n \tag{5.19}$$

下面用 Excel 软件进行预测，Excel 中数据（见图 5-12），A 列为原始数据 $X^{(0)}$，B 列做累加生成序列 $X^{(1)}$，C 列为 $-Z^{(1)}$（对紧邻生成取负值）。使用的 Excel 函数主要有：

(1) TRANSPOSE(array)：返回转置单元格区域；

(2) MMULT(array1，array2)：返回两个数组的矩阵乘积。结果矩阵的行数与 array1 的行数相同，矩阵的列数与 array2 的列数相同。

(3) MINVERSE(array)：返回数组中存储的矩阵的逆距阵。

	A	B	C	D
1	X	AGO	B	
2	10%	10%		
3	15%	25%	-0.175	1
4	10%	35%	-0.3	1
5	0%	35%	-0.35	1
6	15%	50%	-0.425	1
7	20%	70%	-0.6	1
8	15%	85%	-0.775	1
9	5%	90%	-0.875	1
10	10%	100%	-0.95	1
11	15%	115%	-1.075	1
12	10%	125%	-1.2	1
13	15%	140%	-1.325	1

图 5-12 GM(1,1)灰色预测数据

$(a, b)^T$ = MMULT(MMULT(MINVERSE(MMULT(TRANSPOSE(C3:D13), C3:D13)), TRANSPOSE(C3:D13)), A3:A13) = $(-0.01563, 0.106746)^T$。

$X^{(1)}(t) = \left[X^{(1)}(0) - \dfrac{b}{a}\right]e^{-at} + \dfrac{b}{a} = 6.93125 * e^{0.01563t} - 6.83125$，最终得到预测结果（见表 5-12）。

表 5-12 灰色预测法计算过程

序 号	X	$X^{(1)}(t)$	$X^{(o)}(t)$
1	10%	10%	10%
2	15%	21%	11%
3	10%	32%	11%
4	0%	43%	11%
5	15%	55%	11%
6	20%	66%	12%
7	15%	78%	12%
8	5%	90%	12%
9	10%	102%	12%
10	15%	115%	12%
11	10%	127%	13%
12	15%	140%	13%

5.4 超售策略改进

5.4.1 基于营销视角的超售策略

基于航空公司超售行为的阶段性特征，本文将超售策略划分为三个阶段——超售前、超售预测中、超售发生 DB 后。在不同的阶段，整合营销传播可以发挥以下功能以弥补航空公司超售策略的不足：一是在超售前整合资源引导消费者认知；二是在超售中完善客户数据库以提升预测精度；三是在超售后提升 DB 处理方法的系统性。

1. 超售前的策略

针对消费者对超售的错误认知，航空公司需要在超售决策之前进行一系列的宣传工作以实现有效引导——超售是双赢行为。但在促销行为泛滥的市场中，要使消费者有效注意、理解和留存相关信息需要综合运用现代促销工具，遵循现代营销大师科特勒提出的"用一个声音说话"的原则。

(1) 公益广告策略。

商业广告的影响力越来越弱，因此航空公司在品牌形象宣传上可以适当选择公益型广告。广告内容可以和当前社会关注的焦点结合，如环保，其主要诉求可以表现为：超售—减少座位虚耗—提高燃油使用效率—环保。公益广告工具只能起到基础性辅助宣传效果，也就是在消费者认知过程中只能达到选择性注意层次，要实现选择性理解和留存还需要其他促销工具的配合。

(2) 事件营销。

事件营销是近年来被企业广泛运用的促销工具，分"借势"和"造势"两类。前者是指借助某些事件的影响力,如之前的奥运营销,但这种做法需要等待合适的时机。后者相对主动,即自己设计事件吸引市场关注,如赞助电影,通过电影中一些情节传递超售的优点,但在设计时要注意:一是植入的合理性,以免引起负面情绪;二是后期推动,如通过微博等工具就电影中的超售内容发起深度讨论,公司相关人员也可配合做一些电视、电台的谈话类节目正面引导舆论,由此实现消费者认知过程中的选择性理解。

(3) 设计公共关系活动。

公共关系属于传统促销的内容,但随着其影响力的扩大,很多企业将其作为并列于4P的营销策略之一。公共关系的内涵多样化,航空公司可以从社会、媒体、政府三个方面进行公共关系活动的设计,并通过三者的传播配合,以实现市场中主流消费者的选择性留存。

2. 超售中的策略

超售预测过程中必须有充分的数据录入才能提高预测的精度,可以通过管理以下**数据库**以实现该目的。

(1) 优化常旅客数据库。

常旅客计划(FFP),当前航空公司的FFP数据库可对以下内容进行改进:

① 数据筛选的科学性。民航资源网调查数据显示,加入FFP的乘客中有近三分之一拥有5家以上的FFP卡。由此可见,航空公司的FFP成员数据很难体现消费者的忠诚度,对于超售中消费者需求的预测分析作用有限。因此,航空公司需要定期清理FFP**数据**,以免数据库庞大而无效。

② 优化数据录入的项目。FFP申请表中的必填项除了年龄、性别等基础人口指标之外,只有"希望的联系地址"可以在一定程度上反映消费者的职业或家庭情况。但这些**数据**对于超售预测中消费者需求分析的参考价值都不大。建议可适当增加主观项目,如"加入FFP的目的? A. 免票、升舱等奖励;B. 获取更高端的个性化服务。"航空公司在选择DB时,就可以倾向于在选A的乘客中进一步筛选。

(2) 整合数据库,实现数据共享。

当前航空公司的销售、离港、结算、FFP数据库之间由于诸多原因(如无法获得源代码、没有数据接口等),不能实现数据共享。因此在技术方面航空公司还应致力于**数据库系统化**的研究,以便为超售决策提供整合的数据支持。

3. 超售后的策略

超售发生后期可以细分为两个阶段,第一阶段为实超预警;第二阶段为DB**现场处理与信息反馈**。可以通过以下改进工作来提升其执行力和执行效果:

(1) 第一阶段工作重点。

预警阶段的工作重点在于信息流的畅通共享与各部门的分工合作。这需要销售、离港、结算、FFP数据库和超售部门信息资源的共享,以保障超售部门迅速确定潜在DB的乘客信息,而该信息主要包括乘客的基本信息以及按协商成立的可能性进行的排序(超售部门选择出的潜在DB乘客数量应适当大于实际数)。随后,该信息传递到相关服务部门,并由该部门迅速联系上潜在DB乘客(至少在乘客出发去往机场前),履行公司的告知义务,通过既定可选的赔偿标准与其协商并确认,并将协商结果实时与超售部门沟通。

(2) 第二阶段工作重点。

预警措施不可能绝对消除实际超售,因此当 DB 发生时,地服部门的服务补救措施成为第二阶段的工作重点。要有效实现服务补救需要从以下三个方面着手:

第一,适当授权。航空公司大多有自己的超售赔偿标准,但其公信力与执行力都较弱。因此,公司应该授权于相关一线地服人员,如值班经理,在尽可能执行赔偿标准的同时,可根据现场情况适当、合理行使自主决策权,而非层层请示导致现场矛盾激化。

第二,加强地服部门人员的服务补救培训。一是让一线地服人员充分了解服务补救的价值、流程、技巧;二是培养地服负责人员的现场判断力与应急决策力。同时,为了确保相关人员按要求积极实施服务补救,可以在人力资源管理中适当增加该项工作评估结果在正激励计算中的权重。

第三,注重信息反馈。整合营销传播强调企业与市场之间的沟通,而沟通应该是双向闭合的。因此,航空公司应该在服务补救后开通有效的投诉机制和补救信息反馈机制。前者是消费者的反馈渠道,后者是工作信息反馈。二者共同作用,以实现后续 DB 服务补救工作的改进,并将改进措施渗透于航空公司的客户关系管理系统(CRM)中。

5.4.2 DB 现象后续措施

旅客 No-show 是一种不确定现象,所以只要超售,就有可能发生 DB,航空公司必须采取正确的 DB 应对措施,这样才能把 DB 带来的损失降到最小,超售也才能顺利进行下去。DB 的正确应对是航空公司实施超售管理的重要环节。通常航空公司在应对超售后发生DB 现象时应该做好以下几点:

(1) 负责免费给旅客安排合适的航班。航空公司应负责为 DB 旅客提供适合的航班使其完成行程,包括当 DB 旅客转乘其他航空公司航班时,负责补齐票价差额。DB 旅客延长的旅行时间按照换乘航空公司安排的后续航班后,到达其原乘航班旅行目的地的时间确定。对于航空公司已经落实了较早的后续航班,但应旅客要求进一步向后推延航班的,应按照航空公司所落实的较早时间的航班确定旅客损失时间。

(2) 提供免费食宿。DB 旅客在转乘下一航班之前的这一段时间里,航空公司负责食宿及一定的通信费用。

(3) 当航空公司处理不能令旅客满意时,会影响旅客对航空公司的忠诚度,影响航空公司的信誉。以上补偿措施给航空公司带来了 DB 成本,包括食宿费用、通信费用、票价差额、赔偿金额及信誉损失,其中信誉损失一般随 DB 人数的增加而超比例增加。所以,与座位虚耗风险相比,航空公司更不愿意 DB 发生。值得注意的是,一旦发生 DB,值机人员、机场超售管理人员都应态度端正,积极采取措施帮助旅客解决问题,不应互相推诿,不负责任。

针对 DB 风险,航空公司可以采取以下处理措施:

(1) 更改服务等级。

即升/降舱的办法。这种方法是利用同一航班上其他舱位的剩余座位来安排 DB 旅客,当发生降舱时,要给予一定的经济补偿。

(2) 更改服务航班。

即在更改服务等级的处理之后仍然存在 DB 旅客的时候,将本航班上的这些 DB 旅客转移到本公司后续航班或其他公司的航班上。所以在每个航班的超售决策的时候要考虑是否有后续航班。

(3) 拒绝服务。

即在前两种超售处理之后仍然有旅客的要求得不到满足,因而不得不拒绝提供运输服务,这种情形下一般将被拒绝服务的超售旅客分为自愿旅客和非自愿旅客两类。这两类旅客都要提供经济补偿,只是后者的风险成本更高,在国内航空公司运输业有关法律不健全的情况下,后者可能出现类似于美国超售初期的法律纠纷。在国际上一般采用拍卖的方式来处理这种情况下的超售旅客,这一方法最早由 Simon 提出,其方法是在旅客中以拍卖的形式选取自愿接受经济补偿的超售旅客:航空公司的代理人进入候机室或机舱解释说明需要自愿者推迟其旅行并获得其个人希望的补偿,每个旅客出最低标价(旅客愿意接受不登机而等待下一个航班的最低价),这样航空公司从中挑选标价最低的旅客作为 DB 人选,并且付给补偿。国外航空公司实践证明,这是一个有效的解决方案,而且很少出现非自愿者被拒绝登机,并且许多旅客愿意接受更少的补偿,这样就进一步降低了超售的风险成本。航空公司可以在地面服务人员中,设立一位现场经理,赋予他特权,处理竞拍。平时可以通过印制宣传单向旅客宣传这种竞拍方式,还可以制作调查表,了解旅客期望的最低标价。

本章思考题

1. 为何会发生超售现象？超售后主要的不良影响主要有哪些？
2. 根据下表给出波音 777(A)和空客 320(B)的经济舱的座位情况,计算不同航班的经济舱最大可销售座位数。

理想超售计算

航 班	飞机容量	No-show 率	减载座位数	头等舱运力	头等舱需求
A	150	5%	10	12	8
B	345	10%	25	49	30

3. 已知某航班飞机容量 $C=50$,出售一张机票所得的净收入为 100 元,赔偿 DB 旅客的费用为 500 元。从历史数据中得到,旅客的到达概率为 $p=0.8$,旅客达到服从二项分布,求:

(1) 基于总成本最小化原则求 AU;

(2) 基于总收益最大化原则求 AU。

4. 已知某航班连续 10 天的订座、离港记录(见下表)。

日 期	订座(个)	离港(个)
1	20	18
2	20	17
3	20	18
4	20	20
5	20	17
6	20	16

续 表

日　期	订座(个)	离港(个)
7	20	17
8	20	19
9	20	18
10	20	17
11	20	17
12	20	19

求：

(1) 用移动平均法预测第 13 天的 No-show 率($N=5$)；

(2) 用指数平滑法预测第 13 天的 No-show 率($a=0.4$)；

(3) 设 $L=4$，用 Winters 法进行 No-show 率预测。

第6章 舱位控制

本章关键字

舱位结构(Space Structure)
Littlewood 模型(Littlewood Model)
整数规划模型(Integer Programming Model)
航路(Air Way)
航段(Segment)

嵌套式舱位分配(Reserve Seat Logic)
边际期望收益(EMSR)
可召回机制(Callable Mechanism)
航线(Air Route)
航节(Leg)

教学重点

1. 影响航空公司舱位价值的因素。
2. 舱位限额控制结构。
3. 嵌套式舱位分配方法。
4. Littlewood 法则。
5. EMSRa、EMSRb、EMSRc 模型。
6. 可召回机制模型。
7. 基于机会成本和整数规划的多航段舱位控制模型。

> 舱位控制是航空公司收益最大化的关键环节之一,是在市场细分和差别定价的基础上,根据各票价等级的需求预测结果,本着"座公里最大"的原则,把可销售的舱位合理分配到各等级上去。舱位优化控制是实现航空公司收入最大化的重要手段,只有最大限度地满足高票价旅客的需求,同时又尽可能在航班起飞前把舱位都销售出去,才能实现收入的最大化,而收入最大化是航空公司提高竞争力的最终目标。

舱位控制问题有两种基本的类型:一种是相对于商务舱、经济舱之分的不同的座位档次对应飞机不同部分的座位;另一种是即使不同的档次亦对应相同的座位。第一种情况下的舱位控制问题要求将航班上的舱位按不同的价格档次分为固定的数量。这些舱位的安排是固定的,不能以短期的眼光来考虑。如果高等级舱位满了而较低的舱位没有满,就可能发生拒绝高等级座位乘客的情况。第二种情况是当不同价格档次的乘客竞争相同的舱位时,不能在接受较低价格档次的乘客的同时,拒绝较高价格档次的乘客,因为这显然导致收益的下降。

制定合理有效的舱位优化控制模型依然是收益管理发展的一种趋势。因为稳定的舱位控制将会给航空公司提供稳定的机票价格,并最大限度地提高航班舱位的利用率,降低因供需失衡带来的损失。同时,航空公司可以根据预测情况在不同时段不同季节对内部资源进行合理调配,并最终达到最优分配的效果。

6.1 客运舱位结构及其价格歧视原理

6.1.1 客运舱位结构

1. 飞机舱位分类

一般情况下,宽体双通道飞机都是三级客舱结构,分为头等舱、公务舱和普通舱(即经济舱);窄体单通道飞机一般情况下都是两级客舱结构,分为头等舱(或公务舱)、普通舱(即经济舱)。头等舱的价格通常为经济舱全价的150%,公务舱的价格通常为经济舱全价的130%。从舒适程度来讲,头等舱>公务舱>普通舱。基本上每架飞机的普通舱都差不多,都是很窄小的,其座位设在靠中间到机尾的地方,占机身的四分之三空间或更多一些,座位安排的比较紧。而公务舱、头等舱就各个型号的飞机都不相同了。一般情况下,飞机越大,头等舱、公务舱的舒适程度越高。对于进出拥挤的座位有困难或者不能排队等候上厕所的老年人、残疾人,或者愿意使旅行较为舒适而又承担得起的人来说,头等舱或公务舱是很有吸引力的。那里的座位宽敞,旅客可以在座位之间的桌子上打牌或者摊开自己的文件。每位乘务员只照顾10到15位旅客,所以旅客的每项要求几乎都能立即得到满足。

2. 机票舱位等级

国内客票的舱位等级主要分为头等舱(舱位代码为F)、公务舱(舱位代码为C)、经济舱(舱位代码为Y);经济舱里面又分不同的座位等级(舱位代码为B、K、H、L、M、Q、X、E不等,这种代码每个航空公司的标识都不相同,价格也不一样),折扣舱依次往下排列,这些价格虽然都属于经济舱,但是低舱位的价格享受的服务和高舱位的不大一样,最明显的就是高低舱位价格不同,对应的票价使用条件不同,主要表现为退票条件和费率、签转限制、有效期限等。

国际客票的舱位等级主要分为头等舱(舱位代码为F、A)、公务舱(舱位代码为C、D、J)、经济舱(舱位代码为Y);经济舱下属的座位等级和国内的差不多,也有不能退票的规定。但是除了特别低的舱位不能退票外,如果想取消行程还要向航空公司以电话等方式通知要取消座位的决定,否则航空公司可能会向你收取No-show罚金。

6.1.2 控制的经济学原理

1. 弹性和总收益

需求价格弹性是指需求量相对价格变化做出的反应程度,即某商品价格下降或上升百分之一时所引起的对该商品需求量增加或减少的百分比。

从经济学的角度来看,某项产品的需求量与其价格是密切相关的。一般情况下,当价格上涨时,其需求量会减少;当价格下降时,需求量会增加。因此,我们可以定义某个产品(如机票)的需求价格弹性表达为：$E_{dp} = \dfrac{\Delta Q/Q}{\Delta p/p}$，其中 Q 是指该产品的需求量，p 为该产品的价格。

从微观经济学的角度来看，当产品富有弹性时，即 $|E_{dp}|>1$ 时，价格降低会增加总收益，而价格提高会减少总收益，即商品的价格和总收益呈反方向变动。在现实中，生产者应对这类产品实行"薄利多销"，即降低产品价格可增加总收益。反之，当 $|E_{dp}|<1$ 时，提高产品的价格可增加总收益。

2. 价格歧视

价格歧视(Price Discrimination)实质上是一种价格差异，是企业对同一种商品向某些消费者收取的价格高于另一些消费者，或者对少量购买的消费者收取的价格高于大量购买的消费者。通常以顾客对象、地区等特性作为区分，但并不是所有的价格差别都是价格歧视。

在通常的价格理论中有这样一个假定，就是市场上的消费者是同质的，而现实生活中的消费者是异质的。在航空客运市场上，这一情况表现更加明显了，比如旅游性旅客与商务性旅客就是完全不同的。由于各种旅客的不同偏好，这些旅客对于同种商品(航空旅行)的主观理解和评价也是有所不同的，这种理解和评价即为保留价格，这也为航空提供了可以实行差别定价(即收益管理中的差异价格)的条件。

在可分割的市场上，我们可以利用需求价格弹性在不同市场的差异性来制定不同的价格体系。价格歧视可以有如下的分类。

(1) 完全价格歧视。

完全价格歧视又称一级价格歧视，就是每一单位产品都有不同的价格，当生产者知道每一个消费者对任何数量的产品所要支付的最大货币量，并且能够阻止消费者之间对价格的任意打压时，厂商便可以对不同的需求确定不同的价格，而所确定的价格正好等于对产品的需求价格，从而获得每个消费者的全部消费剩余。若将获得的消费者剩余全部转换成厂商剩余的话，可以使得厂商的垄断利润有所提高。但是，一级价格歧视的实施是以厂商必须获得关于消费者偏好的全部充分信息为前提的，这在实际生活中几乎是不可能的。一级价格歧视为收益管理在航空方面的实行提供了基本理论。

(2) 不完全价格歧视。

在现实生活中，由于厂商获取每个消费者的消费信息是不完全的，故普遍的价格歧视是不完全的价格歧视。不完全价格歧视又可分为二级价格歧视和三级价格歧视两种。

① 二级价格歧视。

二级价格歧视又称作非线性定价，指垄断厂商按不同的价格出售不同单位的产量，但是每个消费者购买相同数量的产品都需要支付同样的价格。一个垄断的卖方还可以根据买方购买量的不同，收取不同的价格。通过"自我选择装置"来区分消费者不同的需求层次，采用"激励相容原理"来计划一些需求不同的消费，让各个层次的消费者自己选择，但是不同的消费计划所需的价格也是大不相同的。二级价格歧视通过"自我选择"，以产品不同的定价和不同的数量来获取消费者的部分剩余，提高垄断的利润水平。简单来说，二级价格歧视就是不同的价格购买不同的服务。在航空客运市场中主要是指不同的票价等级相对应不同的消费和服务。商务舱和经济舱就是一个直观的不同的票价等级不同服务的例子。不同的等价票价(折扣票)具有相同的特点,比如高的折扣票(如5折甚至是3折、4折的机票)有不可以改签、退票等的限制条件,而低的折扣票(如8折的机票)却可以得到更多的服务,限制条件也相对较少。

② 三级价格歧视。

三级价格歧视是厂商利用观察到的某些潜在的与消费者偏好相关的信息(如年龄、职业、所在地等)进行市场划分、定价的一种价格歧视。即对于同一产品,完全垄断厂商根据不同市场上的需求价格弹性不同,实施不同的价格。且厂商对每个群体内部不同的消费者收取相同的价格,但不同群体的价格不同。在三级价格歧视下,需求弹性的差别完全体现在价格差异上。一家垄断厂商的边际成本通常情况下只有一条 MC,若同时面对需求 D_1 和 D_2 的话,D_1 和 D_2 的需求弹性分别为 E_1 和 E_2,若垄断厂商要追求利润最大化,所要满足的条件是:$MR_1 = MR_2 = MC$。

研究表明:存在垄断情况的前提下,价格歧视的实行是被允许的,实质上也是抵消垄断本身的负效应,因为通过实行价格歧视可以减少由于垄断导致的社会福利损失,使得社会福利的总体水平得到更好的提高。

一般而言,一级价格歧视可以完全消除福利损失,二级价格歧视可以减少福利损失,三级价格歧视多数时候可以降低福利损失,如果三级歧视增加了福利损失,则理论上应该加以规制。一级、二级价格歧视均增加生产者剩余、减少消费者剩余,三级价格歧视增加生产者剩余,同时低价(高弹性)消费者较高价(低弹性)消费者获得更多的消费者剩余。因此,实施价格歧视的垄断者主要依靠增加的生产者剩余增加利润。商务型旅客和旅游型旅客的划分正是适用了三级价格歧视的原理,通过对旅客全方面信息的分析,对旅客进行市场分类,以便向不同旅客收取不同的价格。另外,航空公司还可以根据各地区 MR 的不同进行航空运量分配和实行不同的票价等级。例如,消费水平、经济发展程度造成上海、四川的 MR 不同,那么就可以在四川—上海与上海—四川航段实行不同的票价等级,以达到扩大收益的效果。

3. 不同细分市场定价关系

在企业最优定价前提下,不同细分市场 i 的边际收入 MR_i 应等于边际成本 MC_i,即:$MR_i = MC_i = MC$。而 $MR_1 = P_1\left(1 - \frac{1}{|E_1|}\right) = MC$,$MR_2 = P_2\left(1 - \frac{1}{|E_2|}\right) = MC$,所以弹性差异与价格差异之间的数学表达式为:$P_1\left(1 - \frac{1}{|E_1|}\right) = P_2\left(1 - \frac{1}{|E_2|}\right)$,则有:$\frac{P_2}{P_1} = \left(1 - \frac{1}{|E_1|}\right) \Big/ \left(1 - \frac{1}{|E_2|}\right)$。式中,$p$ 表示产品或服务的价格,代表不同市场的需求价格弹性。

我们可以利用上述数学表达式来计算产品或服务在不同细分市场间的价格差异或者是价格比(即弹性值),以此来帮助价格歧视。综上所述,企业实施差别定价必须具备以下条件:

(1) 企业必须拥有垄断市场。

(2) 有可能根据不同的价格弹性将企业的产品市场或市场的各个部分有效分割开来,企业通过对弹性相对较小的市场指定相对较高的价格提高企业的总收益。

(3) 市场必须是可以分割的,人们无法在不同的市场之间进行相互倒卖。

6.2 舱位优化控制基础

收益管理的内容有两个，即差别定价和舱位优化控制。差别定价是指依据旅客需求的多样性，以及附加了不同使用条件的舱位对于旅客的价值差别因素，为航班舱位设定不同价格的过程。

舱位优化控制是航空公司收益最大化的关键环节之一，舱位优化控制是在市场细分和差别定价的基础上，根据各票价等级的需求预测结果，本着"座公里最大"的原则，把可销售的舱位合理分配到各等级上去。

舱位优化控制是实现航空公司收入最大化的重要手段，只有最大限度地满足高票价旅客的需求，同时又尽可能在航班起飞前把舱位都销售出去，才能实现收入的最大化，而收入最大化是航空公司提高竞争力的最终目标。

舱位优化控制是航空公司在确立某航班各子舱的价格后，设置各子舱的舱位数，以满足各类旅客的需求，实现收益最大化。简单来说，是对未来任一给定航班上的舱位，合理分配到不同的票价等级上，实现航空公司收入最大化的过程。具体的做法是把航班的舱位按最优化条件分配给各票价舱位，目的是确保把舱位留给订座的高收益旅客，限制低票价的数量。这种做法是基于以下的认识：旅客对低价格舱位的需求量经常会超过航班的实际运力，如不加以限制，他们会挤占高收益旅客的舱位；低收益旅客的订舱时间比高收益旅客的订舱时间早。舱位优化控制的核心是把舱位保留给最有价值的顾客。舱位优化控制的过程实质是不断评估航班座位的潜在价值，然后把舱位分配给能够给航空公司带来最大价值的航程和等级。

影响航空公司舱位价值的因素有：

(1) 航班可销售的舱位数。对于一定的需求，航班可销售舱位数越少，舱位价值越高。

(2) 多等级票价体系。定价直接决定了座位的出售价格。

(3) 各航程各等级需求的不确定性。利用航班舱位航程的高等级需求越多，航班舱位越有价值。

航空公司间的激烈竞争由以前的绝对的价格竞争转变为隐蔽性较强的舱位布局的竞争，在方式上发生了改变。各航空公司对不同票价的舱位分配的安排不仅影响本公司的收益，同时也会对其他航空公司造成影响。如果一个航空公司销售过多的低价机票，由于舱位数的限制性，会使自己可供销售的高价票数量相应减少，可能给本公司带来潜在的损失。同时又会让那些原本打算购买其他航空公司高价机票的乘客转而购买本公司的低价机票，也就间接造成其他航空公司的乘客流失和收益下降，显然这种行为会带来其他公司的报复行为，使得竞争环境更加恶化。因此，航空公司事实上处于一个微妙的竞争环境之中，研究竞争环境下的舱位控制技术对于航空公司就显得极为重要。

6.2.1 舱位限额控制结构

定舱限额控制结构为未来航班确定每个舱位等级的定舱限额。在做出接受或拒绝定舱申请的决策时，以定舱数是否在定舱限额内为原则，当某个等级的定舱数没有达到定舱限额时,将接受这个等级的申请;而当定舱数已达到定舱限额时,拒绝这个等级的定舱申请。

张永莉在《航空公司收益管理》一书中指出,目前的定舱系统使用定舱限额控制方式,在其中可以实现如下的舱位控制方案。

(1)分离式控制。

为各个定舱系统设定好各等级可以使用的舱位数后,如果舱位定完则该等级关闭,不再接受定舱,不能使用其他等级的未利用舱位,除非人工调整各等级分配的舱位。如图6-1所示,Y、B、H直接的舱位分别独立设置,相互直接不能互相利用。

(2)平行式控制。

如图6-2所示,Y等级的舱位可以使用B、H等级的舱位,而B、H直接按原有分配数接受定舱,彼此间不能相互利用。

图6-1 分离式控制方式

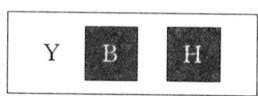

图6-2 平行式控制方式

(3)嵌套式控制。

高等级可以利用低等级的舱位,而低等级不能占用高等级的舱位。

嵌套式本着优先满足高票价需求的原则,按照高票价可以除掉低票价预留舱位数的嵌套方式进行销售。如图6-3所示,Y可以利用B、H所有舱位,B可以利用H的所有舱位数,高等级舱位可以使用低等级舱位,低等级舱位数等于总的舱位数减去所有较高等级的预留舱位数。

(4)混合式控制。

把嵌套式控制和分离式控制结合起来就有了混合式控制结构,如图6-4所示。

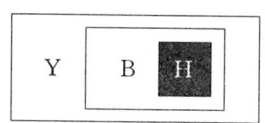

图6-3 嵌套式控制方式

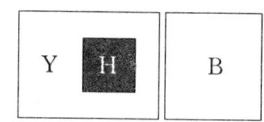

图6-4 混合式控制方式

6.2.2 舱位优化控制内容

舱位优化控制的内容包括两大类:单航段舱位控制问题和多航段舱位控制问题。

1. 单航段舱位控制问题

单航段航班即直达航班,在运价规则中的定义是非来回程亦非环程。这里先考虑一个具有两个票价等级(或高等舱和低等舱)的单航段模型,是基于不考虑超订的模型,也是舱位控制的最基本的模型。单航段舱位控制方法一般不能直接用于多航段舱位控制问题。

单航段航班舱位优化分配,考虑团队和散客需求,为每个航班的每个等级分配可接受订舱数,并在预计高等级有机会出售时及时关闭低等级,实现航班收益的优化。

国外学者的研究主要集中在单航节航线上两家航空公司的竞争问题。目前,我国航空公司的航线网络主要是点对点的简单架构形式,中心辐射式航线网络发展还未成熟,大多数航班是单航段航班。

2. 多航段座位控制问题

国内已存在大量的多航段航线,就以一条航线为例,一般就有 2 到 3 个航段,各航段的票价结构又有六七种票价,这样相同航段各种价格之间和不同航段价格之间相互影响交织在一起,使得舱位控制非常困难。目前国内外大多航空公司处理多航段多等级票价的舱位控制问题是以 EMSR 为基础的控制方法。这种方法相似于单航段多级票价的舱位控制方法,也是一种启发式算法,不能保证控制结果是最优的。

多航段航班舱位优化分配,综合考虑多航段的团队和散客需求,确定每个航段,每个等级可接受订座数,即自动做出应该把客票销售给哪些航段、哪些运价等级旅客的决策,实现航班整体收益的优化。

例如,考虑一个航班从深圳起飞,经由上海至湖南,从深圳至上海的机票全价是 800 元,从上海至湖南的机票全价是 1 200 元,从深圳至湖南的机票全价为 1 500 元,现假定有一个从深圳至上海的 800 元机票的订舱请求,而同时又有一个是从深圳至湖南的 8 折票(1 200 元)的订舱请求,那么从单航段最优化的角度上来看,接受前者是最优的,因为这是从上海至湖南的全价票;但是如果从整个航线的角度来看,从上海至湖南的航段上有大量闲置舱位时,选择后者是最优的,因此航段收益最优化不等于航线收益最优化。对于多航段舱位控制问题,基本的 EMSR 必须扩展,以将这种方法应用到航线(多航段)舱位控制问题中。

多航段处理复杂性航线网络中的舱位控制问题,对于有经停站的多航段航班来说,情况则比较特殊。经停站的出现,使得同一架飞机先后在航距可能相差很大的两个或多个航段上飞行,最终完成全航程飞行。由于航段距离不同,航段飞行成本就不同;由于航班上各站距其备降机场的距离不尽相同,要考虑多种影响成本收益的要素。不管是单航段还是多航段大都采用了动态规划方法,可以将其总结为 DMP(确定性数学规划)和 PMP(随机性数学规划)两大类。PMP 基于订舱需求的概率假设,并用概率数学规划去解决问题,DMP 简单地将不确定的需求用其期望值代替。对单航段问题,不管是 DMP 还是 PMP,都比较容易得到问题的解;对多航段问题,由于多个 ODF(出发地 Origin、目的地 Destination、舱位价格 Fare 的组合)及其约束条件的复杂性,一般采用改进的线性规划模型获得较优的解。

6.2.3 舱位控制策略

舱位优化控制策略分为静态控制策略与动态控制策略。

1. 静态控制策略

静态存量控制优化方法就是在不考虑时间因素的情况下,在舱位预订期前为不同的价格等级分配好相应的舱位,要集中说明超订、需求预测、成批到达等问题。

20 世纪 90 年代,典型的机票预售静态方法主要是由 Bodily 与 Pfeifer 建立的静态模型,该模型指出了乘客 No-show 概率与订座发生的时间和航班起飞前发生的不确定事件有关,如天气原因等。这在一定程度上进一步强调了乘客 No-show 的概率具有很强的随机性。由于市场的敏感性和多变性,静态的机票预售方法也越来越不适应于市场的要求。80 年代后有关静态的机票预售研究越来越少,众学者将主要的精力集中于机票预售的动态方法研究上。

航班静态控制方法最先被提出来,而且获得了成功的应用。这归功于 Peter 提出的基于边际舱位期望收益的 EMSR 模型。EMSR 方法是一种静态的舱位控制方法,这种方法根据对订舱需求的预测,确定每个子舱的舱位数,只在对需求做出新的预测值时才更新分配方案。静态存量控制优化方法就是在不考虑时间因素的情况下,在舱位预计期前为不同的价格等级分配好相应的舱位。在航班预订周期开始前就已预测出,并且以后没有进行过调整。只要折扣票收益不小于未来可能售出的全价票的期望收益,就应该卖出这张票。

各票价等级的市场需求是相互独立的,不存在任何关联;各票价等级的市场需求具有随机性,且呈正态分布;永远是最低的票价等级首先开始接受订舱;各票价等级的市场需求是在航班预计周期开始前就预测出,并且以后没有进行过调整,也就是所谓的"静态舱位优化控制策略"。

但静态模型不能考虑舱位开放模式和开放时间长短的影响,不能根据实际已订座数确定当日最优订舱限制数。解决这些问题需要采用动态控制方法。

2. 动态控制策略

动态存量控制优化方法是在考虑了旅客行程的基础上,根据订座情况决定当前系统是否接受旅客提出的订舱请求。

舱位的动态控制是对每一次订票请求,都需做出是否接受的决策。将乘客的订票过程看作一个泊松到达,然后以两个等级舱位来进行分析,通过以求解泊松分布概率的方法,来找到在该等级座位中是否有订票需求,而在更高等级舱位中未有订票需求时,出现概率最高,即低等级向高等级舱位转化的概率最高的那个需求序数。这个需求序数也就可以看作所谓的该等级舱位的受限值(限制数量)。这种方法可以推广到多个舱位时,由于某一等级舱位受限值是由上一等级舱位决定的,则除了最高等级舱位无法估计外,其余各等级舱位都可以进行估计。然后通过估计出受限制的需求来进行实际的调整,使得收益最大化。

根据时间是离散还是连续的,舱位动态控制又可分为离散型与连续型两种。离散的舱位动态控制可以利用动态规划方法进行求解,而连续的舱位动态控制涉及更为高深的控制理论。

6.3 经典舱位控制方法

6.3.1 嵌套式舱位分配方法

订座限额:某个舱位等级最多能够销售的舱位数量。

保护水平:针对某个或几个等级,指定可用舱位数,这些舱位不允许销售给较低等级的旅客。在嵌套式销售策略中,某个等级的保护舱位数只允许销售给该等级或高于该等级的旅客。

RSL(Reserve Seat Logic)法,即嵌套式舱位分配方法,其基本思路是:由于运价低的旅客先订座,等到运价较高的旅客订座时,座位很可能已经全部被运价较低的旅客占用了。因此,必须预先根据各等级旅客的需求预测数,为价值高而订座晚的旅客预留座位;同时要保证高运价旅客能够利用低等级的舱位,即低票价能够获得的舱位高票价也能获得。具体原理如图 6-5 所示。

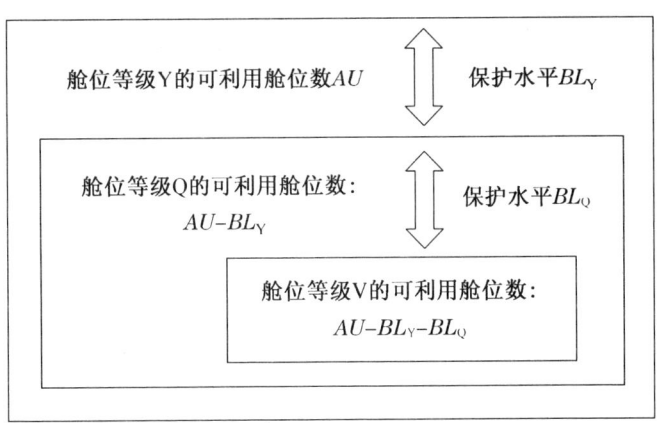

图 6-5 嵌套式舱位分配思路

假设某航班经济舱提供全价、折扣、高度折扣三个等级(也称子舱)的服务,分别以 Y、Q、V 表示,相应的需求量为 BL_Y、BL_Q、BL_V,运价为 $¥Y$、$¥Q$、$¥V$,经济舱总的可销售舱位数为 AU,我们很容易想到,为 Y 等级分配 BL_Y 个舱位,为 Q 分配 BL_Q 个舱位,把其他舱位留给 V 等级。这样做虽然简单但存在问题,因为市场需求是变化的,如果航班 Y 等级的实际需求大于我们预测的 BL_Y,按照这样的分配方案将造成部分高价位的旅客没有舱位,航空公司的收益将受到损失,因此不能采用这种方法来进行舱位的分配,而应采用 RSL 嵌套式舱位分配方法。

根据 6.2.1 中的控制结构,在分离式控制方式下,分离式控制的子舱的 BL 之间没有任何关系。假设每个子舱的 PS 都是 25,则相应的 BL 如图 6-6 所示。共有 4 个子舱 A、B、C、D,但 4 个子舱之间没有任何关系。

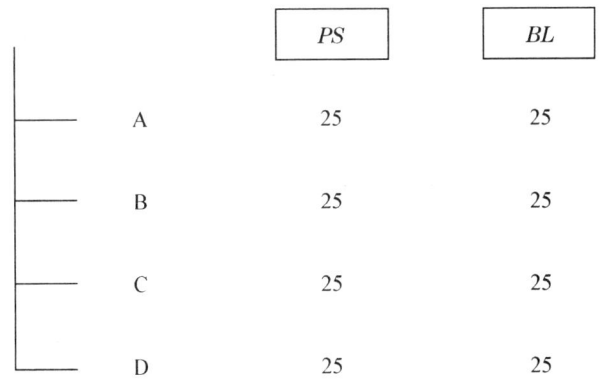

图 6-6 分离式控制下的舱位分配

在平行式控制方式下,父舱的订座限额等于本身订座保护数(Protected Seat, PS)加上其所有子舱位的保护数,但子舱自己相互独立。

在图 6-7 中,共有 4 个子舱 A、B、C、D,其中:
(1) A 是 B、C、D 的父舱;
(2) 子舱 B、C、D 之间相互独立。

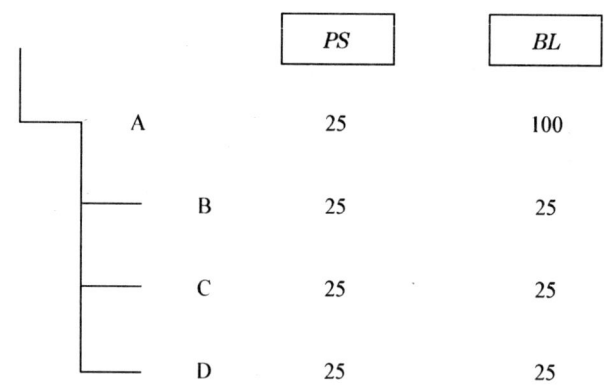

图6-7 平行式控制下的舱位分配

在嵌套式控制方式下,设父舱的订座限额(Booking Limit,BL)包括其子舱位的订舱限额。父舱的订座限额等于本身订舱保护数加上其所有子舱位的舱位保护数。因此,父舱位的 BL 必定大于等于子舱位的 BL。假设每个子舱位 PS 都是 25,则相应的 BL 如图 6-8 所示。

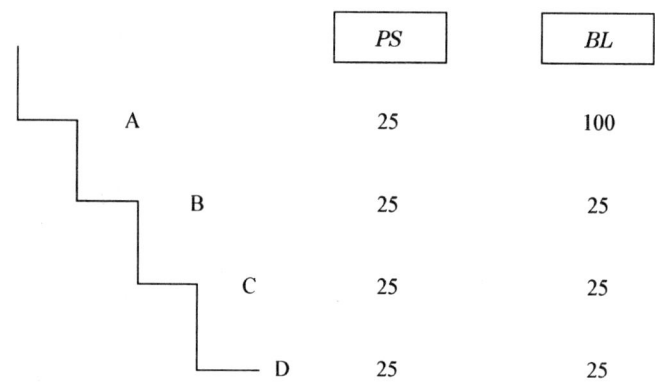

图6-8 嵌套式控制下的舱位分配

在图 6-8 中,共有 4 个子舱 A、B、C、D,其中:

(1) A 是 B、C、D 的父舱;

(2) B 是 C、D 的父舱,是 A 的子舱;

(3) C 是 D 的父舱,是 A、B 的子舱;

(4) D 是 A、B、C 的子舱。

在混合式控制方式下,是嵌套和平行的组合,即部分子舱之间是线性嵌套关系,部分子舱之间是平行嵌套。

在图 6-9 中,A 是 B、C、D 的父舱;

(1) B 是 C、D 的父舱,是 A 的子舱;

(2) C 的父舱是 A、B;

(3) D 的父舱是 A、B;

(4) C、D 之间是平行关系。

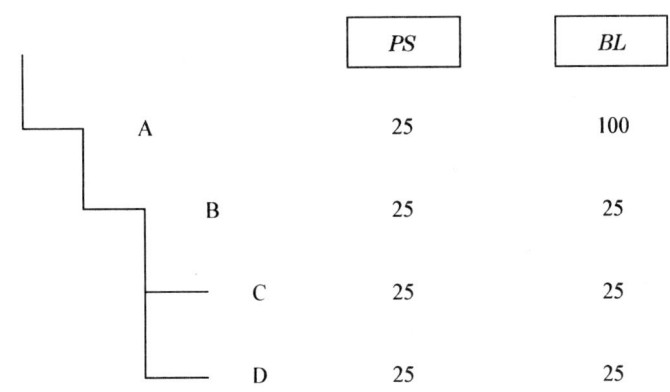

图 6-9 混合式控制下的舱位分配

举例说明不同分配模式的处理过程,综合上面的四种情况,如表 6-1 所示。

表 6-1 四种舱位分配方式数据比对 1

子舱	分离式		平行式		嵌套式		混合式	
	BL	舱位分配	BL	舱位分配	BL	舱位分配	BL	舱位分配
A	25	25	100	100	100	100	100	100
B	25	25	25	25	75	75	75	75
C	25	25	25	25	50	50	25	25
D	25	25	25	25	25	25	25	25

假设 C 舱位有 10 张票的需求,各种分配舱位情况见表 6-2。

表 6-2 四种舱位分配方式数据比对 2

子舱	分离式		平行式		嵌套式		混合式	
	BL	舱位分配	BL	舱位分配	BL	舱位分配	BL	舱位分配
A	25	25	100	90	100	90	100	90
B	25	25	25	25	75	65	75	65
C	25	15	25	15	50	40	25	15
D	25	25	25	25	25	25	25	25

假设 D 舱位有 10 张票的需求,各种分配舱位情况见表 6-3。

表 6-3 四种舱位分配方式数据比对 3

子舱	分离式		平行式		嵌套式		混合式	
	BL	舱位分配	BL	舱位分配	BL	舱位分配	BL	舱位分配
A	25	25	100	80	100	80	100	80
B	25	25	25	25	75	55	75	55
C	25	15	25	15	50	30	25	15
D	25	15	25	15	25	15	25	15

如果现在 C 舱再有 20 张票的需求,情况就非常不同了,如表 6-4 所示。

表 6-4 四种舱位分配方式数据比对 4

子舱	分离式		平行式		嵌套式		混合式	
	BL	舱位分配	BL	舱位分配	BL	舱位分配	BL	舱位分配
A	25	25	100	80	100	60	100	80
B	25	25	25	25	75	35	75	55
C	25	15(不可售)	25	15(不可售)	50	10	25	15(不可售)
D	25	15	25	15	25	10	25	15

由于分离式、平行式和混合式的 C 舱此时可售舱位数量都少于需求数量,因此订票系统会拒绝这个请求;而嵌套式可售舱位数量还有 30 个,因此可以满足需求。与此同时,由于 30~20 后只有 10 张,而 D 舱的可售数量是不能超过父舱的,因此 D 舱的可售数量也调整为 10。

嵌套式在管理上最简单容易;从收益管理理论的角度来讲,嵌套式对增大收益最为有利;航空公司根据实际情况,也可选择混合嵌套。

6.3.2 Littlewood 法则

Littlewood 在 1972 年针对航空公司在一个区间内的两种票价等级的舱位控制问题提出了一种 Littlewood 法则的解决办法,其法则的核心思想是两种票价等级的边际期望收益相等。假设航空公司某航班进行销售全价票和折扣票两种票价等级的舱位,令折扣票的价格为 P_1,全价票的价格为 P_2,且 $P_2 > P_1$。航空公司实施 Littlewood 模型的航班舱位总数为 C,折扣票 P_1 的客户需求量为 D_1,全价票 P_2 的客户需求量为 D_2,其两种票价等级的分布函数用 $F_j(\cdot)$ 表示。模型中的假设如下:

(1) 不考虑超售、No-show、Go-show 等现象;

(2) 假设两个票价等级的客户需求 D_1 和 D_2 服从正态分布,即 $D_1 \sim N(\mu_1, \sigma_1^2)$ 和 $D_2 \sim N(\mu_2, \sigma_2^2)$;

(3) 若折扣票 P_1 的客户比全价票 P_2 的客户首先到达,如果航空公司采取接受 P_1 客户的购票请求,则会获得销售折扣票 P_1 的收益;

(4) 只有在全价票 P_2 的客户需求量 D_2 大于航空公司剩余销售舱位 x,航空公司的决策者才会拒绝 P_1 客户的购票请求,即关闭折扣票 P_1 的销售通道。

综上所述,当航空公司的策略者认为这张票以全价票 P_2 的价格售出而获得的收益比以折扣票 P_1 的价格售出的收益小时,策略者才会继续以折扣票 P_1 的价格进行销售,所以可以用下列公式表示:

$$P_2 \times P(D_2) < P_1 \tag{6.1}$$

由数学性质可知,客户的需求概率 $P(y)$ 是随着 x 值增大而减小的,故 $P(y)$ 是关于 x 的减函数。那么肯定存在一个阈值 y^*,当航空公司剩余销售舱位小于等于这个阈值(即 $x \leqslant y^*$)时,若航空公司的策略者继续将舱位销售给折扣票 P_1 的客户,这样将会导致收益的减少,这时应将剩余舱位销售给全价票 P_2 的客户;同理,当航空公司剩余销售舱位大于这个阈值(即 $x > y^*$)时,若航空公司的策略者继续将舱位销售给全价票 P_2 的客户,这样将会导致收益的减少,这时应将剩余舱位销售给折扣票 P_1 的客户。因此,这样的阈值 y^* 满足公式:

$$P_2 \times P(D_2 \geqslant y^*) > P_1 \tag{6.2}$$

$$P_2 \times P(D_2 \geqslant y^* + 1) \leqslant P_1 \tag{6.3}$$

根据上述分析可以得出,当两种机票舱位的价格 P_1、P_2 和全价票需求 D_2 的分布函数已知时,航空公司的舱位分配取决于剩余舱位的多少,故称 y^* 为全价票 P_2 的保护水平。故:

$$P_1 = P_2[1 - F_2^{-1}(y^*)] \tag{6.4}$$

$$y^* = F_2^{-1}\left(1 - \frac{P_1}{P_2}\right) \tag{6.5}$$

由上述两个公式分析可知,若存在 y^* 大于等于舱位总数(即 $y^* \geqslant C$)时,则航空公司将机票舱位全部以全价票 P_2 销售且不需要进行折扣票 P_1 的销售;若存在 y^* 小于舱位总数(即 $y^* < C$)时,则航空公司需要给全价票 P_2 的保护水平为 y^*,折扣票 P_1 的预订限额为 $C - y^*$。通过分析可以得出,全价票 P_2 的保护水平 y^* 满足公式:

$$y^* = \min\left\{F_2^{-1}\left(1 - \frac{P_1}{P_2}\right), C\right\} \tag{6.6}$$

其中,$F_2^{-1}(x)$——全价票 P_2 的客户需求 D_2 的累计分布函数的逆函数。

若 $y^* = F_2^{-1}(1 - \frac{P_1}{P_2})$ 时,则表示航空公司剩余舱位正好为全价票的保护水平过多或过少的一个风险平衡点上。根据前面假设,客户需求 D_1 和 D_2 服从正态分布,即 $D_1 \sim N(\mu_1, \sigma_1^2)$ 和 $D_2 \sim N(\mu_2, \sigma_2^2)$,那么:

$$y^* = \min\left\{\mu_2 + \sigma_2 \varnothing^{-1}\left(1 - \frac{P_2}{P_2}\right), C\right\} \tag{6.7}$$

其中,$\varnothing^{-1}(x)$——全价票 P_2 的客户需求 D_2 的累计标准正态分布函数的逆函数。

因此航空公司实施 Littlewood 舱位控制方法而获得的期望收益为:

$$R = P_2 y^* + P_1(C - y^*) \tag{6.8}$$

Littlewood 舱位控制方法解决了两票价等级的折扣票最优预定限额以及全价票的最优保护水平的两个问题。从公式(6.7)可以看出:航空公司设置全价票保护水平的多少完全取决于全价票客户需求 D_2 分布函数的参数、全价票 P_2 与折扣票 P_1 的比值以及航班舱位容量,完全不需要考虑折扣票的需求 D_1 的影响。根据前文分析,当折扣票 P_1 与全价票 P_2 客户之间发生决策需求转移时,两者的客户需求将会发生一定程度上的变化。那么就可能产生以下两种情况:

(1)若折扣票 P_1 客户需求 D_1 减少,那么相应的全价票 P_2 客户需求 D_2 就会增多。如果航空公司的决策者没有做出相应的舱位改变仍按照之前的控制策略继续销售舱位,将会导致全价票 P_2 的舱位不能满足全价票 P_2 客户需求 D_2,且折扣票 P_1 的舱位出现座位空虚现象。

(2)同理,若折扣票 P_1 客户需求 D_1 增多,那么相应的全价票 P_2 客户需求 D_2 就会减少,则会导致折扣票 P_1 的舱位不能满足折扣票 P_1 客户需求,而全价票 P_2 的舱位将会出现座位空虚现象。

例如，对航空公司某航班 NKG-PEK 的相关数据进行分析，考虑全价票（1 220 元）和 0.79 的折扣票（964 元）两个票价等级。

依据航空公司历史信息，将全价票的需求拟合呈正态分布，折扣票的客户需求为 $D_1 \sim N(21.9, 8.3^2)$，高价票的客户需求为 $D_2 \sim N(34.9, 10.8^2)$，该航班总舱位数 $C=60$。

首先计算基于独立需求的 Littlewood 模型舱位分配数量，可得：

$$\varnothing\left(\frac{y_2-\mu_2}{\sigma_2}\right)=\varnothing\left(\frac{y_2-34.9}{10.8}\right)=1-\frac{P_1}{P_2}=1-\frac{964}{1\,220}=0.209\,8$$

根据标准正态分布的性质 $\varnothing(x)+\varnothing(-x)=1$，可以得出：

$$\varnothing\left(\frac{34.9-y_2}{10.8}\right)=1-0.209\,8=0.790\,2$$

根据数学知识，查标准正态分布表可得：

$$\frac{34.9-y_2}{10.8}=0.81$$

因此，通过计算得出 $y_2=26$，即航空公司航班实施 Littlewood 舱位控制模型时，全价票的保护水平为 $y_2=26$，折扣票的预定限额为 $C-y_2=34$。根据公式可以得出，航空公司获得的收益为：

$$R=P_1(C-y_2)+P_2 y_2=964\times 34+1\,220\times 26=64\,496(元)$$

6.3.3 EMSR 模型

早在 1975 年波音公司提出了"多余座位管理法"，多余座位管理法鼓励航空公司采用折扣票。虽说这样的做法看起来似乎和其他航空公司大打折扣票价来提高客座率的做法相似，但波音公司则认为最为关键的步骤是要对航班的载运情况做好预测，从而才能真正地做好管理，做到谋求收益。正是这种对于预测的重视，引出了十分著名的 EMSR 方法。

管理经济学中的"边际收益递减规律"告诉我们：并不是投入越多，收益就越大。该理论实际都是针对单个舱位的。其通过数学方法来理解就是：当航班出现多个舱位可供服务时，如果把舱位保留在一个舱位的预期销售收入（EMSR 值）大于任何其他舱位时，自然就要预先分配给该舱位。在该理论中，对于一个等级舱位的票价制定往往考虑的是下一等级舱位中某个舱位的需求情况。而在实际航班经营活动中，航空公司在分配舱位时，通常需要全盘考虑某个等级舱位的票价情况，来分析其对上个等级舱位的影响。

EMSR（Expected Marginal Seat Revenue）主要指预期边际舱位收益情况，是获得航班收入最大化的决策模型，也是收益管理中舱位控制的基本模型，而后的很多模型都是在此基础上演化而来。实际中的成功运用，要求有比较准确的预测。舱位控制人员通过计算机系统可以把每个航班每个舱位的 EMSR 值计算出来，并通过取值来决定如何分配各等级的舱位数。在特定航班销售策略的制订过程中，依据最新售票数据对之后的销售进行调整是很重要的一个环节，这是销售策略的实时调整。EMSR 模型是建立在历史数据基础上的预测未来需求，它在航班预订周期开始前就已预测出，并在后期没有做重新调整（即所谓的"静态舱位优化控制管理"）。所以动态调整没有根据最新销售信息中包含的市场趋势信息来对需求预测进行更新，仅仅考虑了未来航班的预订情况，从而也就不能实现真正意义的动态库存策略，同时对各等级票价舱位需求间的相关性也未做讨论。虽然建立在历史数据上的需求分析是合乎情理的，但若由于某些随机因素导致实际销售数据与预期有较大出入时，就要根据最新销售数据对原来的期望进行调整。基本的 EMSR 方法是基于航段的收益最优化方法,而未考虑整个航线收益最大化,这二者有时是互相冲突的。总之,EMSR 模型本身没有解决需求预测更新和低客座率情况下舱位存量控制的问题。

1. EMSR 模型构建

EMSR 舱位控制模型有着如下几个经典假设:

(1) 航班上不同等级的机票销售是按照一定的顺序进行的;
(2) 低票价等级的客户需求先于高票价等级的客户到达、购买机票;
(3) 不同票价等级的客户需求分布函数均是正态分布,且两两客户需求的分布函数之间是相互独立、互不影响的;
(4) 不考虑 No-show、Go-show、超订、团体订购等情形;
(5) 考虑单航段航班而非多航段航班;

EMSR 模型是一种针对航空公司舱位分配问题的启发式算法,其模型具体推导过程如下:

航空公司的策略者首先可以统计历史的订票数据规律,然后预测各个票价等级的客户需求分布函数,再按照启发式 EMSR 算法的思想,得出对于第 i 票价等级中的第 S 个舱位的期望边际收益的公式为:

$$EMSR_i = P_i \int_{S_i}^{\infty} P_i(D_i) d_{D_i} \qquad (6.9)$$

$$EMSR_i(S_i) = P_i P(D_i \geqslant S_i) \qquad (6.10)$$

式中,i——第 i 个票价等级的舱位;

P_i——第 i 个等级的舱位价格;

D_i——第 i 个等级舱位的客户原始需求,即航空公司对客户的预测需求量;

$P_i(D_i)$——第 i 个等级舱位的客户需求的概率密度函数。

若将 EMSR 模型考虑成单一航段的两个票价等级的舱位控制问题时,其方法与前面的 Littlewood 法则是类似的,此处将简单对这个问题进行叙述:根据前文描述,假设 P_1 为折扣票,P_2 为全价票,S_1^2 表示全价票 P_2 相对折扣票 P_1 的舱位保护水平,则满足下列公式:

$$EMSR_2(S_1^2) = P_1 \qquad (6.11)$$

两票价等级的 EMSR 舱位控制方法可以用图 6-10 进行描述,图中两个曲线的分界点即为 S_1^2。

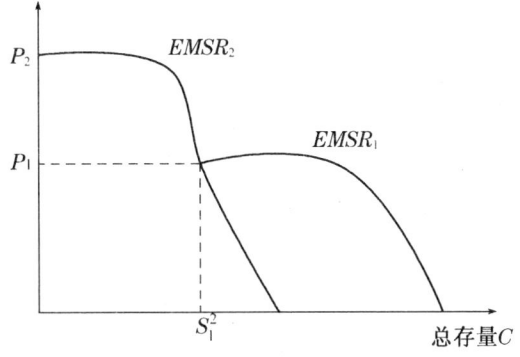

图 6-10 两票价等级的 EMSR 分配方法

将解决两票等级问题的方法用数学归纳法类推到多票价等级问题中,进行反复地逐级嵌套,得到下列公式:

$$EMSR_j(S_i^j) = P_j P(D_j \geqslant S_i^j) = P_j \int_{S_j^i}^{\infty} P_j(D_j) d_{D_j} \tag{6.12}$$

$$EMSR_j(S_i^j) = P_i \tag{6.13}$$

式中,S_i^j——第 j 票价等级舱位相对于第 i 票价等级舱位的保护水平;

P_i——第 i 个等级的舱位价格;

P_j——第 j 个等级的舱位价格,且 $P_j > P_i$。

Belobaba 在 1989 年提出的 EMSR 启发式计算算法被称为 EMSR-a 算法,随后通过 7 年的研究,他又在 1996 年提出了 EMSR-b 这一计算方法。下面分别对两种算法进行评价分析:

(1) EMSR-a 其实就是对 Littlewood 准则算法的一种推进性研究,首先计算第 i 个票价等级的舱位相对于比它价格低的舱位的保护水平,然后累加这 $i-1$ 个保护水平,则第 i 个票价等级舱位的保护水平就是这个累加值。

(2) EMSR-b 又与 EMSR-a 的计算方法是基本类似,但也有着不同:EMSR-b 方法首先是构造一个"人造票价等级"的舱位,然后计算第 i 个票价等级的舱位相对于"人造票价等级"的舱位的保护水平,即为第 i 个票价等级舱位的保护水平。"人造票价等级"的构建优势是相对于 EMSR-a 方法考虑到了各个票价等级的客户需求之间的统计平均效应。当存在票价等级类型较多时,EMSR-a 将不在适用。下面对 EMSR-b 的计算方法进行简单的说明:

根据前面 EMSR 模型的假设,各个票价等级的客户需求之间服从正态分布且相互独立。假设存在三个票价等级的舱位,分别是第 1 票价等级 P_1、第 2 票价等级 P_2、第 3 票价等级 P_3,且 $P_1 < P_2 < P_3$。由于客户的需求是服从正态分布,假设第 2 票价等级的客户需求为 D_2,则 $D_2 \sim N(\mu_2, \sigma_2^2)$;第 3 票价等级的客户需求为 D_3,则 $D_3 \sim N(\mu_3, \sigma_3^2)$;人造票价等级为 2-3,其客户需求为 $D_{2\text{-}3}$,其舱位价格与客户需求分布参数为:

$$P_{2\text{-}3} = \frac{P_2 \mu_2 + P_3 \mu_3}{\mu_2 + \mu_3} \tag{6.14}$$

$$\mu_{2\text{-}3} = \mu_2 + \mu_3 \tag{6.15}$$

$$\sigma_{2\text{-}3} = \sqrt{\sigma_2^2 + \sigma_3^2} \tag{6.16}$$

因此,人造票价等级 2-3 相对于第 1 票价等级舱位的保护水平为:

$$EMSR_{2\text{-}3}(S_1^{2\text{-}3}) = P_{2\text{-}3} P(D_{2\text{-}3} \geqslant S_1^{2\text{-}3}) = P_1 \tag{6.17}$$

通过上述对 EMSR 模型的简单描述,可以发现航空公司现今绝大多数采用此方法进行舱位控制,而舱位控制的结果完全依赖于客户不同等级票价之间的需求分布,并且假设彼此之间是相互独立的。这与实际情况不符,如客户需求彼此发生了需求转移,将会严重影响航空公司的收益。因此,考虑客户的决策行为对航空公司的 EMSR 舱位控制模型具有非常重要的意义。

EMSR 启发式算法的基本思路:当且仅当销售高价票的收益概率大于低价票的收益时,航空公司才会采取关闭低价票的销售通道且开通高价票的销售渠道。根据前面分析得知,EMSR 算法共有两个类型,即 EMSR-a 和 EMSR-b。通过分析比较得出 EMSR-b 算法在一定的程度上优于 EMSR-a 算法,因此后文采取 EMSR-b 方法进行舱位分配计算。因为

EMSR-b 算法首先构建了一个人造票价等级,然后计算相对于比之较低一个等级舱位的保护水平,该保护水平的数值为高于该等级舱位的所有保护水平之和,故通过这种舱位分配方法获得的收益在收益管理上被称为加权平均收益。

将等级 1、2、3 的舱位分配方法推广到等级 $i-1$、i、$i+1$ 的类型中进行分析,三种类型舱位对应的票价为 P_{i-1}、P_i、P_{i+1},并且 $P_{i-1}<P_i<P_{i+1}$,根据假设得出三个等级的客户需求服从的分布函数是正态分布,即 $D_{i-1} \sim N(\mu_{i-1}, \sigma_{i-1}^2)$,$D_i \sim N(\mu_i, \sigma_i^2)$,$D_{i+1} \sim N(\mu_{i+1}, \sigma_{i+1}^2)$。

首先,计算最高等级 $i+1$ 相对于较之低一个等级 i 的保护水平,其计算公式为:

$$EMSR_{i+1}(S_i^{i+1}) = P_{i+1} P(D_{i+1} \geqslant S_i^{i+1}) = P_i \tag{6.18}$$

其中,S_i^{i+1}——第 $i+1$ 票价等级的舱位相对于第 i 票价等级舱位的保护水平,即第 $i+1$ 票价等级的舱位分配数为 $q_{i+1} = S_i^{i+1}$。

下面通过构建人造票价等级为 $i-(i+1)$,在结合求得的第 $i+1$ 票价等级的舱位分配数为 q_{i+1},再依据 EMSR-b 算法的思路求解各个票价等级的保护水平。首先票价等级 $i-(i+1)$ 的舱位价格以及需求分布的计算如下:

$$P_{i-(i+1)} = \frac{P_i \mu_i + P_{i+1} \mu_{i+1}}{\mu_i + \mu_{i+1}} \tag{6.19}$$

$$\mu_{i-(i+1)} = \mu_i + \mu_{i+1} \tag{6.20}$$

$$\sigma_{i-(i+1)} = \sqrt{\sigma_i^2 + \sigma_{i+1}^2} \tag{6.21}$$

结合 EMSR 算法的基本思想,得出人造票价等级 $i-(i+1)$ 的保护水平 $S_{i-1}^{i-(i+1)}$ 为:

$$EMSR_{i-(i+1)}(S_{i-1}^{i-(i+1)}) = P_{i-(i+1)} P(D_{i-(i+1)} \geqslant S_{i-1}^{i-(i+1)}) = P_{i-1} \tag{6.22}$$

根据 EMSR-b 算法的思想,求解出的保护水平 $S_{i-1}^{i-(i+1)}$ 应为第 $i+1$ 等级票价舱位的分配数加上第 i 等级票价舱位的保护水平,即第 i 等级票价舱位的分配数为 $q_i = S_{i-1}^{i-(i+1)} - q_{i+1}$。然后再一级一级逐步计算,计算出各个票价等级的保护水平。由于航班销售舱位总数是固定的,最终肯定能求得最低等级的舱位分配数。

2. 算例与数值分析

采用某家航空公司从成都飞往广州的航班 CZ3182 的客户历史订票数据,以此为基础分析并计算该航班的舱位分配数量。该航班的舱位总数为 140,全价票的价格为 1 220 元,然后还有 7 个不同等级的折扣票舱位。首先收集该航空公司该航班 15 天的客户历史数据,然后对数据进行拟合分析,最终得出 0.59 折至 0.96 折票价的数据均呈现在一条直线上,这也是符合正态分布的拟合性质。为了 EMSR 模型的舱位分配计算方便,将统计分析得出的正态分布参数(均值和方差)保留了一位小数,其各个票价等级舱位的客户需求均值与方差用表格形式呈现,其结果如表 6-5 所示。

表 6-5 各票价等级需求分布情况

票价等级 i	折扣/票价 P_i(元)	均值 μ_i	标准差 σ_i
1	0.59/720	37	10.4
2	0.69/842	24.2	7.7
3	0.74/903	8.5	3.7
4	0.79/964	21.9	8.3

续 表

票价等级 i	折扣/票价 P_i(元)	均值 μ_i	标准差 σ_i
5	0.84/1 025	13.5	6
6	0.89/1 086	25.8	15
7	0.96/1 171	9.1	4.6
8	1/1 220	7.9	2.8

在不考虑客户决策的情形下,首先依据传统 EMSR 模型计算方法去认定各个票价等级的舱位分配数 q_i。

(1) 第 8 个票价等级的舱位分配数。

得出第 8 个票价等级的舱位分配数符合下列公式:
$$P_8 P(D_8 \geqslant y_8) = P_7$$

即

$1\,220 P(D_8 \geqslant y_8) = 1\,171$

$P(D_8 \geqslant y_8) = 0.96$

已知: $\mu_8 = 7.9, \sigma_8 = 2.8$

$1 - \varnothing\left(\dfrac{y_8 - 7.9}{2.8}\right) = 0.959\,0$

$\varnothing\left(\dfrac{7.9 - y_8}{2.8}\right) = 0.959\,0$

所以,第 8 个票价等级的舱位分配数为 $y_8 = 3$。

(2) 第 7 个票价等级的舱位分配数。

构造人工票价等级 7-8,其票价与分布参数为:
$$P_{7\text{-}8} = \dfrac{1\,171 \times 9.1 + 1\,220 \times 7.9}{9.1 + 7.9} = 1\,193.8$$

$\mu_{7\text{-}8} = \mu_7 + \mu_8 = 17, \sigma_{7\text{-}8} = \sqrt{\sigma_7^2 + \sigma_8^2} = 5.4$

$P_{7\text{-}8} P(D_{7\text{-}8} \geqslant y_{7\text{-}8}) = P_6$

即

$1\,193.8 P(D_{7\text{-}8} \geqslant y_{7\text{-}8}) = 1\,086$

$P(D_{7\text{-}8} \geqslant y_{7\text{-}8}) = 0.909\,7$

$1 - \varnothing\left(\dfrac{y_{7\text{-}8} - 17}{5.4}\right) = 0.909\,7$

$\varnothing\left(\dfrac{17 - y_{7\text{-}8}}{5.4}\right) = 0.909\,7$

人造票价等级 7-8 的舱位分配数为 $y_{7\text{-}8} = 8$。

所以,第 7 个票价等级的舱位分配数为 $y_7 = y_{7\text{-}8} - y_8 = 5$。

(3) 第 6 个票价等级的舱位分配数。

构造人工票价等级 6-8,其票价与分布参数为:
$$P_{6\text{-}8} = \dfrac{1\,086 \times 25.8 + 1\,171 \times 9.1 + 1\,220 \times 7.9}{25.8 + 9.1 + 7.9} = 1\,128.8$$

$\mu_{6\text{-}8}=\mu_6+\mu_7+\mu_8=42.8, \sigma_{6\text{-}8}=\sqrt{\sigma_6^2+\sigma_7^2+\sigma_8^2}=15.9$

$P_{6\text{-}8}P(D_{6\text{-}8}\geqslant y_{6\text{-}8})=P_5$

即

$1\,128.8P(D_{6\text{-}8}\geqslant y_{6\text{-}8})=1\,025$

$P(D_{6\text{-}8}\geqslant y_{6\text{-}8})=0.908\,0$

$1-\varnothing\left(\dfrac{y_{6\text{-}8}-42.8}{15.9}\right)=0.908\,0$

$\varnothing\left(\dfrac{42.8-y_{6\text{-}8}}{15.9}\right)=0.908\,0$

人工票价等级 6-8 的舱位分配数为 $y_{6\text{-}8}=22$。

所以，第 6 个票价等级的舱位分配数为 $y_6=y_{6\text{-}8}-y_{7\text{-}8}=14$。

(4) 第 5 个票价等级的舱位分配数。

构造人工票价等级 5-8，其票价与分布参数为：

$P_{5\text{-}8}=\dfrac{1\,025\times13.5+1\,086\times25.8+1\,171\times9.1+1\,220\times7.9}{13.5+25.8+9.1+7.9}=1\,103.9$

$\mu_{5\text{-}8}=\mu_5+\mu_6+\mu_7+\mu_8=56.3, \sigma_{5\text{-}8}=\sqrt{\sigma_5^2+\sigma_6^2+\sigma_7^2+\sigma_8^2}=17$

$$P_{5\text{-}8}P(D_{5\text{-}8}\geqslant y_{5\text{-}8})=P_4$$

即

$1\,103.9P(D_{5\text{-}8}\geqslant y_{5\text{-}8})=964$

$P(D_{5\text{-}8}\geqslant y_{5\text{-}8})=0.873\,3$

$1-\varnothing\left(\dfrac{y_{5\text{-}8}-56.3}{17}\right)=0.873\,3$

$\varnothing\left(\dfrac{56.3-y_{5\text{-}8}}{17}\right)=0.873\,3$

人工票价等级 5-8 的舱位分配数为 $y_{5\text{-}8}=37$。

所以，第 5 个票价等级的舱位分配数为 $y_5=y_{5\text{-}8}-y_{6\text{-}8}=15$。

(5) 第 4 个票价等级的舱位分配数。

构造人工票价等级 4-8，其票价与分布参数为：

$P_{4\text{-}8}=\dfrac{964\times21.9+1\,025\times13.5+1\,086\times25.8+1\,171\times9.1+1\,220\times7.9}{21.9+13.5+25.8+9.1+7.9}=1\,064.7$

$\mu_{4\text{-}8}=\mu_4+\mu_5+\mu_6+\mu_7+\mu_8=78.2, \sigma_{4\text{-}8}=\sqrt{\sigma_4^2+\sigma_5^2+\sigma_6^2+\sigma_7^2+\sigma_8^2}=18.9$

$$P_{4\text{-}8}P(D_{4\text{-}8}\geqslant y_{4\text{-}8})=P_3$$

即

$1\,064.7P(D_{4\text{-}8}\geqslant y_{4\text{-}8})=903$

$P(D_{4\text{-}8}\geqslant y_{4\text{-}8})=0.848\,1$

$1-\varnothing\left(\dfrac{y_{4\text{-}8}-78.2}{18.9}\right)=0.848\,1$

$\varnothing\left(\dfrac{78.2-y_{4\text{-}8}}{18.9}\right)=0.848\,1$

人工票价等级 4-8 的舱位分配数为 $y_{4\text{-}8}=59$。

所以,票价等级的舱位分配数为 $y_4 = y_{4\text{-}8} - y_{5\text{-}8} = 22$。

(6) 第 3 个票价等级的舱位分配数。

构造人工票价等级 3-8,其票价与分布参数为:

$$P_{3\text{-}8} = \frac{903 \times 8.5 + 964 \times 21.9 + 1\,025 \times 13.5 + 1\,086 \times 25.8 + 1\,171 \times 9.1 + 1\,220 \times 7.9}{8.5 + 21.9 + 13.5 + 25.8 + 9.1 + 7.9}$$

$$= 1\,048.9$$

$\mu_{3\text{-}8} = \mu_3 + \mu_4 + \mu_5 + \mu_6 + \mu_7 + \mu_8 = 86.7$, $\sigma_{3\text{-}8} = \sqrt{\sigma_3^2 + \sigma_4^2 + \sigma_5^2 + \sigma_6^2 + \sigma_7^2 + \sigma_8^2} = 19.3$

$P_{3\text{-}8} P(D_{3\text{-}8} \geqslant y_{3\text{-}8}) = P_2$

即

$1\,048.9 P(D_{3\text{-}8} \geqslant y_{3\text{-}8}) = 842$

$P(D_{3\text{-}8} \geqslant y_{3\text{-}8}) = 0.802\,7$

$1 - \varnothing\left(\dfrac{y_{3\text{-}8} - 86.7}{19.3}\right) = 0.802\,7$

$\varnothing\left(\dfrac{86.7 - y_{3\text{-}8}}{19.3}\right) = 0.802\,7$

人工票价等级 3-8 的舱位分配数为 $y_{3\text{-}8} = 70$。

所以,票价等级的舱位分配数为 $y_3 = y_{3\text{-}8} - y_{4\text{-}8} = 11$。

(7) 第 2 个票价等级的舱位分配数。

构造人工票价等级 2-8,其票价与分布参数为:

$$P_{2\text{-}8} = \frac{842 \times 24.2 + 903 \times 8.5 + 964 \times 21.9 + 1\,025 \times 13.5 + 1\,086 \times 25.8 + 1\,171 \times 9.1 + 1220 \times 7.9}{24.2 + 8.5 + 21.9 + 13.5 + 25.8 + 9.1 + 7.9}$$

$$= 1\,003.7$$

$\mu_{2\text{-}8} = \mu_2 + \mu_3 + \mu_4 + \mu_5 + \mu_6 + \mu_7 + \mu_8 = 110.9$,

$\sigma_{2\text{-}8} = \sqrt{\sigma_2^2 + \sigma_3^2 + \sigma_4^2 + \sigma_5^2 + \sigma_6^2 + \sigma_7^2 + \sigma_8^2} = 20.8$

$P_{2\text{-}8} P(D_{2\text{-}8} \geqslant y_{2\text{-}8}) = P_1$

即

$1\,003.7 P(D_{2\text{-}8} \geqslant y_{2\text{-}8}) = 720$

$P(D_{2\text{-}8} \geqslant y_{2\text{-}8}) = 0.717\,3$

$1 - \varnothing\left(\dfrac{y_{2\text{-}8} - 110.9}{20.8}\right) = 0.717\,3$

$\varnothing\left(\dfrac{110.9 - y_{2\text{-}8}}{20.8}\right) = 0.717\,3$

人工票价等级 2-8 的舱位分配数为 $y_{2\text{-}8} = 99$。

所以,第 2 个票价等级的舱位分配数为 $y_2 = y_{2\text{-}8} - y_{3\text{-}8} = 29$。

(8) 第 1 个票价等级的舱位预定限额。

由于航班舱位总数 $C = 140$,因此可知,第 1 等级机票的舱位预定限额为:

$C - y_{2\text{-}8} = 41$

航空公司航班的收益为:

$R = 720 \times 41 + 842 \times 29 + 903 \times 11 + 964 \times 22 + 1\,025 \times 15 + 1\,086 \times 14 + 1\,171 \times 5 + 1\,220 \times 3$

$= 125\,173(元)$

综上所述,航空公司实施 EMSR 模型进行舱位控制,其策略计算结果如表6-6所示。

表6-6　独立需求下的各票价等级的舱位分配数

票价等级 i	1	2	3	4	5	6	7	8	收益 R(元)
折扣/票价 P_i(元)	0.59/720	0.69/842	0.74/903	0.79/964	0.84/1 025	0.89/1 086	0.96/1 171	1/1 220	125 173
舱位分配数 y_i	41	29	11	22	15	14	5	3	

6.4　可召回机制模型

6.4.1　可召回机制的产生及原理

航空客运收益管理的核心内容是舱位控制,航空公司收益管理的舱位控制策略是指航空公司根据客户的需求差异,将飞机可用舱位划分为不同的等级(高价舱位和低价舱位)进行销售,以满足高价票客户需求为基础,其关键的控制决策包括低价舱位与高价舱位的票数分配决策,将合适的座位分配给最合适的客户,以此来获得企业最大的收益。

需求预测是舱位控制的基础。由于客户对航空公司的高等级舱位需求变化具有随机性,这就导致对高等级舱位的需求预测是几乎难以确定。高舱位需求预测不准时存在如下两种可能的情形:

(1) 实际需求高于预测需求,即航空公司提供的舱位订座容量不能满足高舱位客户。此时,航空公司一般采用超售的技术解决,但是超售会有可能导致拒绝登机(Denied Boarding)现象,航空公司因此要解决拒绝登机问题必然要增加额外的生产成本,并且严重地影响了航空公司的形象。

(2) 实际需求低于预测需求,即航空公司提前确定的舱位订座容量供大于求。此时,没有预期的高舱位客户前来购买高舱位,造成闲置损失现象,也就是航空公司座位虚耗而收益损失。

为解决这两种情况对航空公司造成的收益损失,Gallego(2004)提出了航空客运舱位柔性控制方法——可召回机制。这种制度要求在低价舱位中设置可召回票(Callable Tickets),并和普通机票同时出售,在高价舱位客户需求超过剩余可用座位时召回已销售的可召回票,被召回的客户可提前得到通知,并可得到补偿。

6.4.2　可召回机制模型假设与构建

本文假设航空公司将某个航班的舱位机票分为三种:可召回票 P_K、低价票 P_L、高价票 P_H。三种票分为三个阶段销售:第一阶段为 $(0, T_1)$ 时段,在这一阶段首先销售可召回票;第二阶段为 (T_1, T_2) 时段,在这一阶段销售低价票;第三阶段为 (T_2, T_3) 时段,在这一阶段销售高价票。如果在第三阶段高价票的实际客户需求数高于剩余可利用舱位数,那么航空公司可以根据实际客户需求数召回之前第一阶段销售的可召回票,并且对召回的客户给与补偿。销售流程如图6-11所示。

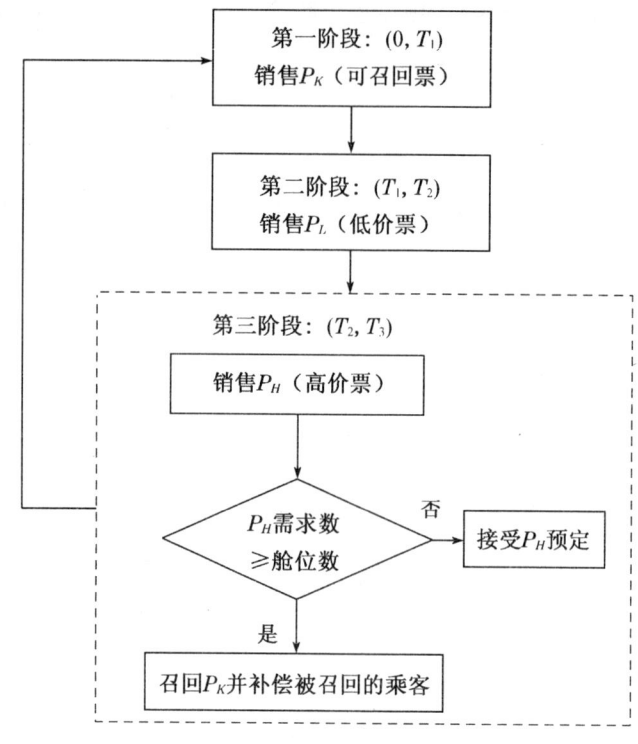

图 6-11 可召回机制销售流程图

进一步假设：

（1）航空公司采取召回补偿的方式是召回前补偿，并非是召回时补偿；航空公司在订座前制定可召回机制的相关条款，即被召回的每位客户可获得的补偿为 $P=P_L-P_K$。

（2）航空公司只有认定其实施可召回机制后的期望收益高于传统管理模式收益后才会实施可召回机制，即 $P_H+P_K-P_L>P_L$。

（3）低等级舱位和高等级舱位的客户需求服从正态分布，且 D_L 和 D_H 相互独立。客户对可召回票的需求 D_K 是随机分布的，且客户对于可召回票的第一张需求概率为1，即航空公司总是可以售出至少一张可召回票。

（4）航空公司的各种机票价格满足 $P_K<P_L<P_H$ 条件，且这些等级舱位销售价格均为外生变量，航空公司仅对各等级舱位数量进行分配。

（5）航空机票都是通过互联网进行销售，即实施可召回票的成本极小，可忽略不计。

（6）不考虑超售、No-show、Go-show、客户取消的情形。

本文将使用的变量如下：

C：航空公司该航班各等级舱位总和（总票数）；D_K：航空公司可召回票的需求数；D_L：航空公司低等级舱位的需求数；D_H：航空公司高等级舱位的需求数；P_K：航空公司可召回票的票价；P_L：航空公司低价票的票价，同时也是召回可召回票的补偿价格[即召回的客户可以获得固定单位（$P=P_L-P_K$）的补偿额度]；P_H：航空公司高价票的票价；K：航空公司在第一阶段分配的可召回票舱位数；V_K：航空公司在第一阶段销售的可召回票舱位数；L_K：航空公司在第二阶段分配的低舱位数，$L_K=\theta(C-V_K)$，其中 $0\leqslant\theta\leqslant1$，且 θ 由航空公司根据传统二阶段收益管理方法来确定；S_K：航空公司在第二阶段销售的低等级舱位数；H_K：航空公司在第三阶段分配的高等级舱位数;W_K:航空公司在第三阶段销售的高等级舱位数;Q_K:航空公司在第三阶段召回的可召回票舱位数。

根据上述所有的条件,能够得出航空公司各阶段销售情况,如表 6-7 所示。

表 6-7 可召回机制各阶段销售情况

销售阶段	机票种类	分配的舱位数	销售的舱位数	召回的舱位数	收益
$(0,T_1)$	可召回票	K	$V_K=\min(D_K,K)$	0	$P_K V_K$
(T_1,T_2)	低价票	$L_K=\theta(C-V_K)$	$S_K=\min(D_L,L_K)$	0	$P_L S_K$
(T_2,T_3)	高价票	$H_K=C-S_K$	$W_K=\min(D_H,H_K)$	$Q_K=\min\{V_K,(D_H+V_K+S_K-C)^+\}$	$P_H W_K - P_L Q_K$

因此,航空公司某航班在引入可召回机制后总收益包括四个部分:(第一阶段)销售可召回票的收益、(第二阶段)销售低价票的收益、(第三阶段)销售高价票的收益和召回可召回票的成本。航空公司某航班的总收益为 R_K:

$$R_K = P_K V_K + P_L S_K + P_H W_K - P_L Q_K \tag{6.23}$$

6.4.3 算例与数值分析

以下通过数值模拟(利用 Matlab 7.0)验证模型的有效性与合理性,重点说明基于独立需求和三种决策行为下的 R_K 形态和最优可召回票舱位分配数 K^* 的确定,以及航空公司考虑客户决策行为相对于独立需求情形的收益比较情况。

假定航空公司某航班共有 140 个舱位,客户对可召回票、低价票和高价票的需求分别为 $D_K \sim N(37, 10.4^2)$、$D_L \sim N(8.5, 3.7^2)$、$D_H \sim N(7.9, 2.8^2)$。可召回票、低价票和高价票的销售价格分别为 $P_K=720$、$P_L=903$、$P_H=1220$。根据二阶段舱位分配方法(EMRS,边际收益最大化):$P_L \alpha_L = P_H \alpha_H$($P_L,P_H$ 表示高低价票的价格;α_L,α_H 是高低价票的舱位分配数),故 θ 的取值为 $\theta = \alpha_L \div (\alpha_L + \alpha_H) = 1 \div (1 + \alpha_H \div \alpha_L) = 1 \div (1 + P_L \div P_H) = 0.575$。根据这些已知条件,得出 R_K 随着 K 的变化图,如图 6-12 所示。

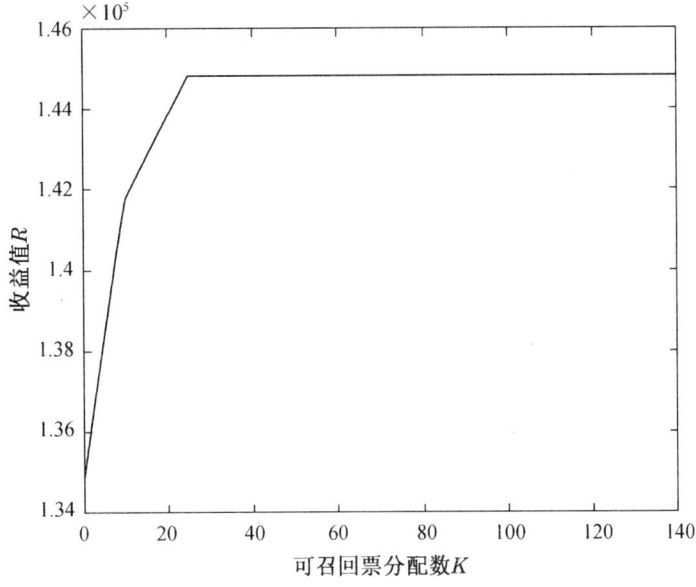

图 6-12 收益值与可召回票分配数之间的关系

由上图可知,当航空公司分配可召回票的舱位数为25时,航班的收益值最大,即最优可召回票 $K^* = 25$ 张。进一步确定航空公司各等级舱位的分配数以及航班收益,见表6-8。

表6-8 可召回机制各阶段销售情况

销售阶段	第一阶段$(0, T_1)$	第二阶段(T_1, T_2)	第三阶段(T_2, T_3)
机票价格	$P_K = 720$	$P_L = 903$	$P_H = 1\,220$
舱位分配数	$K = 25$	$L_K = 66$	$H_K = 74$
实际销售的舱位数	$V_K = 25$	$S_K = 66$	$W_K = 71$
召回的舱位数	0	0	22
收益(元)	18 000	59 598	66 754
总计收益值(元)		144 352	

6.4.4 可召回模型修正描述与假设

假设航空公司某一特定航班实施可召回机制,将航班机票分为三种:P_K(可召回票)、P_L(低价票)和 P_H(高价票),且满足 $P_K < P_L < P_H$。销售逻辑为:第一阶段为$(0, T_1)$时段,销售 P_K;第二阶段为(T_1, T_2)时段,销售 P_L;第三阶段为(T_2, T_3)时段,销售 P_H,如果 P_H 需求数高于 P_H 舱位数,则召回 P_K 并补偿被召回的客户。传统的可召回舱位控制模型是假设不同等级的客户与销售阶段是相互一一对应的,先是低等级的客户需求到达后是高等级的客户需求到达,显然这一假设理论是不符合实际情况的。客户需求不是完全按照先低后高的顺序到达航空公司,并且不同等级之间的客户需求会发生需求转移行为。低等级的客户有可能升级购买(Buy-up)高等级的票价舱位,高等级的客户需求有可能转而购买 Buy-down 低等级的票价舱位,又或者不同客户在整个销售期间同时发生两种行为(即需求双向转移)。在这三种客户决策行为下,航空公司应综合考虑三种决策行为的影响,然后制定相应的舱位控制决策,最终使得航空公司的收益最大化。因此,航空公司实施可召回机制舱位控制中发生客户决策行为时的销售流程如图6-13所示。本部分研究基于以下假设:

(1) 各个舱位的客户需求数量分别大于航班各个价格等级舱位分配数;

(2) 不同价格等级的客户在整个销售阶段服从正态分布,且相互独立;

(3) 由于客户对价格的敏感性,如果等级 i 的需求未被满足,考虑当前开放的最低价机票,即升级到相邻的高等级$(i-1)$;

(4) 当客户发生 Buy-down 行为时,客户的需求可以降级到任意较低等级的舱位。

1. Buy-up 行为下的可召回机制模型需求修正

根据前面模型描述与假设,依据已有文献,考虑客户需求存在向上一级票价转移的情况,记各票价等级的实际需求分别为 D'_K、D'_L 和 D'_H,P_{KL} 为可召回票的客户需求转移至低价票客户需求的概率,P_{LH} 为低价票的客户需求转移至高价票客户需求的概率,则:

$$D'_K = D_K(1 - P_{KL}) \tag{6.24}$$

$$D'_L = [D_L + (D_K - D'_K)](1 - P_{LH}) = (D_L + D_K P_{KL})(1 - P_{LH}) \tag{6.25}$$

$$D'_H = D_H + P_{LH}(D_L + D_K P_{KL}) \tag{6.26}$$

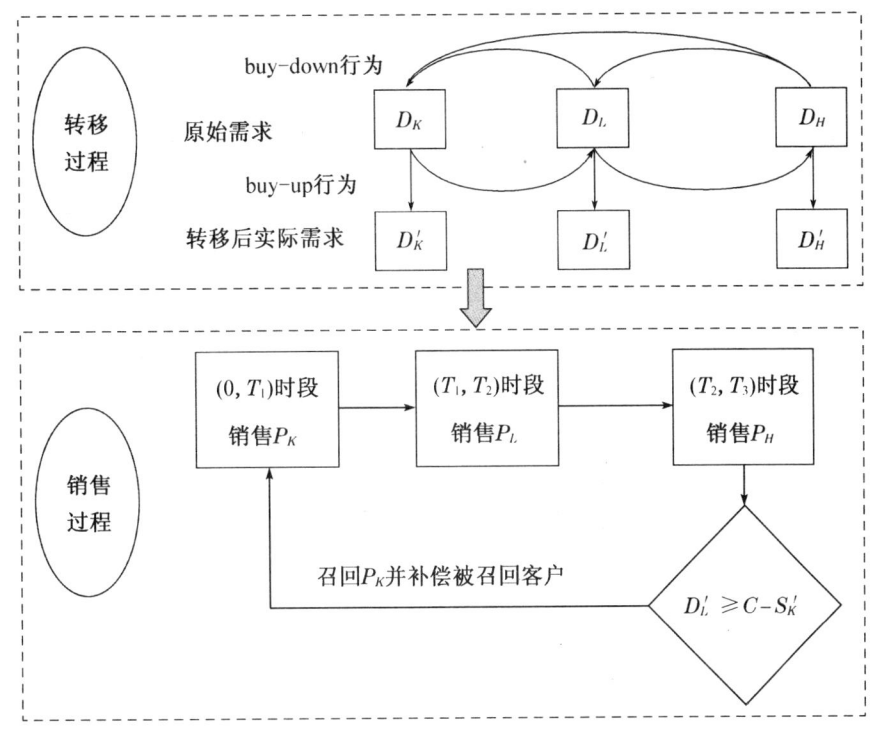

图 6-13 可召回机制修正模型的销售过程

2. Buy-down 行为下的可召回机制模型需求修正

根据前面分析,考虑客户需求存在 Buy-down 行为的情况,记各票价等级的实际需求分别为 D''_K、D''_L 和 D''_H,P_{HL} 为高价票的客户需求转移至低价票客户需求的概率,P_{HK} 为高价票的客户需求转移至可召回票客户需求的概率,P_{LK} 为低价票的客户需求转移至可召回票客户需求的概率,则:

$$D''_H = D_H(1-P_{HL})(1-P_{HK}) \tag{6.27}$$

$$D''_L = D_L(1-P_{LK}) + D_H P_{HL} \tag{6.28}$$

$$D''_K = D_H P_{HK} + D_L P_{LK} + D_K \tag{6.29}$$

3. 需求双向转移行为下的可召回机制模型需求修正

根据上述分析,考虑客户需求存在双向转移行为的情况,转移后的实际客户需求分别为:

$$D'''_K = (D_H P_{HK} + D_L P_{LK} + D_K)(1-P_{KL}) \tag{6.30}$$

$$D'''_L = [D_L(1-P_{LK}) + D_H P_{HL} + (D_H P_{HK} + D_L P_{LK} + D_K)P_{KL}](1-P_{LH}) \tag{6.31}$$

$$D'''_H = D_H(1-P_{HL})(1-P_{HK}) + [D_L(1-P_{LK}) + D_H P_{HL} + (D_H P_{HK} + D_L P_{LK} + D_K)P_{KL}]P_{LH} \tag{6.32}$$

结合表 6-8,得到修正的可召回机制模型如表 6-9 所示。

表 6‑9 修正的可召回机制模型收益情况

	第一阶段 $(0,T_1)$	第二阶段 (T_1,T_2)	第三阶段 (T_2,T_3)
机票种类/价格	可召回票/P_K	低价票/P_L	高价票/P_H
舱位分配数	K	$L'_K=\theta(C-V'_K)$	$C-S'_K$
支付意愿	$r_K \sim U[a_K,b_K]$	$r_L \sim U[a_L,b_L]$	$r_H \sim U[a_H,b_H]$
修正需求数	D'_K	D'_L	D'_H
实际销售数	$V'_K=\min\{D'_K,K\}$	$S'_K=\min\{D'_L,L'_K\}$	$W'_K=\min\{D'_H,C-S'_K\}$
召回数量	0	0	$Q'_K=\min\{V'_K,(D'_H+V'_K+S'_K-c)^+\}$
收益值	$P_K V'_K$	$P_L S'_K$	$P_H W'_K - P_L Q'_K$

因此,航空公司某航班实施可召回机制后总收益为:

$$R'_K = P_K V'_K + P_L S'_K + P_H W'_K - P_L Q'_K \tag{6.33}$$

6.5 多航段舱位控制模型

6.5.1 基本概念

航路:经政府有关当局批准的、飞机能够在地面通信导航设施指挥下沿具有一定高度、宽度和方向在空中作航载飞行的空域,就称为航路(Air Way)。

航线:民航运输企业在获得航空运输业务经营许可证之后,可以在允许的一系列站点(即城市)范围内提供航空客货邮运输服务。由这些站点形成的航空运输路线,称为航线(Air Route)。航线由飞行的起点、经停点、终点、航路、机型等要素组成。

航段:航段通常分为旅客航段(Segment,简称航段)和飞行航段(Leg,通常称为航节)。旅客航段指能够构成旅客航程的航段;飞行航段是指航班飞机实际飞行的航段。

航班:按照民航管理当局批准的民航运输飞行班期时刻表、使用指定的航空器、沿规定的航线在指定的起迄经停点停靠的客货邮运输飞行服务,称为航班(Flight Service)。航班用航班号标识其具体的飞行班次。

从图 6‑14 可以发现航班从北京(BJS)出发,经过中国香港(HKG)达到曼谷(BKK),称为航线 BJS-HKG-BKK。一家飞机从 BJS 到 HKG,再从 HKG 到 BKK,经历了两个飞行航段,称为航节 BJS-HKG(简称 Leg-BJSHKG)和航节 HKG-BKK(简称 Leg-HKGBKK)。但是,我们也发现站在旅客角度,可能存在三类旅客,第一类旅客从 BJS 到 HKG,第二类旅客从 HKG 到 BKK,第三类旅客从 BJS 到 BKK。换句话说,有三个旅客航段,即 Seg-BJSHKG,Seg-HKGBKK,Seg-BJSBKK。

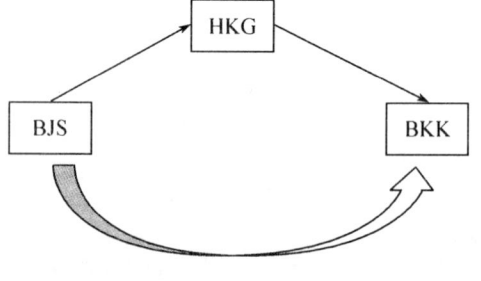

图 6‑14 行程说明

如果一个航节,存在一个旅客航段,很容易运用 EMSR 方法进行舱位的优化分配。但如图 6‑14 所示,Leg-BJSHKG 承载着 Seg-BJSHKG 和 Seg-BJSBKK,那么如何进行优化分配呢?下面就此类问题提供两种解决方案。

6.5.2 基于规划模型的座位优化分配的 Excel 实现

已知航线 ABC,AB 段票价为 1 000 元,BC 段的票价为 1 200 元,AC 段票价为 2 000 元。

从图 6-15 可知,当某航班上仅有一个舱位时,因为,AB 票价<AC 票价,从舱位优化的角度讲,显然该舱位应该留着 AC 段旅客。但从航线 ABC 而言,我们发现(AB 票价+BC 票价)>AC 票价,如果把该舱位留给 AC 段旅客,就有可能损失收入 200 元(=1 000+1 200-2 000)。针对此类问题,我们可以建立线性规划模型来求解。

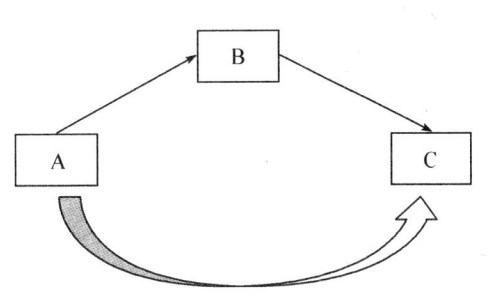

图 6-15 行程说明

在图 6-14 的基础上,设定该航班总舱位数为 200,其余信息如表 6-10 所示。

表 6-10 各旅客航段票价及需求情况

航 段	舱位等级	票 价(元)	舱位需求数	舱位分配数
AB	Y	1 000	60	X1
	K	800	80	X2
BC	Y	1 200	30	X3
	K	960	50	X4
AC	Y	2 000	100	X5
	K	1 600	200	X6

根据表 6-10,建立线性规划模型:

max $Y = 1\,000x_1 + 800x_2 + 1\,200x_3 + 960x_4 + 2\,000x_5 + 1\,600x_6$

s.t. $\begin{cases} 0 \leqslant x_1 \leqslant 60 \\ 0 \leqslant x_2 \leqslant 80 \\ 0 \leqslant x_3 \leqslant 30 \\ 0 \leqslant x_4 \leqslant 50 \\ 0 \leqslant x_5 \leqslant 100 \\ 0 \leqslant x_6 \leqslant 200 \\ x_1 + x_2 + x_5 + x_6 \leqslant 200 \\ x_3 + x_4 + x_5 + x_6 \leqslant 200 \\ x_i(i=1,2,3,4,5,6) 为整数 \end{cases}$

上述可以用运筹学知识解决此题,这里我们运用 Excel 方法来求解。

(1) 进入 Excel 2010 之后,把表 6-10 输入 Excel,如图 6-16 所示。

(2) D11 单元格中输入 SUMPRODUCT(D2:D7,F2:F7),表示航班总收益 Y。

$Y = 1\,000x_1 + 800x_2 + 1\,200x_3 + 960x_4 + 2\,000x_5 + 1\,600x_6$;

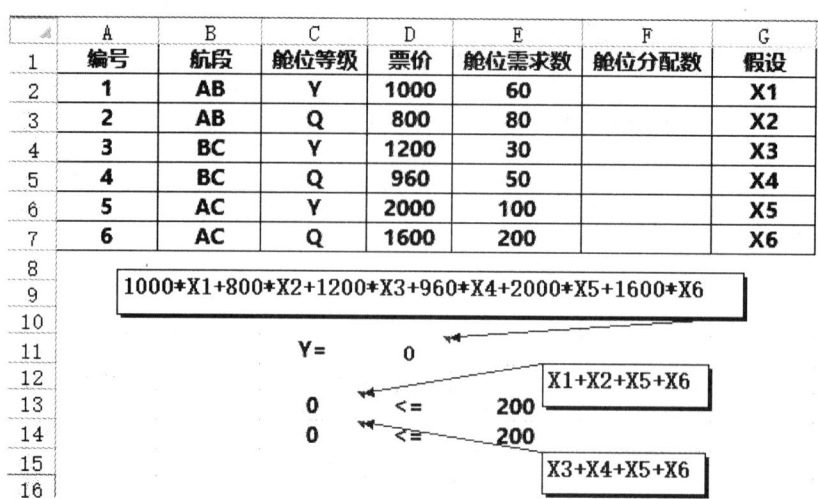

图 6-16 excel 输入数据

C13 单元格中输入 F2+F3+F6+F7，表示始发地 A 出发的舱位数之和，它受航班总舱位数约束；

C14 单元格中输入 F4+F5+F6+F7，表示中间点 B 出发的舱位数之和，它受航班总舱位数约束。

（3）输入后点击"数据"栏，在"数据"栏中找"规划求解"菜单，点击"规划求解"，出现"规划求解"界面，输入参数如图 6-17 所示。

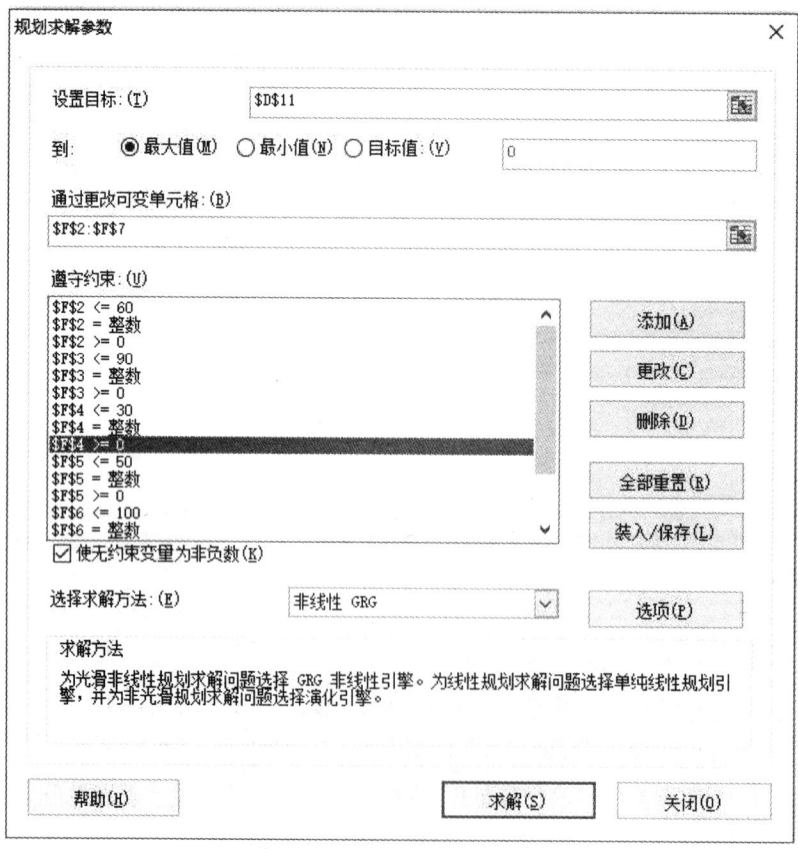

图 6-17 规划求解设置界面

(4) 最终舱位分配结果如图 6-18 所示,总收益为 392 000 元。

编号	航段	舱位等级	票价	舱位需求数	舱位分配数	假设
1	AB	Y	1000	60	60	X1
2	AB	Q	800	80	20	X2
3	BC	Y	1200	30	30	X3
4	BC	Q	960	50	50	X4
5	AC	Y	2000	100	100	X5
6	AC	Q	1600	200	20	X6

图 6-18 最终舱位分配方案

6.5.3 基于机会成本的多航段舱位优化的 Excel 实现

在前面的内容中已经提到了 EMSR-a 和 EMSR-b 方法,还有一种思想,就是基于机会成本的决策思路,称为 EMSR-c 法。其核心思想是增加一个需求能够带来的边际收益,这个边际收益相当于这个舱位的机会成本 $V(n)$,只有当某等级的票价大于这个机会成本时,才会给该等级分配舱位。EMSR-a 法和 EMSR-c 方法是相同的。因此对于多航段来讲,只有当航段舱位等级票价大于其所占用航段上的机会成本之和,才给航段分配舱位。

1. 长短航段不分离计算

已知多航段如图 6-14 所示,又知航段的剩余运力、各航段舱位等级运价、舱位需求情况及各航段舱位等级的分布参数如表 6-11 所示。

表 6-11 各旅客航段票价及需求分布情况

航 段	舱位等级	票 价(元)	舱位需求均值	舱位需求标准差
AB 剩余运力 15	Y	1 000	3	1
	K	800	8	4
	M	700	10	5
BC 剩余运力 18	Y	1 200	2	1
	K	960	7	3
	M	840	8	3
AC	Y	2 000	3	1
	K	1 600	5	2
	M	1 400	7	3

下面用 Excel 求解各航段上剩余舱位的期望边际收入(以 AB 航段为例,其余航段同理可得)。

(1) 进入 Excel 2010 之后,把表 6-11 输入 Excel,如图 6-19 所示。

收益管理

	Q	R	S	T	U
1	航段	舱位等级	票价	舱位需求均值	舱位需求标准差
2	AB (剩余运力15)	Y	1000	3	1
3		K	800	8	4
4		M	700	10	5
5	BC (剩余运力18)	Y	1200	2	1
6		K	960	7	3
7		M	840	8	3
8	AC	Y	2000	3	1
9		K	1600	5	2
10		M	1400	7	3

图 6-19 计算原始数据

(2) 计算 AB、BC 航段第 s 个舱位的机会成本。

以 AB 航段计算为例,同理可计算出 BC 航段第 s 个舱位的机会成本。

第一步,计算 Y 等级舱位的第 s 个舱位的期望边际收益 EMSR。

$$EMSR_Y(s) = P_Y * \int_{s_Y}^{\infty} P_Y(D_Y) d_{D_Y}$$

操作步骤如下:在 B2 单元格中输入(1-NORM.DIST(A2,T2,U2,TRUE)),B2 单元格表示,在 AB 航段等级 Y 的需求超过 1 个舱位的概率。在 C2 单元格中输入 ROUND(B2*S2,4)(表示保留 4 位小数),C2 单元格表示在 AB 航段等级 Y 的第 1 个舱位期望边际收益。同理可得到第 2 个舱位,第三个舱位,直至第 15 个舱位的期望边际收益。计算结果如图 6-20 所示。

	A	B	C
1	第s个舱位	需求超过s的概率	ABY边际收益
2	1	0.977249868	977.2499
3	2	0.841344746	841.3447
4	3	0.5	500
5	4	0.158655254	158.6553
6	5	0.022750132	22.7501
7	6	0.001349898	1.3499
8	7	3.16712E-05	0.0317
9	8	2.86652E-07	0.0003
10	9	9.86588E-10	0
11	10	1.27987E-12	0
12	11	6.66134E-16	0
13	12	0	0
14	13	0	0
15	14	0	0
16	15	0	0

图 6-20 ABY 的期望边际收益结果

同时,我们可以求得 AB 航段 K 舱的边际期望收益,AB 航段 M 舱的边际期望收益。结果见图 6-21。

对 AB 上所有舱位等级的第 s 个舱位能够带来的 EMSR 从大到小排序,从而得到 AB 航段第 s 个舱位的机会成本,结果见图 6-22。

第s个舱位	ABY边际收益	ABK边际收益	ABM边际收益
1	977.2499	767.9527	674.8488
2	841.3447	746.5542	661.6405
3	500	715.4802	643.4703
4	158.6553	673.0758	619.4512
5	22.7501	618.6981	588.9413
6	1.3499	553.17	551.7012
7	0.0317	478.9651	508.0228
8	0.0003	400	458.7952
9	0	321.0349	405.4818
10	0	246.83	350
11	0	181.3019	294.5182
12	0	126.9242	241.2048
13	0	84.5198	191.9772
14	0	53.4458	148.2988
15	0	32.0473	111.0587

第s个舱位	机会成本
1	977.2499
2	841.3447
3	767.9527
4	746.5542
5	715.4802
6	674.8488
7	673.0758
8	661.6405
9	643.4703
10	619.4512
11	618.6981
12	588.9413
13	553.17
14	551.7012
15	508.0228

图 6-21 AB 航段各舱位等级的第 S 个舱位的 EMSR   图 6-22 AB 航段机会成本

(3) AC 航段机会成本计算。

从航线 ABC 发现,AC 航段占用了 AB 和 BC 两个航段,所以 AC 航段第 s 舱位的机会成本等于 AB 航段的机会成本和 BC 航段的机会成本之和。有一点要注意,AC 航段的第 s 舱位($s=1,2,\cdots,15$,因为 AC 航段从 A 点始发,AB 航段剩余运力为 15,所以 s 的取值最大为 15)的机会成本是最低的机会成本(比如 AC 航段第 1 个舱位的机会成本 $=977.25+872.44=1\,849.69$)。AC 航段的机会成本计算结果如表 6-12 所示。

表 6-12 AC 航段机会成本

第 s 个舱位	AB 航段的机会成本	BC 航段的机会成本	AC 航段的机会成本
		1 009.61	
		938.16	
		914.12	
1	977.25	872.44	1 849.69
2	841.34	831.76	1 673.10
3	767.95	820.89	1 588.84
4	746.55	807.69	1 554.25
5	715.48	799.86	1 515.34
6	674.85	763.38	1 438.23
7	673.08	717.61	1 390.68
8	661.64	706.73	1 368.37
9	643.47	627.91	1 271.38
10	619.45	605.34	1 224.79

续 表

第 s 个舱位	AB 航段的机会成本	BC 航段的机会成本	AC 航段的机会成本
11	618.70	600.00	1 218.70
12	588.94	529.67	1 118.61
13	553.17	480.00	1 033.17
14	551.70	420.00	971.70
15	508.02	354.66	862.69

(4) 高等级舱位保护数的计算(嵌套式控制方式计算)。

EMSR-c 的思想是只有当某等级的票价大于这个机会成本时,才给该等级分配舱位。所以,AB 航段 Y 舱的票价为 1 000 元,大于 AB 航段所有舱位的期望边际收益,所以 AB 航段 Y 舱位可以获得所有舱位数。而 K 等级票价为 800 元,大于其中 13 个舱位的期望边际收益,所以可以获得 13 个舱位。M 等级票价为 700 元,大于其中 10 个舱位的期望边际收益,所以可以获得 10 个舱位。如表 6-13 所示。因为,高等级舱位保护水平=高等级可获得舱位数-较低等级可获得舱位数,所以得到 AB 航段 Y 等级舱位保护数为 2(=15-13)。

表 6-13 各航段舱位分配

航 段	舱位等级	可获得舱位数	保护水平
AB 剩余运力 15	Y	15	2
	K	13	3
	M	10	
BC 剩余运力 18	Y	18	1
	K	17	3
	M	14	
AC	Y	15	2
	K	13	4
	M	9	

2. 长短航段分离式计算

在上文中,我们发现并没有考虑 AC 航段的需求情况。但是一旦考虑 AC 航段的需求情况,问题就会变得非常复杂。AC 航段、AB 航段的相互关系的梳理与计算将是一个大难题,所以本节考虑 AC 和 AB 航段分离控制。计算思路如下:

第一步,根据 AC 航段的需求情况计算 AC 航段的机会成本。

第二步,把第一步的计算结果与上文中 AC 航段的机会成本比较,判断应该在 AB 航段中保留多少舱位给长航段 AC。从表 6-14 中发现,通过 AC 航段需求计算发现 AC 航段机会成本最低期望 1 272 要比上文 AC 航段机会成本的最高 1 271.37 高,从而我们判断,可以有 7 个舱位留给长航段 AC。

表 6-14 AC 航段机会成本均衡

AC 航段的机会成本	前文 AC 航段的机会成本
1 954	1 849.687 13
1 683	1 673.099 82
1 564	1 588.842 59
1 493	1 554.245 16
1 368	1 515.336 3
1 346	1 438.231 38
1 333	1 390.682 96
1 272	1 368.370 09
1 178	1 271.376 57
1 106	1 224.787 51
1 047	1 218.698 1
1 000	1 118.610 57
883	1 033.17
800	971.701 2
700	862.686 487

第三步,高等级舱位保护数的计算(混合式控制方式计算),如表 6-15 所示。

表 6-15 各航段舱位分配

航 段	舱位等级	可获得舱位数	保护水平
AB 剩余运力 15	Y	8	2
	K	6	3
	M	3	
BC 剩余运力 18	Y	11	1
	K	10	3
	M	7	
AC	Y	7	2
	K	5	2
	M	3	

6.6 舱位控制机制柔性前沿

舱位控制是航空收益管理中的一个核心问题，航空公司根据乘客的需求差异，将飞机的可用乘坐舱位划分为不同的等级进行销售，通过将合适的舱位分配给合适的乘客以获得企业的最大收益。自英国的 Littlewood 提出两种票价舱位控制问题的静态决策准则（后来被广泛称之为 Littlewood 准则）之后，国内外学者对航空舱位控制问题进行了广泛而深入的研究。然而，在实际运用这些舱位控制模型和策略进行决策时，必须首先对顾客的到达率、退订率和登机率等需求参数做出预测。舱位控制策略的实施对需求预测精度有极大的依赖性，但是航空市场需求的波动性使得需求预测难以做到精确。需求预测的偏差造成了乘客需求与航空公司舱位供给不匹配，导致运用理论上的最优策略难以达到最大化期望收益，有时甚至收益很差，致使收益管理系统的实施效果大打折扣。

航空运输业开始了一场新的舱位控制的研究与应用革命，探索和实践新的舱位控制方法——"柔性"舱位控制方法（此处的"柔性"是指产品的服务模式并非在购买时确定，而是当产品售出后由服务提供者来确定），以期在存在需求预测误差或仅掌握部分需求信息时，能够主动管理需求波动，规避被动地依据刚性的需求预测安排固定舱位所带来的风险，并以多样化的舱位控制机制与顾客的适应性进行博弈。

目前，已有许多基于"柔性"思想的舱位控制方法被提出并用于航空公司的收益管理中，例如舱位控制的超订机制（Overbooking System）、可召回机制（Callable System）、灵活机票[包括不定期机票（Aperiodic Ticket）、不透明销售（Opaque Products）、概率销售（Probabilistic Products）]控制机制、等待票机制（Standby System）、驱赶策略（Bumping Strategy）、最后一分钟折扣机制（Last-minute Discounts System）、重新安排航班机制（The Replane Concept）等。这些柔性舱位控制机制已经不同程度地被国内外航空公司采用，并取得了一定的经济效益。

针对各种柔性舱位控制机制，在前述各项研究的基础上，对旅客需求及其消费行为进行研究，在不同的销售环境下为各种柔性舱位控制机制进行产品设计，并尝试开发新的柔性舱位控制机制，不断提高航空公司收益管理的管理水平和服务水平，这些对提高民航客运的经营水平和收益管理水平都具有重要的实践意义。

与此同时，由于差别定价是舱位优化控制的基础，如果只有一种价格，就无所谓舱位优化控制。因此，舱位优化控制一定要和价格结合在一起考虑，所以实际上，舱位优化控制应该是价格与舱位的组合优化控制。

歧视价格原理是航空公司依据每个细分市场所具备的不同特性来确定不同机票价格级别的过程，也就是决定"价格产品"的不同价格及其适用条件；舱位控制的目的则在于决定每个航班中不同"价格等级"可利用的舱位数量，其过程主要是通过舱位的超售、分配折扣舱位的数量以及旅客的行程管理来完成的。

经过高效的市场细分对于航空企业在日益严峻的市场竞争环境中，发现不同层次旅客群体的需求特性，调整竞争因素结构，如航空公司产品、价格等；确立航空公司品牌效应，树立忠诚度，增强服务吸引力。对航空需求市场的细分有利于分析发掘新的市场机会，进而制定最佳销售战略、最优营销策略,最终可以提高航空公司的竞争能力,有效地与竞争对手抗衡。国外航空公司对于需求市场的细分愈来愈细化,越多的细分市场就意味着提供更多的票价等级给不同需求层次的消费者,从而越接近航空公司销售多等级票价的理想模式,以刺激需求来使得剩余座位以低价销售,这样就可以增加航空公司的收益。

  航空公司需要在既保证乘坐高票价等级的乘客不会去购买低票价等级的舱位,同时又能避免航班在起飞时过多地剩余舱位的情况下根据固定起飞时间,固定座位数的航班根据市场的需求对同一航班上的舱位划分为不同价格的舱位等级。每个等级的舱位有不同的限制条件,只要低等级票价可以弥补本次航班的边际成本,就可以将舱位销售给对低舱位有需求的乘客;秉承座公里最大的准则,以最大可能售出的票价填充每一个座位,达到总收入最大。然而值得一提的是,平均客公里收入的最大化跟航班总收入最大化并不能画上等号。通常情况下,合理地运用舱位控制方式进行有效的管理,随着航班总收入(Revenue)的增加将会大幅度带动每个航班平均客公里收入(Yield)的增加。但在航班舱位控制过程中,单方面地强调平均客公里收入,一味地限制低运价旅客订座,就会造成航班载运以及总收入的下降;反之,如果过分强调提高客座利用率则势必需要销售大量的折扣机票,平均客公里收入将因此降低,进而同样会减少航班总收入。目前我国就过分强调了客座率,而忽略了总收益值。航空客运收益管理则强调平均客公里收入与航班客座率的平衡,而不是片面地强调其中的某一项,其目的在于将航班总收入最大化。

  既然票价有高有低,那么哪些票价多卖点舱位,哪些票价少卖点舱位,对航班的整体收益影响很大。收益管理就是利用好有限的舱位。价格与舱位的这种优化组合包括3个环节:

(1) 制定科学合理的多等级票价;

(2) 严格执行各种折扣票价所使用的限制条件;

(3) 在上述两项的基础上借助收益管理预测与优化系统来合理调整高低等级票价所对应的舱位可售数量。

  从博弈角度分析,不仅要看到航空公司差别定价在非竞争市场中能够得到有效的开展,也要看到在竞争市场中所可能发生的情况,主要可能是如果各家航空公司都为了各自的利益竞相降价来获得眼前短暂的利益,最后将导致整个体系的崩溃。而如果相互采取统一合理的价格,那结果就好得多。

  以低成本航空公司(以下简称LCC)模式为例,LCC对传统航空公司在价格和产品提供方面产生的深远影响的态势将继续保持。LCC在市场上建立低价格的刺激性票价,以实现一个比较小的利润空间。同时低票价的刺激作用通常也导致高客座率的运营,其结果是创造足以为LCC带来不错利润收入的客英里数据。传统航空公司通常在市场的低折扣票价舱位与LCC竞争,再用收益管理来控制这些低折扣票价所销售的舱位数。然后传统航空公司在高票价舱位保留合理的舱位数(这部分不是LCC的目标),并且通过抓住常旅客群体而获得更高的收益。这种做法主要是基于以下认识:旅客对低票价舱位的需求量往往会超过航空公司现有的运力,为了在实现收益最大化的前提下尽可能提高航班的舱位利用率,航空公司会对同一架航班设置不同的价格等级加以限制。这时,航空公司会根据旅客需求的历史数据,对旅客的票价需求,旅客到达的分布率,预测不同价位的旅客需求,然后再结合特定日期和特定航班的运力、当前的订座状况、旅客需求特点以及市场竞争的价格策略等因素,从高到低依次确定不同价位的舱位存量保护水平。但航空客运业内仍然普遍存在高空座率、高成本、低竞争力的问题,并有愈发明显的迹象。在这样一个背景下,从国外大型航空公司成功转型的经验出发,提出了收益管理可以有效解决航空客运当前面临的一系列问题,对差别定价和座位优化控制做好衔接,将两者有效配合,并有效配置资源,从而演化为航空公司的自身优势,提高航空客运的经济效益和管理水平,进而提高航空公司的竞争能力。

今后,随着民航改革的不断深入,各航空公司为争取较高客座率水平,还会采取更加灵活的促销手段。但可以肯定地说,仅仅以多种折扣来提高客座率实际上已经偏离收益管理本身的目的,只会演变成恶性竞争的手段。对于中国航空企业来说,不断学习、研究收益管理,有效利用收益管理,合理搭配使用收益管理中的各组成要素,才是提高竞争力的根本。

▎本章思考题▎

1. 何为舱位优化控制?其限额结构有哪些?
2. 已知舱位需求情况如下表所示。

含 义	等 级	需 求
全价格	Y	30
折扣价格	Q	50
高度折扣	V	70

要求:
(1) 嵌套式控制方式的分配方案;
(2) 分离式控制方式的分配方案。

3. 已知有两种票价,基本信息如下表所示,请用 Littlewood 法则计算高等级舱位的保护水平。

航班舱位总数	150	
高等级票价	1 000	
低等级票价	400	
高等级需求服从正态分布	u	50
	sigma	10

4. 已知某航线信息及需求情况如下表所示,请用线性规划方法求解舱位分配数。

编 号	航 段	票价等级	票 价(元)	舱位需求
1	SFODIA	Y	150	30
2	SFODIA	Q	100	60
3	DIASTL	Y	120	20
4	DIASTL	Q	80	80
5	SFOSTL	Y	250	30
6	SFOSTL	Q	170	40

微信扫码,
加入【本书话题交流群】
与同读本书的读者,讨论本书相关话题,交流阅读心得

第 7 章　团体旅客的收益管理

本章关键字

团体旅客(Group Passenger)　　机会成本法(Opportunity Cost Method)
团体评估(Group Assessment)　　航班安排(Flight Schedule)

教学重点

1. 细分团体旅客市场的意义。
2. 团体旅客的定义及其特点。
3. 基于机会成本法的团体票价估算。
4. 团体旅客的接收策略分析。
5. 团体旅客的航班安排策略。

> 团体旅客占航空旅客的比重大，目前各公司航空产品缺乏差异性，散客缺少忠实度，流动性很高，所以如何通过团体收益管理防止团体旅客冲击高收益的散客，又能尽量利用航班的空余座位，摆到了各个公司面前。团体旅客管理得当，可以有效提升航空市场占有率，并拓展出新的客源，使航空公司在激烈的竞争中赢得市场主动权。

7.1　团体旅客

7.1.1　细分团体旅客市场的意义

在理论上，收益管理理论以运筹学、市场学、经济学、管理学、信息学等多学科理论为基础，Talluri 和 Van Ryzin 根据经济学的需求理论，把收益管理定义为需求决策管理，即对市场需求进行决策管理的过程，核心是决定在何时、何地以何种价格向谁提供产品或服务，通过扩大顾客需求来提高企业收益，是对供应链管理的必要补充。这个定义体现了市场细分对提高收益的重要性。

现代营销观念认为，要在竞争激烈的市场中获胜，每个企业都必须分割总体市场，回避劣势，选择最好的细分市场，制定目标战略，以便以优于对手的方式服务于选定的细分市场，获取利润。

所谓市场细分，就是营销者通过市场调研，根据消费者对商品的购买力、需求、购买态度以及购买习惯等方面的不同特征，把消费者整体市场划分为具有相似性的若干不同的购买群体——子市场,每个顾客群都具有某些相同的需求或欲望。使企业可以从中认定其目标市场的过程和策略。市场细分是企业选择目标市场、制定营销战略和市场定位的基础,企业要顺应市场经济逐步发展和完善。实现企业核心业务的最大化就应该充分认识市场,研究市场细分,挖掘潜在市场,选定目标市场,并制定相应的营销策略,采取有效的营销措施。细分市场有下列好处和作用:

(1) 有利于企业确定自己的目标市场。目标市场能否正确选择,直接决定着企业今后一系列发展战略的确定;决定了企业今后若干年发展后劲的"先天条件"。所以商业企业必须在深入进行市场细分化的基础上,寻找一个理想的目标市场。目标市场的确定恰当与否,是关系到企业目标任务是否能完成、企业市场营销战略制定与实现的首要问题。而一个理想的目标市场的选择又必须依据科学的市场细分策略。只有通过市场细分,才能将总体的大市场划分为若干个子市场,企业才能根据自己的各方面条件做出正确的选择。

(2) 有利于开拓新市场。市场营销机会是已出现于市场但尚未加以满足的需求,这种需求往往是潜在的,一般不易发现。企业对市场的占有不是轻易就能拓展开来的,必须从小到大逐步拓展。通过市场细分,企业对每个细分市场的情况有了更清楚的认识;掌握不同细分市场中顾客的需求,发现消费者未满足的需求。根据这些情况,结合不同细分市场的竞争状况,企业可以发现有利的市场营销时机,开拓新市场;当占领这些子市场后再逐渐向外推进、拓展,从而扩大市场占有率,使企业赢得市场主动权。

(3) 使企业集中人、财、物和信息等资源条件投入目标市场,有利于企业合理配置资源。企业通过市场细分,选择符合自己经营目标的细分市场,集中有限的营销能力最大程度地满足市场需要和优化资源配置。分配资源,明确市场细分第一目标、第二目标和第三目标后才能调配企业的人、财、物等资源,才能使有限的资源产生最大化的效益。其次,了解不同细分市场的顾客对市场营销措施反应的差异,以及对产品的需求状况,有利于企业对不同细分市场进行营销预算的分配。把资源用于适当的地方,避免企业资源的浪费,以提高营销活动的效益最大化。

(4) 有利于企业制定市场营销战略,开展有针对性的营销活动。市场营销战略包括选定目标市场和决定适当的营销组合两个基本观念。在实际应用上,有两种途径:① 从市场细分到营销组合,即先将一个异质市场细分为若干个"子市场",然后从若干子市场中选定目标市场,采取与企业内部条件和外部环境相适应的目标市场策略,并针对目标市场制定出不同的市场营销组合策略和销售的方法,指导企业的销售人员和销售队伍,明确主攻方向,而不是见到一个人就把他拉过来,认为他是自己的客户,从而使企业有比较灵活的应变能力。② 从营销组合到市场细分,即在已建立了营销组合后,对产品组合、分销、促销及价格等做出多种安排,将产品投入市场试销,再依据市场反馈的信息,研究消费者对不同营销组合的反应有何差异,进行市场细分。选定目标市场,再按照目标市场的需求特点,调整营销组合。同时,在细分市场上,信息反馈灵敏。一旦消费者需要发生变化,企业就可以迅速根据变化了的情况改变原来的营销组合策略,制定出相应的对策,使营销组合策略适应消费者不断变化的需求。

市场细分的理论基础是市场"多元异质"理论。这一理论认为,消费者对大部分产品的需求是多元化的,是具有不同质的要求的。需求本身的"异质性"是市场可能细分的客观基础。实践证明,航空运输市场属于异质市场,这是由航空旅客的需求差别所决定的。同一个物理座位,可以出售给不同类型不同需求的旅客。在整个航空客运市场中,团体旅客的比重很大,特别在国内市场和一些国际市场中,团体旅客的比例平均能达到15%以上;在一些国内航线,特别是一些旅游航线上,团体比例超过了80%。团体旅客作为航空客运细分市场中的一个重要组成部分,属于散客与团体分类中的一个大类。团体旅客由于某一种共同的旅行目的而组织在一起,通过某单位或者个人统一安排旅行的行程和住宿,统一购买机票,统一办理乘机手续等。为了提前安排好各项计划,组织者总是在旅行前一段时间,提前购买好团体的飞机票,这类团体消费群体有着和个人消费者之间明显的区别。当前团体旅客尚有不少未加满足的需求,如果航空公司对团体旅客的市场管理得当,进而对整个航空市场的占有就能拓展开来,逐步扩大市场占有率,使航空公司在激烈的竞争中赢得市场主动权。

7.1.2 团体旅客的特点

根据民航总局规定,团体旅客是指统一组织的人数在10人(含)以上,航程、乘机日期、航班和舱位等级相同,并按团体票价支付票款的旅客。团体旅客购票只限在航空公司售票处及经批准的销售优惠机票的销售代理点购买,实行一人一票,票面加注"团"字标识。在1998年以前,航空公司还没有实行多等级票价,按照民航总局的规定,国内散客的票价都是公布票价的全票价格,而团体可以享受公布票价9折的优惠。但是从目前的情况来看,团体的价格基本上还是由航空公司来决定。

根据以上的定义,团体旅客有一定的人数要求,团体中的所有旅客需要统一行动。航空公司对团体的座位申请也制定了一定的订、购票的限制。团体旅客的类型多种多样,但是归纳起来有两大类:临时团和系列团。临时团通常是指为某一特定目的而临时组织起来的团体,如会议代表、比赛团体、考察团、谈判团等。临时团的行程可能是单程的,也可能是双程的。系列团一般来自与航空公司有合约的旅行社、代理人、中间商等。

从团体消费者旅行目的来分,团体消费群体又可以细分成许多不同的消费群,团体消费者以休闲旅游的团体为主,也有会议团体、参加比赛的团体,还有组织参观的团体、考察团、表演团等,这些团体之间由于目的的不同,而呈现出不同的特点和消费习惯。休闲旅游的团体对价格更加敏感,是对时间和路线的要求最低的一类;参加体育比赛的团体对时间和路线的要求比较高,而对价格相对不怎么敏感,是团体旅客中的公商务类。

从旅行者的职业来分,团体旅客可以分为学生团、退休人员团、去外地工作人员等,这类团体由于职业不同呈现不同的特点和消费习惯。对于学生和去外地工作人员来说,行程的日期一般是确定的,譬如学生开学的时间,去外地工作人员的上班时间都是确定的,而且大都是在航班旺季。外出工作人员由于假期较短,对时间要求较高,必要时,愿意用高价换取时间;学生由于假期时间较多,一般对价格比较敏感,对航班路线以及旅行时间不太在意,只要能在指定的时间到达即可;退休人员团体的时间比较多,他们对价格的敏感远远高于对时刻、路线的安排,一般会选择淡季出行。

要想对团体旅客进行有效的管理,首先要了解团体旅客的特征。当然,不管是临时团还是系列团,它们具有团体的共同特征:

(1) 团体旅客因为人数较多,所以通常提前组织确定行程,因此订票时间较散客要早很多并且占据的座位较多。国内目前团体旅客订座时间都在航班起飞前10~30天左右,而航空公司计划团队甚至得提前半年申请,相比目前国内航班散客集中在起飞前一周以内,所以团体旅客一般在散客还没有进入销售期的时候申请,这个时候航班空位较多,价格较低。

(2) 团体旅客价格通常低于散客价格,往往是航班的最低价格,国内航空公司一般有专门的团体舱位,团队价格也是固定的,但是因为供过于求,使得旅行社有一定的议价空间,仍然主要是每个团体单独询价。国外航空业则是采取每个团体都单独定价的策略。但是不管怎么样,团体旅客的价格较散客低是一个共同的现象。

(3) 不同于散客,团体旅客对航班的时间和路线相比散客要求要低。因为目前国内旅游市场主要是旅行社等提供中介服务,所以客人往往被动接受行程安排。国内旅行社往往首要关注的是价格,为了降低行程费用,他们不在乎是早上还是晚上的航班,甚至中途转机也无所谓。只要折扣达到他们的预期,他们在具体的航班时刻和线路上可以做出让步。所以为了增加收益,航空公司通常会降低价格增加吸引力。

(4) 不同于散客经常出现 No-show 现象,团体旅客成行率普遍很高,比如参加比赛或会议的团体客人一般不会出现 No-show,即使旅游团偶尔可能出现少量的 No-show,但是因为旅客数量多,对航空公司航班不具有很大影响,所以目前国内航空公司对团体 No-show 规定有别于散客,非航空公司原因导致的团体票一旦 No-show,则没有成行的机票作废,也从侧面保证了团体成行率。

前两个特点导致管理人员在接受团体订座时面临着许多难题,航班有座时,是把座位留给订座较晚但价格较高的散客,还是订给价格较低、取消率难以判断的团体?若订给团体,应向团体索要多高的价格才能弥补以后要拒绝的散客的损失?这些问题的解决方式直接影响了航空公司的收入。第三个特点为航空公司对团体旅客有足够的灵活性,为满足团体提出的低价格,航空公司可以协调使用航线网络合适的需求较低的航班。

7.1.3 团体收益管理的意义

在旅游航线或商旅航线的非主流时刻,团体旅客占航空旅客的比重较大。比如,国内运输量排名靠前的机场都是团体旅客集中的,比重基本上都超过50%;又比如中国至日本、韩国以及东南亚国家的一些热点城市的国际航班中,团体旅客比重高达50%,甚至接近90%。同时目前各公司航空产品缺乏差异性,散客缺少忠实度,流动性很高,在散客管理缺少有效手段的背景下,团体旅客的收益管理就必然成为中国航空公司关注的重中之重。

尽管国内各航空公司已经意识到了团体收益管理对公司整体收益提高的巨大作用,但是目前对这一问题的研究还是比较薄弱的。究其原因,收益管理理论起源于国外,而国外航空市场已经进入了散客为主的时代,所以国外目前研究集中在散客上。而国内虽然是团体旅客为主流,但市场还处于初级阶段,各航空公司之前重视度不够,使得相关的研究较为薄弱。团体旅客相比普通散客订座数量较多、时间较早、折扣较高,而目前大多数航班又需要团体作为补充,所以如何通过团体收益管理防止团体旅客冲击高收益的散客,又能尽量利用航班的空余座位,摆到了各个公司面前。团体收益管理已经成为目前国内航空公司走出困境的首要途径。

同时由于团体旅客一般经由中介组织在一起,所以就为团体旅客的管理提供了可操作性和便利性,团体不同于散客的目标难以确定,团体具有很强的针对性。航空公司可以通过定向的旅行社沟通,及时将航班的信息传递给旅行社,旅行社通过引导将潜在的旅客组织起来,这样航空公司就在一定程度上可以主导销售进度,将团体安排到航空公司需要的时间段的相应航班。团体提前安排好各项计划，或者总是在旅行前一段时间，提前购买好团体飞机票，这样团体旅客可以给航空公司一个充裕的调整航班销售力度的时间。比如根据航班订座的多少及时安排调整运力；根据团体订座在散客下销售期没有到来之前，提前调整价格等级，将低价客源转移到其他有需求的航班。因此，航空公司对团体市场管理得当，对整个航空市场的占有率就能得到有效的提升，同时若能有效拓展出新的客源，航空公司在激烈的竞争中就能赢得更多的市场主动权。

7.2 基于团体旅客的超售决策

7.2.1 超售的必要性

超售是指航空公司在飞机起飞前，在一个合理估计的基础上，让售票数量稍大于航班实际座位数。超售之所以必要，出于以下原因：

（1）航班座位的预售性。某些订妥航班座位的旅客常常由于某种原因临时取消或改变航程，容易导致航班座位虚耗。超售是把航班座位虚耗损失减少到最低程度的必要手段。

（2）航班座位不易储存。一旦飞机起飞，航空公司就不能从未满的座位中取回收益。所以航空公司必须在飞机起飞前，想方设法将其所剩座位销售出去，以追求收益最大。而销售出去的座位又可能因旅客行为的不确定性给航空公司带来不必要的损失，因此还需要通过超售来使航空公司的损失减到最少。

（3）超售是航空公司急旅客所急，以恰当的价格为旅客提供最恰当服务的需要。旅客中常常有一些订了座位而到时未登机者（No-show），这不仅造成座位的浪费，而且使想乘此航班的旅客失去了乘机的机会。而超售则为这一部分旅客提供了最需要的服务。

（4）超售是航空公司减少空位损失，提高收益的方法。通过超售，空位损失就可能减少，超售越多，空位损失的可能性越小。

7.2.2 超售、舱位管理与团体配合使用

如果仅仅是为了减少航班的空座损失，在航班起飞的较早时期，航线管理人员就开放低等级舱位来刺激需求，虽然可以实现满座飞行，但却不能实现收益最大，因为本可能成为高等级舱位的旅客由于管理不当移动到低等级舱位，就是航空公司收益的流失。但如果过晚开放低等级舱位，又可能因为航空需求本身的高价格弹性和与铁路运输之间的高交叉价格弹性，而丧失许多潜在需求，从而使收益流失。另外，在舱位管理方面还应认真分析把握升舱潜力，当需求量较大的经济舱供不应求时，应把经济舱的客人升入需求量不高的高等级舱位，经济舱以下的其余子等级舱位也依次类推，在供不应求时逐级升舱，这样既可以尽可能地把DB旅客减少到最低，又可以最大程度地保证航空公司的利益。

超售要和团体管理相结合，因为团体对航空公司的收益影响较大，如果价格合适，团体集体订票，对航空公司来说将是一笔不小的收益，通常团体的No-show率也低于散客。但如果多等级订价不到位、不科学，无法灵活发挥市场经济价格的杠杆作用，不足以刺激团体需求，或因其他原因取消订座，则是集体取消订座，因此，航空公司应有专门人员分析、调研

团体的消费行为,团体对价格、机型、时刻和服务的灵敏程度等,有效地吸引团体扩大消费,并有选择地证实团体订座行为。

7.3 团体定价

7.3.1 机会成本法估价

机会成本就是航班的散客置换价,也就是团体接收的最低价,即在有效的预测基础上接收这个团体会挤掉多少散客订座,这些散客票价之和就是此团体的机会成本。团体决策人员可以按照各航线的机会成本提供给团体客户不同的航线。航空公司与代理人协议价格时,也要参考这个数据。

一般航空公司接到团体申请时,应该马上考虑同一天中不同航班甚至隔天的所有航班,然后再根据当时各航班的订座情况以及对起飞当日旅客需求和订座情况的预测,通过现有数据的分析,计算出各个航班的机会成本。

例如,某代理人在航班起飞前50天向航空公司申请团体订座60个,当时各航班及订座情况如表7-1所示。

表7-1 各航班及订座情况

航班	机型(座位数)	起飞时间	订座情况	剩余座位数	票价(元)	系统预测起飞当日需求
1	767-200(255)	8:00	156	99	4 500	80
2	MD11(410)	10:20	205	205	5 000	190
3	A320(179)	15:30	80	99	4 800	78
4	737-300(275)	19:30	95	180	4 000	149

机会成本和团体应付最低票价的计算公式如下:

$$\text{机会成本} = \left(\text{航班剩余座位数} - \text{当日预测散客需求量}\right) \times 0 + \left[\text{团体申请座位数} - \left(\text{航班剩余座位数} - \text{当日预测散客需求量}\right)\right] \times \text{票价} \quad (7.1)$$

$$\text{各航班团体应付最低票价} = \frac{\text{机会成本}}{\text{团体申请座位数}} \quad (7.2)$$

根据以上信息各航班机会成本计算如下:

航班1:机会成本$=19 \times 0 + 41 \times 4\ 500 = 184\ 500$(元)

航班2:机会成本$=15 \times 0 + 45 \times 5\ 000 = 225\ 000$(元)

航班3:机会成本$=21 \times 0 + 39 \times 4\ 800 = 187\ 200$(元)

航班4:机会成本$=31 \times 0 + 29 \times 4\ 000 = 116\ 000$(元)

最低票价计算如下:

航班1:团体应付最低票价$=184\ 500 \div 60 = 3\ 075$(元)

航班2:团体应付最低票价 $225\ 000 \div 60 = 3\ 750$(元)

航班3:团体应付最低票价 $187\ 200 \div 60 = 3\ 120$(元)

航班 4：团体应付最低票价 116 000÷60＝1 934(元)

假设现有团体旅客的上机率为 100%(理想状态)，如果旅客指定了具体日期和航班班次，如指定了 10:20 起飞的航班，这时如果团体的出价高于 3 750 元就可以接收，否则拒绝。为了更好地提高整个航班效益，协商的票价高出 3 750 元越多，收益就越大。如果团体没有指定具体的航班班次，那么决策人员就尽可能地把这个团体安排在机会成本最低的航班上，也就是首选机会成本是 1 934 元的航班，若团体认为这个航班太晚而不能接受，就再考虑机会成本为 3 075 元的航班。总之，在满足团体客户要求的同时，尽可能选择机会成本较低的航班，最大限度地提高航空公司的收入。

机会成本估计也可以以期望边际舱位收益为基础，如果舱位让团队占用，期望边际舱位收益反映了团队占用这个舱位的机会成本。具体计算时，步骤如下：

(1) 多等级舱位按照 EMSR-c 混合排序；
(2) 机会成本和等于替代散客舱位数的期望边际收益之和；
(3) 团队最低票价＝机会成本÷团体申请座位数。

例如，已知某机型共有舱位数 90 座，现该机型执行 AB 航段任务，该航段上不同等级舱位的票价、需求信息如表 7-2 所示(假设服从正态分布)，现 AB 航段上接到 20 人的团体旅客，求该团体的最低票价。

表 7-2 航段需求信息表

航 段	舱位等级	票价(元)	需求均值	需求标准差
AB	Y	1 000	13	3
	K	800	28	7
	M	700	40	5

第一步，计算多等级舱位按照 EMSR-c 混合排序，得到最后 20 座的期望边际收益如表 7-3 所示。

表 7-3 期望边际收益(最后 20 座)

序 号	EMSR	序 号	EMSR
1	630.51	11	533.732 3
2	630.51	12	533.732 3
3	611.415 7	13	532.705 9
4	611.415 7	14	501.301 8
5	609.979 8	15	501.301 8
6	588.941 3	16	500
7	588.941 3	17	489.961 2
8	572.916 3	18	466.117 7
9	563.021 9	19	466.117 7
10	563.021 9	20	445.438 8

第二步，计算机会成本和＝630.51＋530.51＋…＋445.438 8＝10 941.08(元)；

第三步,团队最低票价＝机会成本÷团体申请座位数＝10 941.08÷20＝547.05(元)。

7.3.2 团体的上机率分析

对航空公司来说,团体的上机率比较难以预料,团体在预定之后会取消部分订座,有时甚至取消全部订座,或是持票不上机。因为团体申请的时间较早,经常在航班起飞前一两个月或是更早就申请订座,所以对航空公司来说,在团体管理上对起飞当日上机率的预测很大程度上影响着公司总的收入。在分析团体使用率时,有三个重要因素:

(1) 团体类型。

如果是赶比赛的体育代表团,其成行率会是100%或者接近100%,除非比赛取消了。学生团成行的比率相对来说要比老年团体高,其他类型的团体,其上机率和使用率可能会不一样。

(2) 团体的申请日期。

一般说来,离起飞时间越近,提出的申请的使用率越高;离起飞时间越远,提出的申请上座率越低。

(3) 团体以往的表现。

如果该团体或该代理人的记录很好,它对申请座位的使用率一般比较高;反之亦然。

7.4 团体旅客的接收策略分析

目前一些航空公司在接收团体的问题上存在着一定误区,面对当前航空市场的竞争环境,如何降低团体接收风险、提高航班整体收入是收益管理思想要解决的重要问题。灵活用好收益管理这一新鲜事物,可以很好地解决团体接收的问题。

7.4.1 团体评估

根据团体人数给予一个尽可能高的且能够被旅客或代理人接受的最低价。根据每一个航班的具体情况,决定接受或拒绝团体申请。

(1) 进行团体评估的原因。

对于需求少的航班,团体订座可以填充空位,提高上座率;但对于上座率高的航班,在接收团体上则应慎重。

(2) 在高上座率航班上进行团体评估的意义。

① 可防止订座早的团体订座取代订座迟的散客订座。

② 高上座率的航班上,团体订座首先根据团体大小制定了一个最低可接收票价标准以保证成本,进而再与旅行社或购票人就票价进行协商,尽可能大地获得收益。

③ 对于高上座率的航班,将座位卖给散客远比卖给团体有利可图。所以,可通过团体评价拒绝接收部分有折扣的团体,并为申请遭拒绝的团体寻找出路。

(3) 在进行团体评估过程中通常应根据实际情况考虑一定的已知和未知因素。应考虑的已知因素包括以下几点:

① 飞机运力布局;

② 当前订座情况必须根据团体订座时订座航班的运力情况；
③ 团体规模；
④ 竞争对手的反应。

在未知因素中我们应考虑以下几点：
① 团体票价；
② 未来需求情况；
③ 评估过程的目的。

7.4.2 如何通过收益管理的方法进行团体接收

通过订座系统的信息反馈，团体决策人员选择推荐符合团体标准的路线。通过数据比较，获得此航班的预计可利用座位数，并计算出团体与散客替代成本，目的是使航班收入最大化。

替代成本就是团体接收的最低价，即在有效的预测基础上接收这个团体将会冲掉多少散客订座，这些散客票价之和就是此团体的替代成本。航空公司与代理人协议价格时，也要参考这个数据。团体决策人员可以按照替代成本提供不同的航线。然后，用户可以把它们与市场中的价格进行比较。团体接收后，航线管理人员要对此团进行跟踪，跟踪内容包括团体名单、出票情况；旅客增减情况等。航班起飞后，团体利用率数据应被抽取出来，并储存在团体数据库中，以备将来评估团体申请之用。有这样的数据库存在，航空公司的团体管理人员今后可以把精力主要放在与代理人协商价格、协商团体路线上。针对团体评估，具体可以将团体分为特殊团体和系列团体，以下将对这两种基本团体类型的评估方法分别进行讨论。

1. 临时团体评估

临时团体座位申请通常集中在航空公司团体柜台，或代理人通过团体电报和团体申请PNR进行处理，收到团体申请后，航空公司必须决定接收还是拒绝此申请。团体决策人员将通过现有数据的反馈，决定接收一个团体申请的盈亏平衡点，并确定散客的替代成本，且针对这个团体提供如下建议：

（1）临时团允许排除某些特定航班和可选择日期范围。
（2）决定散客替代成本。
（3）如果需要进行路线分离。最优处理旅行路线的分离，使旅客与航空公司双方获利。
（4）对业绩好的销售部门或代理人提供特殊的优惠政策。

团体决策人员接收了团体之后，团体的利用情况构成了有价值的信息，并将这些信息利用到整个航班的超售与优化。在这个航班整体的座位利用情况和票价信息的基础上，团体决策人员计算每条旅行路线的平均票价，计算时把手续费、额外的奖励和导游的免票也考虑在内。平均边际票价（EMSR）等于预计的散客和团体订座的平均替代成本。这个平均边际票价代表了每条路线可接收的最低票价。团体决策人员可以把边际票价与市场上的竞争票价（如公布票价、净票价、特殊团价）进行比较。这样，团体决策人员可以在较低的边际票价基础上提出较高的市场价。如果边际票价不能满足团体客户的要求，分析员还可以另外提供一些航线，这些航线可能在起飞时间和票价上稍有变化。如果这样的处理都是实时的，一接到团体申请，团体决策人员就可以开始评估。实际上允许决策人员迅速为团体客户提供几种路线选择和航空公司对团体的开价，与在当地销售没有什么区别。这样，与那些不能快速评估团体申请的航空公司相比,极具竞争优势。

2. 系列团体评估

系列团体需求通常由大型代理人或旅行社申请。系列团体申请一般是申请一段特定时期或特定星期几或两者兼而有之的一条特定的旅行路线。系列团体的申请成立,团体决策人员将反复评估一定时间范围内,团体申请的最可接受价格,并对航班重新预测,重新优化航班座位布局,并且为这个系列申请提供一个合理的整体价格。

系列团体在做经济评估时,需要考虑很长一段时间范围的很多航班。实际上,这些航班的利用率差值很大,进行系列团体评估时,必须要把这些差别考虑在内。评估完成时,航空公司开始和代理人就团价进行协商,一旦价格定下来,团体系统就会为团体申请中的每个航段在订座系统建立 PNR。

从上面分析可以看出:在处理团体时需要考虑众多因素和处理大量信息数据。通过以上种种方法,航空公司会赢得更多收益。通过提高团体订座档案的准确性,改进团体订座管理,还可以进行有效的超售和起飞前座位控制。这些给航空公司带来的竞争优势也不容忽视。

7.4.3 综合分析

在接到团体申请时,有以下基本程序和过程,结合这几个重要因素最终做出是否接受团体的决策:

(1) 决策者必须知道有多少航班可供该团体选择。其中包括所有直飞和转机的航班。

(2) 预测出每个航班起飞日的订座情况。它的准确性取决于各公司的预测系统和技术。

(3) 预测出未来旅客需求情况。

(4) 预测团体实际的利用率。

(5) 最后确定散客的机会成本(替代成本)。

7.4.4 团体旅客的航班安排策略

团体旅客很在乎价格,但对时间、路线不太在乎(除非是体育代表团)。利用这一点,航空公司足可以把团体引导到比较空的航班上。

(1) 必须知道有多少航班可供该团体选择,其中包括所有直飞和转机的航班。

(2) 要预测出每个航班起飞日的订座情况。系统除了预测未来的旅客需求量外,还可以很快算出散客置换价。散客置换价应该考虑全航程,即包括来回程中的每个航段。由于每个航班的起飞日的订座情况不一样,散客置换价也会不一样,得根据不同的散客置换价来给团体定价。散客置换价高的航班通常是起飞时间比较好的直飞航班。散客置换价低的航班通常是起飞时间较差的(如太早或太晚)或者要转机的航班。散客置换价越低,公司的利润越大。散客置换价越高,公司的利润越小。根据这一信息,可以把团体安排到散客置换价最低的航班上。

(3) 算出了各航班的散客置换价,就可以和团体进行价格谈判。可以告诉团体,要乘坐某一航班,团体中每人应付的最低票价,团体则可以根据各种选择,决定是否多付点钱挑个好时间,还是将就选起飞时间不太好或转机的航班以便省些钱,或者干脆改天走,也可以建议团体分批走。

7.5 团队旅客收益管理优化

7.5.1 细化团队旅客票价制定

对于团队票价的制定,细化票价是上乘之策,因此一种新型的需求导向性定价的方案应运而生,主要是指航空公司在保证利润的前提下由原来的以成本为主导的定价系统过渡到按照乘客的需求来确定票价的方案。不同团队类型将会按照不同的收费标准进行定价收费,这也是将旅客进行团队管理的一个特色。

表7-4是从两个方面不同的旅行团队以及订票时间进行的差异分析,这对需求导向性票价的制定将起到指示作用,即通过对比团队旅客性质的区别,寻找其中需求规律,由此可作为依据将旅客加以区分,从而制定因团而异的票价。

表7-4 团队旅客性质差异

团队分类	团队性质	主要类型	主要特点
旅客性质	商务团	商务性质的团体活动:考察团、会议团	成行率高、对时间敏感度高、票价敏感度低
	旅行团	休闲性质的团体活动:旅游团、探亲团	成行率低、对时间敏感度低、票价敏感度高
订票时间	长期团	计划时间较长的团队	成行率低、对时间敏感度低、票价敏感度高
	临时团	临时订票的团队	成行率高、对时间敏感度高、票价敏感度低

遍观当下,当前大多数的团队旅客都是跟随着旅行社的安排出游,因而在团队票价销售中具有绝对影响力的当属旅行社。但就旅行社而言,在确定新一轮游客的过程中,往往要经历一段比较漫长的时间,从最初的线路设计到广告吸引再到最终确定乘客,这其中的定价也是鲜有不同的。

票价的迥异来源于出票时间的不同,而那些在较短时间内完成出票的团队将享受奖励,这也刺激了团队达到较高上座率的欲望。还可以平衡差异价格杠杆,在一定程度上将航空公司运营的风险降低。具体方法如下:

(1) 根据提前购票天数限制实施差异定价。

如何解决散客购买机票天数所带来的影响,我们知道,大多数情况下,零散的乘客在出发日期的前一个星期进入购票拥堵期,此时可以通过团队出票日期的规定进行区别定价,将团队临时取消的这个可能性大大降低,获得更加精确的散客销售预测。

(2) 根据返程停留天数限制实施差异定价。

一般情况下,旅游线路比较成熟,相对的,旅游天数也会比较固定。这样,可以相应地制定"常规团队"和"非常规团队"两种票价。否则,会不利于非常规团的顺利出行,但是如果将非常规团队的返程时间规定成不同于常规团队,那么就会产生旅行人数与座位之间的不平衡。此外,可以将返程停留天数在一定程度上进行限制。而且,由于在春运时期旅客出游的时间比较长,如果在这时候实施一定的控制,那么将有利于航班收入的增长。

7.5.2 把握主动权

当前,在航空市场中出现了机票价格非常低的现象,出现这种现象的主要原因是供大于求的局面,使得旅社运用计划位的方式来计划座位。这里的计划主要是:价格和座位之间硬性规定出的预定方式,实际上,这个没有一定的科学依据。同时,这种情况会让航班出现虚假的满员现象,有时出现收益管理系统对需求预测的严重影响。在航空行业中,基本都是供大于求,当旅客预订机票之后出现了任何情况,在取消订单时都不会对这些收取一定的费用。团队旅客订座具有很大的不确定性,航空公司承担了非常大的风险,这些情况严重影响了航空公司的收益。

对此,航空公司可以参考借鉴银行"信用度"指标,这个指标是银行业针对信用卡客户评估而专门使用的。客户对旅行社进行评估时,把人们是不是预订成功这个标准作为衡量标准来进行考核,这种就可以减少航班重复定做的现象。团队旅客成行率的表达式如下:

$$旅行社团队旅客成行率 = \frac{实际出票人次}{总订座人次}$$

通过"成行率"指标的应用,针对弱势航班推出"团队人数奖励"政策,成行率高的客户可获得较高的票价优惠。针对众多旅行社抢占同航班"计划控位"现象,推出"计划舱位分配政策",成行率高的客户可获得较多的预控位。针对同一标准的团队订座时限,推出"团队订座时限"政策,成行率高的客户可获得较长的订座时限。如图7-1所示。

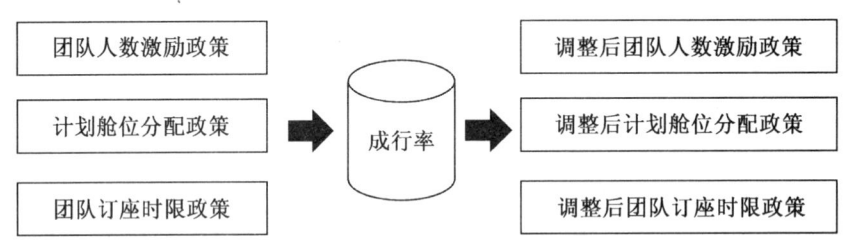

图7-1 "成行率"指标方案图

另外,航空公司可以突破传统模式,即预订销售传统团队旅客座位,为了使交易更加公开、更加透明,航空公司主要将团队的可利用座位集中拍卖,无论在淡季,还是在旺季都要将团队座位利用率提高,这些可以提高整体的座位收益,同时,也能够降低航班出现重复预订的现象,从而将被动转化为主动。

7.5.3 加快旅客订单响应速度

传统的团队旅客座位申请发起人一般是旅行社,如今随着各种新媒体的产生与发展,航空公司可以在微博、微信平台做一些宣传推广,将团队旅客座位申请的发起人转变为普通消费者,即增加一种"B2C模式"。使航空公司可以直接与普通消费者进行沟通,从而在消费者和公司之间建立起一种新型的互利关系。通过增加扩大B2C模式,从而刺激潜在的需求。和旅行社相比较,由于消费者自发组织,具有非常大的优势,例如他们的需求比较确定,形成率也会比较高。

此外,为了与一般的团购区别开来,航空公司应该增加某些限制条件,以防将原本的散客转换为团队旅客,从而不可避免地导致高收益的公商务旅客流失到价格较低的舱位。

7.5.4 完善团队旅客服务链

不管是航空公司,还是旅行社,都想获得更大的利益,使得这两者之间的利益得到平衡,就要使得航班收入最大化,还要尽可能争取为旅行社创造品牌竞争优势,为客户争取最大的价值。航空公司的响应时间与旅行社的满意度之间有着密切的关系。如图 7-2 所示。

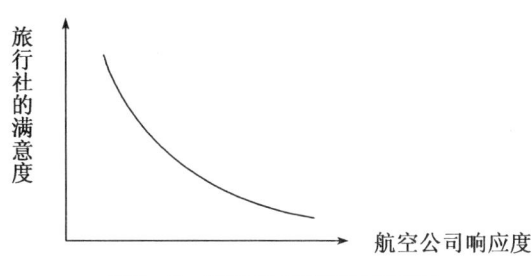

图 7-2 满意度与响应时间关系

旅客在预订订单中,如果航空公司不能做到及时的响应,旅行社的满意度就会大幅度减少。通过收益管理系统分析,可以提高决策速度,根据现实情况,要进行一系列的调控方式,完善航空公司团队服务管理,来获得更大的效率,以最小的时间成本为旅客提供便捷、快速、高效的服务。

航空公司在市场环境下,具有非常大的竞争,这种情况的出现,使得航空公司加大了投入力度。除此之外,航线的重复度非常高,航线的局面越来越不稳定。著名营销学专家舒尔茨指出市场格局正发生了深刻变革,市场的权利由原先的厂家拥有逐渐向消费者手中转移。

航空公司尽管是处于航空团队旅客服务链核心位置,但是如果要想在激烈的竞争中获得胜利,也要真正做到以服务客户为宗旨,和旅行社积极地建立一种稳定的合作关系。这种关系不是简单地建立在降低票价的基础上,而是要通过提高服务质量、全方位地优化服务流程和服务环节,充分考虑旅行社的整体效益,从而为各个旅行社实现共赢的局面。要想完善团队旅客的服务链,就必须要改变传统的管理方式和业务流程,即把航空公司外部和内部的价值链有机地结合起来,从而形成一个集体化的价值链条。对于团队管理链的管理,我们希望航空公司和旅行社具有共同的目的,要考虑自己的利益,不断提高利益程度,进而获得整体性的利益。

在团队旅客服务链中,航空公司与旅行社都有足够的能力对各自的发展与服务市场做出精准的预测。但是对于集成化管理,它更多的是强调各企业必须商量好做出最终的协同预测,这些预测无论是季节因素,还是经济性因素,亦或是单向性因素,它们一旦达到协同预测,就能够大大提高效率,从而提升双方资源的利用率。

面对旅行社代理问题,引入客户等级评价制度是符合时代发展的,我们要根据企业的现实情况,比如团队总人数,成行率等,定期对它们进行质量评估与考核,从而从中筛选大客户。对大客户要做好更好的服务,在除此之外,也要加大信息资料共享,进而提高销售的速度和成功率。

本章思考题

1. 简述团体旅客的概念。
2. 简述团体旅客的特点。
3. 已知某机型共有舱位数 90 座,航段上不同等级舱位的票价、需求信息如下表所示(假设服从正态分布),一个在两个航段上预定 10 人的团体旅客,求该团体的最低票价。

航　段	舱位等级	票价(元)	需求均值	需求标准差
AB	Y	1 000	13	3
	K	800	28	7
	M	700	40	5
BC	Y	1 200	12	2
	K	960	25	5
	M	840	38	6

4. 简述团体评估的思路。

第8章 收益管理挑战与趋势

本章关键字

收益管理系统(Revenue Management System)
低成本航空公司(Low-cost Airlines)　　　外部因素(External Factor)
内部因素(Internal Factor)　　　　　　　数据质量(Data Quality)
航空联盟收益管理(Airline Alliance Revenue Management)

教学重点

1. 收益管理实施要素。
2. 收益管理系统通用模块。
3. 多等级运价体系的缺陷。
4. 低成本航空公司的定价策略。
5. 航空联盟收益管理的挑战。

> 收益管理作为指导航空公司销售的一种先进理念和优秀技术，国外的许多航空企业都受到传统的收益管理技术的积极影响，不但为运筹学增添了新的主题，还在多个行业激发了定价变革。但随着人们更深入地研究收益管理的理念和技术，伴随互联网的普及，电子商务的高速发展，大数据的兴起和透明化的信息，收益管理的实施过程也遇到了新的挑战。

8.1 收益管理实施要素

收益管理是指将收益最大化作为目标，在微观市场的层面上，以对消费者的行为预测为根据，协调产品的价格和数量的一种销售控制策略。它通过对有限的资源进行有效的利用，以提高公司收益和社会福利。

作为指导航空公司销售的一种先进理念和优秀技术，近些年来收益管理发展迅速，并且国外的许多航空企业都受到传统的收益管理技术的积极影响。世界前二十强的航空企业就早在1997年就已经利用传统的收益管理技术对其销售工作进行指导。而随着人们更深入地研究收益管理的理念和技术，航空企业渐渐开始关注更加新颖并且更加高效的动态定价，并且国外的一些航空企业已经开始使用动态定价的方法来对其航班的销售工作进行指导。

对于民营航空企业，实施收益管理的过程相对来说是比较复杂的。所以，其实施需要满足航空市场的外部条件和内部条件。因此，航空企业实施收益管理应该从外部因素和内部因素两个方面来研究。

8.1.1 影响收益管理的外部因素

1. 票价管制的放松

政府放松飞机票价的管制是航空企业收益管理实施的前提条件。只有政府部门放松票价的管制，航空企业才可以通过航空市场上的竞争者和乘客的情况，灵活地制定航空企业的差别定价体系，以充分发挥票价的杠杆作用，使航班的收入最大化。另外，当政府放松票价管制时，航空企业应该通过更加科学有效的理念和技术去应对，而在航空行业就是在这种情况下开始使用收益管理技术的。所以，收益管理和政府放松票价管制间的关系是相互促进的，而美国民航业实施收益管理与政府放松管制的成功就印证了这一点。

随着经济的发展，我国国内航空业的几次调整和改革票价制度，逐步放松了票价的管制。自1997年以前，国内的客机票价实行的是政府定价策略，后来为了加强航空业与公路以及铁路等交通方式的竞争力，结合我国乘客价格上的承受力，中国民航总局推行了"一种票价，多种折扣"的票价制度，在一定程度上将票价的决定权利给予了航空企业，而航空企业也就可以依照市场变化情况对票价进行调整。然而，因为当时航空企业的定价方法存在缺陷以及不规范的客运市场运作，很多航空公司被迫开启了恶性竞争的价格战。这导致这些航空企业的收益遭受了很大的损失，并促使中国民航总局发布了《关于加强民航国内航线票价管理制止低价竞销行为的通知》。很多国内学者关注到了1997年因放松票价管制导致的价格战，由此开始学习西方世界航空业所使用的已经取得成功的收益管理理念和技术，并与中国航空业的现实情况相结合，最终在2000年以后，中国的一些航空企业引进并开始使用收益管理技术。

2005年，中国民航总局将航空业准入制度和票价的限制逐步放松，所以国内的航空企业获得了较大的定价自主权，并因此推动了国内航空企业收益管理技术的应用。

所以，航空客运票价管制的放松推动了航空企业收益管理技术的实施，而实施收益管理技术在某些程度上对票价的制定工作进行了规范。

2. 成熟和规范的市场环境

航空企业成功实施收益管理技术需要一个成熟且规范的市场环境。成熟的市场环境反映了航空市场供需方面的平衡，也就是航空市场上的乘客需求量要与航空企业的座位供给量在一定程度上保持一致，且没有较大的波动。成熟的航空市场环境还应该通过乘客需求多样性来呈现，这是由于乘客往往在感受到航空运输产品的价值因人而异的时候，才能接受航空企业推出的差别定价制度，而这就是航空业收益管理技术实施的市场基础。规范的市场环境不仅反映出政府在航空业的管理制度和行业规则比较完善，还反映出航空企业在进行市场竞争时的自律性。而在当前情况下，我国还需进一步加强航空市场的规范性，并完善各种管理制度，如调控和监督措施，尤其是还需要增强国内航空企业的自律性。

3. 信息化水平

目前信息化水平是一个重要的影响因素。以乘客为中心的个人信息化、电子商务销售、企业一体化平台以及未来可利用的 3G、云计算等技术,都将给航空服务带来积极的影响,同时也是影响航空公司竞争力的重要因素。民航业信息化的投入中,硬件的比例进一步下降,服务的比例提升。航空公司围绕市场运营,利用信息技术提升并加强优势,围绕企业管理和市场营销,组织开发了飞行运行管理、收益管理、财务管理、机务航材管理和常旅客等多个信息系统,并相继在国内航线推出电子客票业务,电子客票系统与航空公司的订座系统、运价系统、离港系统、财务系统、结算系统、常客系统,以及与银行支付系统等多个计算机系统直接相关,同时与客运的相应业务和服务直接相关,电子客票需要有足够的系统支持,实现电子客票生命周期内的全程管理。航空公司又利用 4G 技术,推出手机"掌上飞",手机订票、手机值机等一系列的服务,方便了旅客出行,简化了商务流程,未来更有望利用 5G 技术,这都是未来市场营销发展的趋势。

随着信息技术的不断发展,航空在信息化建设方面的成绩,将为旅客提供更加快捷、方便的服务,节约旅客的出行时间,从而能够增加旅客的忠诚度,为航空企业赢得更大的市场。

8.1.2 影响收益管理的内部因素

收益管理是一种理论方法体系。但若想顺利地实行收益管理,还要更新管理理念,完善管理制度、配套的硬件设施、必要的信息基础以及提高人员素质。

1. 企业文化理念

收益管理与传统的营销理念有较大的差异。若想实施收益管理,应该首先理解收益管理理念的实质,更新管理理念。收益管理理念的核心包含下述几点:

(1) 在平衡供求矛盾时,不应将目光放在成本上,而应放在价格上。收益管理理念对需求的影响,更重视利用价格手段,不应只重视通过成本的降低或者产量的增加来适应需求。

(2) 根据市场导向的定价取代了根据成本的定价。收益管理理念不是根据平均成本制定价格,而是根据市场的需求。

(3) 聚焦微观市场进行销售。为实现收益的增加,细分市场,然后为细分后的市场的旅客提供愿意购买并且有能力购买的产品。

(4) 为可以带来高收益的顾客保存产品,使每个产品都能产生最大收益。

(5) 决策是以知识为基础的,不能依靠假定。最佳的决策是根据科学的方法和精确的把握市场的信息,而不是根据经验。

(6) 运用产品的价值周期。要充分认识产品在不同时间里的价值,因为其价值在不同的时间和市场环境下是不同的。

(7) 不断评估收益的机会。市场的机会转瞬即逝,只有对收益的机会不断评估,才能抓住机会。

将以上的管理理念归纳一下,那就是根据微观市场,使管理精细化、科学化,实现每个产品的最大价值。

2. 企业管理制度

收益管理的目的是最有效地利用航空公司的座位资源,最大化座公里收入。航空公司的产品是航班座位,若想要航空公司收益管理的工作得到回报,就要售出航班座位;若要最大化航空公司收益,只有实现航班座位的最大价值。所以,收益管理的目的即全公司的目的,最高管理层应全力支持实施收益管理。

保证组织目标的实现是管理制度制定的目的。管理者应回答下述公司问题,以实现最大化收益:

(1) 对业绩负责的人是谁?
(2) 拥有产品卖出价格的最终决定权是谁?
(3) 有着合适的数据是谁?负责分析它的是谁?
(4) 是否每个人都有合适的工具完成工作?

首先,公司的各个部门和人都对其业绩负责。所以,各个部门应该统一方向和目标,朝着同一目的形成一个整体去工作。可是,如果不通过管理制度去保障,各部门的统一也只是白费力气。

其次,拥有产品卖出价格的最终决定权的部门,最少包含产品开发与定价部门、座位控制部门、计划部门、销售部门。这些部门可以直接决策航班计划、销售量控制、价格制定以及销售。那么,这些部门的决策是否依据适当的决策信息呢?

正常情况下,管理者会累积一些决策的支持信息。然而,这些信息不足以实现准确和及时的决策。例如,若要评价决策效果,不仅要财务部门、统计部门提供相应的决策信息,分析市场需求及其特征,还需顾客服务部门、市场研究部门等提供支持。

而对于第四个问题,是否每个人都有合适的工具完成工作?例如,决策者,数据分析人员等能否有其合适的工具进行工作,这需要培训部门、计算机支持部门的努力。

根据对以上四个问题的回答,可以发现,收益管理的实现是经过一系列的过程,并非单个部门所能实现。因此,在实施收益管理的过程中,要求在重要部门间进行有效的协调和沟通,以实现收益最大化的目的。这就需要公司的机构设置、管理的权限、相互的关系、职责的范围和考核的评价方法应该适于沟通和协作,适于实现整体的目标。

在完善管理制度时,应重点关注防止部门间和部门内的冲突。如果在收益管理的部门之间有矛盾和冲突,将会使所有的收益管理的工作白费。例如,这个座位控制员拒绝了预定的航班,而那个座位控制员接受了预定的航班;各个部门没有基于网络收入而考虑到整个航空公司的利益,仅仅只考虑了自己部门的利益最大化等。各个部门之间冲突的破坏性有可能非常大,是阻碍实施收益管理和出现问题的诱因。例如,销售部门认为收益管理使销售的机会减少,机场将收益管理视为非自愿拒绝登机的诱因等。

所以,可以通过集中座位控制的权限于一个部门,由单个部门实行控制,以减少不必要的矛盾和冲突。现在各公司的座位控制一般通过"收益管理"部门。若多个部门都拥有座位的控制权限,就必将导致各部门间的责任出现重叠和冲突。所以,要更加重视各个部门之间的沟通交流,因为其他的部门不能理解也没有收益管理部门的数据。因此,需要将这些数据转变为信息发送给各个部门,使其他各部门支持收益管理的实施。

销售部门应当根据座位控制部门的控制结果去销售,若在销售的过程中存在职权滥用、更名滥用低等级舱位、在关闭了低等级舱位的情况下仍售卖低等级票价等情况,都将使收益管理部门的工作成果被抵消掉。

所以,应该通过下述的几个方面,去完善管理制度:

(1) 全公司的目标是收益管理;
(2) 最高决策层应当全力支持收益管理的实施;

(3) 所有部门都应努力实现这个目标；
(4) 对部门间的沟通和协作进行强化；
(5) 集中座位控制的权限；
(6) 避免部门间矛盾；
(7) 实现收入最大化目标需要多种适合的管理制度。

3. 配套的硬件设施

收益管理既是一种科学的营销管理理念，也是一套综合运用多种技术与学科知识的方法体系。在实践中，这套方法的应用，需要配备配套的硬件设施，包含提供各种动态信息的计算机订座系统、结算系统、离港系统，以及根据市场变化进行超售水平计算、动态需求预测和座位优化分配的收益管理计算机辅助决策系统等。收益管理根据微观市场的需求进行座位控制决策，不可能仅仅只依靠人的经验去完成收益管理的预测和决策分析工作。所以，是否能够实现实际意义上的收益管理，只有依赖于配套的计算机系统。

收益管理系统是一种计算机辅助决策系统，根据收益管理的思想，是收益管理理念实现的物质基础。收益管理系统如图 8-1 所示，其中系统的核心为图中虚线区域。

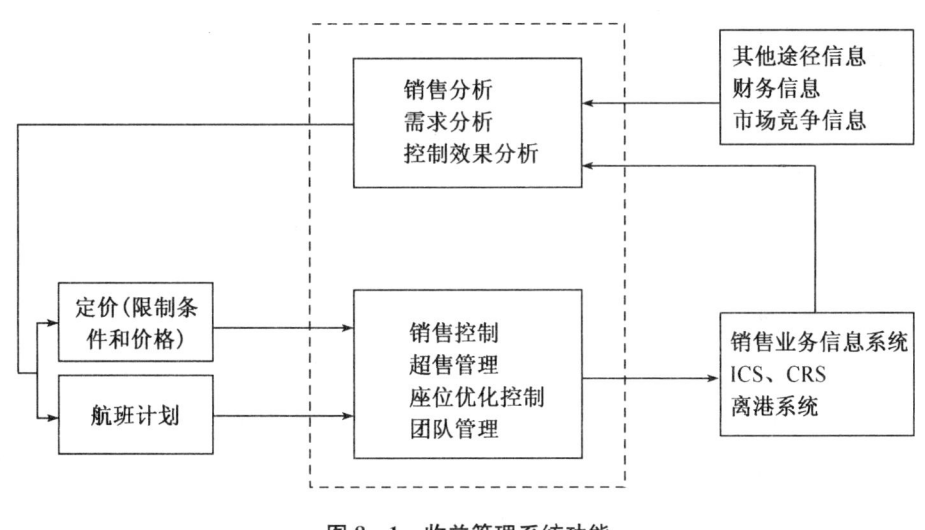

图 8-1 收益管理系统功能

收益管理系统是结合航班预测、市场情况分析、指令监控、自动处理、报表计算等功能为一体的系统。收益目标管理系统的开发，可以节约大量的人力劳动，实现收益管理的系统化。其目前可实现的具体功能如下：

(1) 数据处理和预测功能。搜集、整理历史数据，通过对日常工作中需要处理的数据进行归纳和提炼，实现系统的自动采集、整理和处理功能，算出所需要的参数的结果，并提供给各销售终端一个接口，由销售一线将市场信息汇总到决策平台上，供航线管理员参考决策。同时系统根据每日的开放数量和船位等级即可算出每日每个航班的收益预期，根据算出的航线收益，和航线预算系统连接，得出整体收益。根据整体收益情况和航线的收益情况调整航班运力，或根据预测的情况有针对性地实施相应的销售策略。

(2) 主要优化功能。航线管理员通过系统提供的市场信息和数据参数，确定决策的参数，系统根据参数，算出决策期每一天的舱位等级和开放数量，根据子等级预测和票价情况，产生最优的座位分配组合(以确定最有可能产生最大收益的航班座位投放组合),确定准确的**超售数额**,以消除或减少虚耗造成的损失和拒载客人登机造成的损失,如果系统预测高等舱位将有机会售出,它会评估停售低等舱票所能带来的收益;如果多航段航班的某一航段求大于供,该系统会自动决定应该把票卖给哪些航段的哪些旅客才能获得最大收益。节假和**特殊期航班管理模块**,可让航空公司对这些特高需求的航班进行有效的管理,以获得最大收益,帮助用户评估每个航班上的散客置换价格(应让团体付多少钱才不至于亏本)。为忠诚旅客保留足够的座位,以保证少量旺季航班的收益最大化。系统将根据用户设定的标准,自动地将优化结果上传到订座系统,以便用户集中精力管理值得管的航班。比如,用户可以把客座率以下的航班全部交给系统管理。

(3)实时监控功能。将每个航班的成长曲线、定量数据以及对比数据提供给各航线控制员,对未来的航班进行滚动监控,监控市场变化。将前航班执行结果在次日反映到系统中,分析和预测的差距,作为未来的预测基础,同时将市场变化和突发的市场信息作为备注填注在系统中,作为下一期市场分析和预测的依据。

(4)自动处理功能。利用该系统能将部分手工劳动变为系统自动实现,包括处理功能、自动功能、舱位预警功能,提高工作效率和质量。

(5)报表统计功能。在现有的数据库的基础上,增加日报的统计功能,将数据维护在该系统中,每日的航线决策系统的数据可自动实现上传,减少人工操作,提高效率,降低差错率。

因此,收益管理系统是在分析销售数据的基础上实现超订规模的确定、各个等级的座位**优化分配**、是否接受以及如何接受团体的确定,以达到在合适的地点、合适的时间,针对合适的乘客售卖合适的产品的目的,从而实现优化收益的目标。另外,航空公司的定价、代理人管理、市场营销、航班计划等可通过收益管理系统累积的数据,得到决策必需的支持信息。

综上所述,收益管理系统是收益管理理念实现的物质基础。收益管理系统是通过计算机以科学的管理软件为基础的集成系统。它的实施是在大量分析市场信息的基础上建立的。无论是传统的收益管理技术,或是动态定价的方式,都要去预测乘客的需求,也就是需要寻找乘客需求的规律,计算乘客购买的概率等。这要求航空企业将其各航班的历史数据**存储在大型的计算机数据库中**,然后通过统计学、经济学以及运筹学等知识,结合计算机系统进行分析。众所周知,航班座位的销售过程是烦琐并且复杂的。一般情况下,在航班起飞的数月前,航空公司就已经接受预定,从开始预定到航班起飞,都要根据某一航班票价的不同等级的需求进行科学的预测,从而对座位的配置进行优化,并根据不断变化的需求调整座位的配置。如果想要实现"在合适的地点、合适的时间,以合理的价格对合适的乘客售卖合适的产品",就不能仅仅依赖于座位控制者的判断力和经验,而应该结合收益管理方法以及计算机技术的收益管理计算机辅助决策系统,辅助座位控制者的决策及预测,以实现收益管理理念。

收益管理系统的结构如图 8-2 所示。

然而,需要注意的是,收益管理是一整套商业的程序,而不是电脑里的系统。电脑和人共同组成了收益管理。它通过对市场的调查,对消费者行为的预测,从而可以在市场机遇出现时做出最快的反应。

同时要注意,对中国航空界而言,适合自己公司的收益管理系统,如何更有效、更充分地发挥该系统的收益最大化作用,使其作为一种管理手段在实践中得到运用。中国航空公司在应用收益管理过程中应注意以下几个方面。

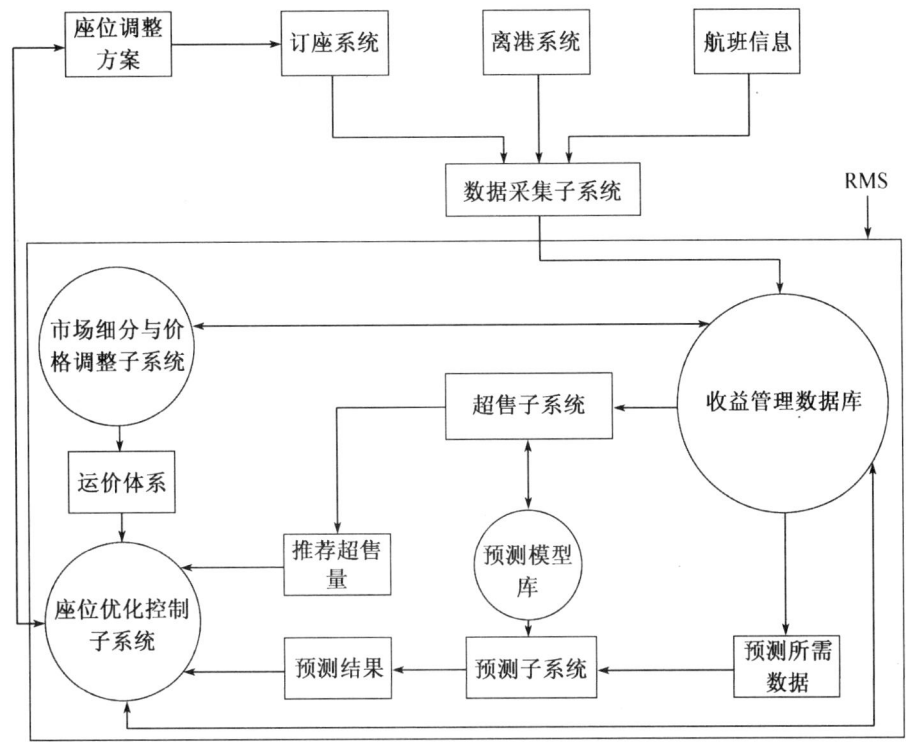

图 8-2 航空公司收益管理系统的构成

(1) 建立整个公司的"收益管理"文化,普及收益管理思想,转变员工观念。一套先进的收益管理系统,不仅需要借助具有高度准确性的计算机系统,而且要依靠高素质的人员去应用。航空公司应建立一种"收益管理"文化,即在员工内部普及收益管理思想,让公司每一个员工,尤其是相关部门的工作人员充分意识到该系统的重要性及其将给公司带来的收益;开展适当的培训,使员工知道如何更好地使用系统,从而保证该系统的常运转。

长久以来评价航空公司客运经济效益的三大指标是航班客座利用率、航班载运率和飞机利用率。这三个指标都与航线的运力、运价和旅客的需求量有密切关系,但从收益管理的层面来看,这三个指标还不足以反映企业经营效益的高低。对于航班客座率和载运率,通常以某一航线的平均率来统计,这一平均率会掩盖同一航线上不同时刻航班的不同客座率的问题。比如在公务旅客比较多的航线上,工作的客座率通常要比周末高,而在旅游航线上情况则刚好相反。航空公司产品需求的时段性是非常明显的,不同的季节,不同的月份,不同的周期都有着不同的需求高峰和低谷。所以航空公司不能仅仅追求这三个指标,而应该坚持收益管理的核心,即在保证航班收入的前提下提高客座率和载运率。

(2) 部门之间相互沟通和协调。收益管理的一个重要步骤是有选择地接受或拒绝订座,以保证航班收益最大化。在这个过程中,由于所采取的方法都是建立在概率的基础上,其实际运营过程必然会与所预测的出现偏差,这时需要各部门相互协调、相互配合,并要求工作人员能快速地对此做出判断与反应;部门之间信息交流渠道是否通畅,直接影响到收益管理系统的效率。所涉及的各部门的工作人员应该在市场信息、座位定价、控制、旅客需求预测、航线、航班计划和收入结算等方面互相配合。根据航线的市场结构确定各个等级舱位票价；根据旅客需求来调整舱位并控制各等级舱位的销售数量；并根据需求的变化，及时调整，以保证航班收入的最大化。

（3）人员素质的提高。航空企业实施收益管理系统是个大型的系统工程，并且投入大，见效慢。收益管理系统的实施不仅需要较为成熟的硬件设施、软件设施和决策者的大力支持，并要求航空企业的销售部门、市场管理部门、财务部门、航班签派部门、运力部门以及飞行部门等部门的相互配合。另外，由于经济学、统计学、市场营销、预测技术、数学规划技术、风险性决策技术、计算机技术等在实施收益管理的过程中都涉及，并通过人来完成这些工作。所以，这就需要大量的高素质的人才开展市场调查以及数据信息的收集、提炼和分析工作，且在企业内部培养收益管理意识。因此，收益管理要求其工作人员要熟练掌握收益管理技术，了解其局限性和使用条件，并且既能通过收益管理系统高效地处理数据，又可以考虑到因模型的假设、输入的数据和系统缺陷导致的决策风险，结合自身的经验做出更佳的收益管理决策。

在当前情况下，虽然我国的航空业收益管理技术实施的外部条件依然存在着某些不足之处，然而从整体来看，可以说基本成熟。并且随着航空市场的不断发展，这些外部条件将会逐步完善，其不足之处也会逐渐消除。而那些刚刚运行不久的航空企业若想要实施收益管理系统，还应进一步完善其实施的内部环境。航空企业开始运用收益管理系统并能够充分发挥其效用需要一段较长的时间。在这段时间内，航空企业需要更新管理理念，完善管理制度、配套的硬件设施、必要的信息基础以及提高人员素质等。

收益管理作为一种微观的管理工具。它通过将大量的不相关的市场数据整合起来，转化为策略性的信息，从而让航空公司可以在微观的市场中抓到转瞬即逝的市场机遇。它是一整套商业程序，一般通过大规模的计算机系统来预测和分析乘客的行为。然而它不是电脑系统，而是电脑和人的结合。它通过对市场的调查，对消费者行为的预测，从而可以在市场机遇出现时做出最快的反应。

（4）提高数据质量。加强历史数据积累通过相关计算机系统为收益管理提供的相应的数据资料，工作人员通过对这些数据的分析，可以较为准确地预测判断不同周期的旅客需求；可以据此针对航线进行细分；能够较为主动地把握市场，从而可以掌握不同的旅客类型及其不同的需求，制定出合理的舱位等级和票价结构，也就可以实行多级票价和多舱位管理；同时还可以通过预测适时地将本来多余的座位降价出售，既刺激消费，又可以提高航班收益。但由于中国民航企业化的历程不长，使用现代化的各项计算机系统的时间更短，所以历史数据积累不是特别丰富，在这方面各航空公司要花大力气积累，特别是基础数据的累积和管理。

例如，对旅客的人数和原因的统计，对在收益管理中更好地使用超订和超售技术有着基础性的作用；航班的旅客构成，公务休闲旅客的比例，各旅客的订票时间和出票时限等数据对制定航班舱位等级和票价结构有指导作用；团体旅客的团队性质，占航班所有旅客的比例统计，将对收益管理中的团体旅客管理起重要的作用。提高数据质量，加强历史数据积累对收益管理系统而言有着重要的指导作用。

（5）注重市场调研与预测。每一个航线管理人员对自己所管辖范围内的航线的需求弹性都必须有充分的了解，并且能对该航线的旅客需求做详细的调研和分析，能够准确、果断地对市场做出判断,同时能掌握大量市场需求的数据,较为准确地划分航线市场不同层次的需求,清楚地知道有多少旅客在哪些时间段内对客票价格的敏感程度大于对航班时刻、机型和服务的敏感程度,能及时地把握市场变化,实行动态管理,对航班的舱位设置及时做出相应合理的调整。随着经济收入的提高,生活质量已是越来越多的中国老百姓的追求。旅游的持续升温,公众出行次数的增加,给交通运输行业带来了发展机遇。近几年民航旅客运输量逐年攀升,其中很大一部分是自费旅客做出的贡献。现阶段在中国的航空运输市场,公务和商务旅客群体相对稳定,要大幅度增加这部分旅客的比例在近期内还不大可能,这部分旅客对航空运输的票价敏感度和反应都不是很强,一般不会计较票价的高低,在收益管理系统中对他们必须实行合理的利润价格和准确的舱位控制,这是各公司收益最大化的基本保证。与此同时,随着自费旅客群体的逐年增长,如果航空运价能够表现出更强的灵活性,就会有更多的旅客放弃地面交通而选择航空,尤其是长距离的1 000公里以上的航段,所以如何吸引更多的自费旅客是中国航空公司在收益管理中的重点所在。

8.2 低成本航空公司的定价策略

美国在20世纪70年代出现了低成本航空公司的概念。低成本航空公司的宗旨是其采用提升劳动生产率和减少运营成本的方式,以在规模效益中实现最大化收益的目的。低成本航空公司以短程的客流量大的航线为主要经营业务。通过在二级机场起降为主和放弃附加服务等方式,将低成本航空公司的运营成本大幅度压缩,以实现其远低于普通航空公司的票价。

"9·11"事件后,世界航空业经历了一场大的变革。当传统型的航空公司出现亏损,甚至是处于破产的边缘时,很多低成本航空公司的运力却在提升,并且处于盈利状态。亚洲的低成本航空公司逐年递增,关注低成本航空运营模式的公司越来越多,传统航空公司的定价策略在这种情况下受到较大的影响。经营者们想要明白如何降低成本,并且在票价较低时依然可以盈利;出行者期望一种更加廉价的航空出行方式,而低成本航空公司的建立可以在一定程度上使票价降低。因此,无论是航空业的工作人员还是出行者,都高度期望尽快建立低成本航空公司。

8.2.1 航空公司多等级运价体系的缺陷

自1978年以来,美国的航空运输业逐渐放松管制,价格上的竞争在航空业愈演愈烈,一些航空公司为了在这场竞争中谋求生存,以经济学的价格歧视和需求理论为基础,建立了多等级的票价体系。此运价体系的结构很复杂。例如,美国联合航空公司就曾经为了权衡需求的不确定性和运价的不同价值所产生的风险,在某个航班上建立了一个票价体系,此票价体系由40个等级的价格组成,而且还通过使用在收益管理上的决策技术,得到座位在不同票价等级上可得的数量。

收益管理决策技术以精确地对不同票价等级的需求预测为基础,而需求预测又是基于过去几年的离港航班预定座位的数据;应该预测被拒绝的需求,进而预测不被运力所限制的需求,这是因为经常关闭订座等级而可能拒绝该等级的需求。成功实施多等级的价格体系就必须进行需求预测。

收益管理决策技术首先假设了细分市场应该是完美的，并且在不同的订座等级上的旅客需求是互不关联、相对独立的，既没有研究低等级座位被高等级消费者购买的情形，也没研究消费者在不能购买低等级产品的情况下是否转而选择高等级产品的倾向。另外，还有价格、航班、产品竞争及其价格、市场的意外因素等各种各样的因素对需求产生影响。而这些因素所造成的影响却很难被收益管理方面的需求预测纳入考虑范围。所以，航班分析的工作人员应该依照自身的经验对需求预测进行调整。

多等级的运价体系不足之处在于：

（1）乘客很难理解这种复杂的体系。乘客需要很好地理解限制不同运价等级的条件，才有可能从很长的航班列表中挑出合适的运价等级，成功预订到座位。在人们乘坐飞机出行时，相邻两个座位的票价相差近一倍的情况是经常发生的。虽然这样的事实很难让乘客接受，但是航空公司却可以通过这样的方式提高对乘客的服务质量。当然，这种票价的差异还是会使乘客产生较大的负面情绪。

（2）市场细分这个课题的难度较高，尤其是市场细分会在细分市场较多时出现无效的情形。

（3）不同运价等级的需求不一定相对独立。订座系统同时销售各种运价等级的产品，这一做法并不严谨。

（4）航空公司利用定价限制条件区分市场。其考虑问题的角度并不是顾客，而是在航空公司。

8.2.2　低成本模型

低成本航空公司可以被看成某航空公司在企业管理和运营设计上，相对于普通的服务型或网络型的航空公司，在成本上具有一定程度上的竞争优势，将简约和节省成本作为其运营策略的基本原则，也就是通过压缩运营成本来实现票价的降低，并以此来吸引乘客以获得收益。低成本航空公司在机场选择、航线开辟以及附加服务等方面都采取低成本的运营模式，即完全通过网上售票、在次级机场起降、统一的机型、统一的座舱以及不提供书报和餐饮等附加服务，从而压缩成本，并将这些节省的成本通过降低票价回馈给乘客。

低成本航空公司基本的定价理念为：航空运输的市场在其价格非常低的情况下的需求可以是无限大。相对于食品饮料、服务、机场便利性和其他航空公司提供的各种用品，在这个对价格最为敏感的市场中，乘客更加关注产品的价格。

降低运营成本是降低运价的核心。传统的航空公司的定价与销售与低成本航空公司的差别较大。

一般的航空公司在发现运输市场运价降低时，通常会选择降低运价，以增加对出行者的吸引力，防止其他公司抢夺客源，这样做的结果就是降低了整条航线的利润率。而低成本航空公司的定价体系则更加灵活主动，并且以自我为主。美国的西南航空公司的定价策略就是如此，他们并不是与其他航空公司竞争市场，而是与陆上交通方式抢夺客源。

低成本航空公司的定价策略表现在：

（1）市场细分比较简单。与两维的旅客相对应，只细分为价格敏感市场和时间敏感市场。

(2)票价结构比较简单。乘客可以灵活地决定自己的起飞时间和飞行的目的地,使用单程票价,这与普通的航空公司仅在星期六晚上降低票价的定价方式的限制不同。

这种运价等级体系的结构易于被乘客理解。该做法没有最小停留或周六晚停留,简化了普通定价方式的限制条件,分别定价往返程,还能够灵活地组合。这改变了定价的限制,某些仅仅只在少数定价存在着限制,某些使定价限制被取消掉。另外,并不只是低成本航空公司提供的票价限制较少,欧洲和美国的一些主要的航空公司都向乘客提供限制条件较少的单程票价。造成这种现象的原因不仅仅是因为这些航空公司需要面对低成本航空公司的竞争,也因为这些公司也在努力实现低成本的运营。

(3)价格的确定是依照需求和供给状况的多少,之后价格会随着产品的出售而上涨。因此,在一般情况下,订票的时间越早,越容易买到更低价格的产品。然而,个别情况下,票价会因为市场压力而再次下降。

订座系统对各航班未来的订座进行评估,并预测各个航班对乘客的吸引力。若某航班座位售出情况比一般情况下要好,就将票价调高。因为低成本航空公司的票价在相同时间和相同航程的情况下总是低于普通的航空公司,这使得在最后时刻,乘客的决策更加灵活,也防止了吸引力较高的航班提前很久就已经售空的现象出现。

(4)低价票在同一航班中先到先得。部分承运人在定价与控制时遵循先到先得。例如,英国易捷航空公司表示在同一航班出现更低票价的情况下会补偿旅客。

(5)价格体系透明化。使用电子车票作为客票,乘客可以通过互联网或订票中心等进行订座。由于订票中心的售票和互联网售票的价格透明化,乘客可以明白推迟购票所造成的影响,因为随着订票时间的临近,票价可能会升高。

(6)航班和订座时间由乘客选择。如果乘客想要购买更低价格的座位,就要尽早预定低需求航班的座位。通过由乘客选择定价和航班,乘客就可以看清各航班间票价的差异。这就使得对时间敏感的乘客情愿购买更高票价的航班,以方便自己的出行;而对价格敏感的乘客则更愿意购买低票价航班的座位。

(7)一旦订座,便不能退款,不过可以变更航班,但需缴一定的手续费。如果改签时低价票售空,则购买高价票。这样的方式既可以为航空公司提高收益,也可以使乘客的订座更加灵活。

通过上述方法,繁忙航班仍然可以在较高票价的情况下吸引乘客的需求。比如,有的时候,低成本航空公司的票价高于其他公司的同时,又通过低票价在其他的航班上保证其正常的载运率。

在传统的航空公司看来,上述方法的前提是,本来愿意购买高价票的乘客转而购买了低价票所减少的公司收益可以通过提升载运率而得到的期望收益去弥补。这是有风险的。

从低成本航空公司的角度看,通过实现低票价的航空运输,每个购买了低价票的乘客,都会是低成本航空公司天然的广告,从而去影响他们周围的人去选择低价票,进而使载运率上升,提高航空公司的利润率,提高单个乘客和座位的收益。

8.2.3 低成本航空公司定价体系的评价

低成本航空公司的定价与多等级票价体系相比,市场细分不是很明显,在某一时刻的每个航班都只有一个价格。因此,定价问题就变成了:在销售的周期内各个航班应该在哪个时刻将票价定为多少钱？若票价定得过高，航班也许会载着本来应该卖掉的空座位飞行；若票价定得过低，后面具有较高价值的乘客就会因为航班座位过早的售空而被损失掉。所以，需要更好地理解票价和需求之间的关系，才能处理好这个问题。

若能够建模和预测价格与需求之间的关系，那么就可以通过启发式方法处理问题。某些专业书籍通过弹性将它们之间的关系表现出来。在航班的生命周期中弹性的不断变化主要受两个因素影响。首先是乘客的类型在变化。对价格比较敏感的乘客往往会尽早订票，他们可以灵活选择在起飞时刻上更适合自己的航班。而随着时间的临近，购买高票价的乘客会变多，这是由于可供选择的低价票减少或者他们的出行目的比较特殊。

从逻辑上看，通过价格对需求进行预测会更清晰。然而，航空公司注意到利用历史需求数据去预测更符合实际。这不仅仅是因为缺少市场上的其他有关信息，还因为对某个航班的不同运价等级的座位进行同时销售的做法。因此，通过价格对需求进行预测是一件复杂且庞大的工作。

低成本定价模型的特点：

(1) 变量的数量很少，因为只有一个产品在特定航班上销售；

(2) 出现了监视价格的工具，可以在价格竞争中及时地获得其他竞争者的票价信息。这就需要通过构建数据库，去研究在航班的周期内座位的预定随票价变化情况，进而计算实际的价格弹性。将同种航班在不同票价和起飞时间的情况精心汇总分析，得到的弹性估计相对更加可靠。如果可以将历史数据通过不同的曲线表示出来，传统的经济学价格需求曲线就可以放弃使用，这是由于这个更符合实际。

某一航班的产品数随时间的变化趋势如图8-3所示。a曲线表明，座位在航班起飞前就已经售空，所以该航班销售前期票价过低，应当根据座位的销售情况动态地将价格调高；b曲线的票价控制比较理想，座位刚好在航班起飞前卖空。根据对航班销售周期内座位数与价格的关系，就可以计算出实际上的价格弹性。通过计算出的价格弹性在航班销售的不同时间内不断调整票价，从而随价格实施最理想的控制。

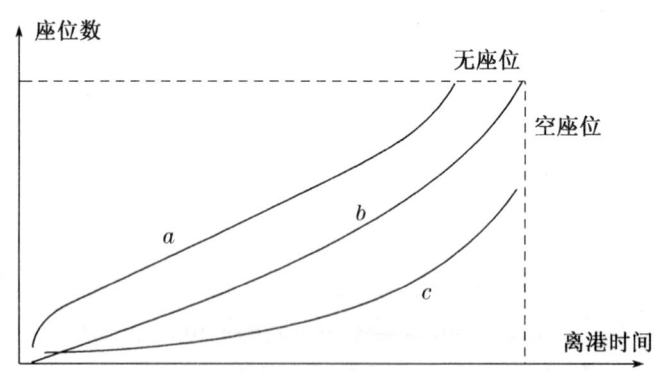

图8-3 某一航班的产品数随时间的变化趋势

在不限制运力的情况下，利用价格弹性模型，可以在销售的初期，通过低价票吸引对价格敏感的出行需求（弹性小于-1），以填充航班离港时可能没卖出的空座。飞机运力与对时间敏感的出行需求（弹性大于-1）之差，即为航班离港可能没卖出的空座。航空公司能从对时间比较敏感的顾客那里获得更大的利润。

在限制运力的情况下，应该通过调高票价来减少需求，直到可获得的运力。

所以，航班的销售初期售卖低价票对于载运率较低的航班是有利的。这种方式被许多低成本航空公司所使用。价格弹性模型利用低价票刺激需求的产生，实现收益率的增加，尤其是对时间敏感的乘客的收益率。

当票价很低时，还应该考虑另外两个影响此定价方式的因素，分别是低价票的"促销价值"和航空运输的边际成本。边际成本包含机场处理成本或费用、边际燃油消耗、边际销售费和机场服务费。

8.2.4 低成本航空发展的新趋势

2013年在伦敦召开了全球低成本航空年会。参加本次年会的不仅有国际上的低成本航空公司，还有包含全服务航空公司在内的国际上航空业中的机构和商家。在此次年会上，大家一起探讨了低成本航空在未来的发展可能。

1. 国际航空的版图正被低成本航空极大地影响

欧洲全服务航空公司将从中短程航空市场退出，这些公司将会转型或建立低成本子公司，以加入中短程航空市场的竞争，而传统的网络型航空公司则是针对国际航线的市场竞争。通过过去十多年的竞争以及整合，低成本航空公司在欧洲的实力和规模正在不断提升，慢慢打破了以往传统航空公司独占市场的局面。当前情况下，欧洲航空市场已经出现"3+2"为主体的新格局，即英航、汉莎、瑞安、法荷航以及易捷。美国也出现了新的市场格局，即美航、达美、西南、美联航以及捷蓝。在国际航空市场中，低成本航空逐渐占据了举足轻重的地位。

2. 低成本航空运营理念和方式的创新

随着越来越激烈的市场竞争以及航空市场的不断发展，部分低成本航空公司通过对自身成本优势的有效利用，实现了经营理念的突破，开发了多样化的运营方式。例如，这些低成本航空公司开拓了长航线的业务、增加了机型、开拓一线机场以及新增商务舱等方式，实现航空网络的合理构建以及运量的增大，产生了规模优势，以实现成本的降低。而传统的航空公司同样在学习低成本航空的管理模式，对其商业模式和服务进行调整，实现成本的降低以及收益的增加。所以，在低成本航空市场相对成熟的欧美国家，低成本航空与传统航空的差异越来越小。

3. 探索低成本航空联盟的建立，以求合作共赢

加入国际三大航空联盟后，低成本航空公司完成了资源的无缝衔接以及协调配合，实现了联盟内资源利用效率的提高。低成本航空近年来快速发展，但却缺乏相互的配合，很难将其迅速发展的优势发挥出来。因此，低成本航空公司近年来在尽力构建传统与低成本航空之间以及各低成本航空之间的联盟。其目的是为了深化航空公司间的合作，不仅可以将更多的选择提供给乘客，还可以更有效地利用航空资源。

4. 低成本航空对低成本机场的促进作用

由于低成本承运人不断扩大运量规模，一些国家在枢纽机场中建造低成本航空楼，或把二线和三线机场改建为低成本机场。它们实现了机场服务收费的降低、快速过站以及简化服务，是低成本航空公司的主要运营基地。

由于民航运输价格管理的放松以及低成本航空发展政策的颁布，我国低成本航空公司

逐渐完善和扩大其运营规模。但是，相对于欧美等发达国家，我国的经济正处于发展阶段，居民平均收入水平不高，所以对票价高低比较敏感。所以，国内的航空公司应将重点放在低成本航空的发展上。通过压缩运营成本，进而使票价降低，充分发掘我国中低收入水平乘客潜在的市场，从而提升企业的市场竞争力。中国航空乘客日益增长的交通需求以及中国民航的改革有利于低成本航空的发展，证明了航空运输发展的光明前景。

8.3 收益管理的挑战与趋势

这些年来，航空公司在航班产品销售的过程中成功地运用了收益管理技术。经过市场细分，针对不同的乘客类型设立不同的票价，并对不同票价所能售卖的产品数量进行了限制，从而提高航班的盈利。收益管理在航空运输业所取得的成功，不但为运筹学增添了新的主题，即定价与收益优化，还在多个行业激发了定价变革。这个新主题被应用在需求波动较大、供应能力被限制的旅游、酒店、医疗、租赁、电力、广告等行业。并且，由于互联网的普及，电子商务的高速发展，大数据的兴起和信息的透明化，进一步激发了其他行业对定价与收益优化的关注。

而航空运输业进入 21 世纪后，收益管理的实施过程也遇到了新的挑战。本节将分析航空运输业收益管理在新世纪遇到的挑战，并对其将来的发展趋势进行探讨。

8.3.1 航空运输收益管理面临的挑战

1. 收益管理模型存在风险

目前，人们一般将较为简单的测量模型作为收益管理上的预测模型，这种方式把预测的难度降低了，但是也降低了预测的精度。虽然已经有学者研究出了可以用于收益管理的更加准确的预测模型，但是这些研究就目前来看，仍然处于理论阶段。所以，必须利用实际数据验证这些还处于概念上的新模型，才能在将来编写收益管理系统程序时，用到这些模型，以达到提高预测精度的目的。航空公司在实际情况下的收益一定会与理论上的期望收益不一致，这是因为预测时信息的不完全性和无法避免的误差的存在。因此，航空公司需加强收益管理的风险评估。加大对最优化模型的研究力度，有利于使预测的风险降低，提升效益的稳定性，使对市场的预测结果更加精确。

2. 票价更加透明，收益管理更加复杂

随着航空产品的销售渠道越来越多，旅客可以自由地利用代理商或者航空公司等各种各样的销售渠道订座。然而，互联网预测未来价格的公示较大程度上使飞机的票价更加透明，这就使得传统的收益管理定价策略的效用很大程度上被消减。收益管理无疑被更加透明的票价所冲击。因此，收益管理将更加复杂。世界范围的学者和决策者们必须去思考怎样应对这样的发展趋势。

3. 减弱对价格的关注，加强流量控制管理

因为当前市场竞争的加剧和票价的透明化，再加上低成本航空公司通过单一形式的票价结构吸引乘客，在一定程度上冲击了众多航空公司所使用的多级票价结构。在这种形势

下,收益管理者应该更加重视流量控制与管理。在进行流量的控制与管理时要更加注重整体和部分之间的关系,即航段与航程的关系、航节与航段的关系,在规划航班的收益时应使用网络优化的理念。目前,网络收益的管理在组合产品方面并没有多少有实际价值的学术成果,大多更关注可替代产品,需要在理论和算法上加强对网络收益管理的研究。

另外,航空公司遇到的其他障碍由广泛存在的市场方面问题以及业务方面的挑战引起,它们包含分销模型的优化、利润的提升、非结构化数据的提升以及乘客对于更个性化服务的需求等。航空公司通过新的销售渠道获得大量数据信息,得到了更加全面的乘客的数据。航空公司应该积极地收集、处理并分析这些数据中的信息,以时刻监控市场的动态变化,并及时响应市场的变化。乘客更加期待一种无缝衔接的旅行体验,而航空公司也正在制定一种既能保证收益,又能以乘客为中心的综合战略。

4. 航空联盟

随着世界经济的不断发展,全球化不断加剧,世界民航运输业的市场竞争方式也在逐步发生改变,航空公司间的竞争转变成了更为复杂的联盟之间的竞争,以及在合作的背景下,联盟成员之间的竞争与博弈,这些转变对传统的收益管理模式和方法提出了新的挑战。

目前,三个全球最大的航空客运联盟分别是星空联盟、天合联盟以及寰宇一家。截至2016年12月,全球共有68家航空公司分别加入了这三大航空联盟,其中星空联盟拥有的成员最多,共有30家航空公司。除三大联盟外,2014年10月,中东阿提哈德航空公司通过股权投资参股的模式成立了一家全新的航空联盟——阿提哈德航空联盟。柏林航空、塞舌尔航空、塞尔维亚航空、达尔文航空、印度捷特航空等公司通过被收购股权的方式加入了该联盟。

航空联盟具有整合资源,扩大服务范围,增加收益的优势,具体为:通过航空联盟代码共享实现航线网络的扩展,不需要增加飞机数量、地面设施和人力成本;通过共同分享航线网络提高旅客流和飞机客座率;加入航空联盟可以提高部分航空公司的品牌认知度,使之获得更多的机票收益;获得反垄断豁免权,提高市场竞争力;通过联盟之间的设施与航班共享,降低成本。

所以,一方面,航空联盟可打破他国航权的限制,便于整合联盟内所有航空公司的航线、航班资源,建立合作共享的航线网络,进而达到扩大航空网络、增加旅客需求的目的;另一方面,由于航空公司间存在共同利益,利益驱使各航空公司不断延伸自身的航空网络,以实现整个联盟服务范围的延伸,促使各航空公司可以获得更多收益。通过联盟内各航空公司的合作运营,航空联盟能够组成可覆盖全球的中枢辐射式航空运输网络,在扩大和延伸服务范围的同时提高整体收益水平。另外,值得指出的是航空联盟中航空公司间只存在合作协议,成员公司仍然独立运营,所以各航空公司在合作时并不是所有资源完全共享,存在信息不对称的情况。航空联盟中航空公司间合作途径与方式有许多种,如代码共享、常旅客计划、地面设施共享等。航空联盟合作的不断加深给航空公司的发展带来了巨大的机遇,但复杂的合作背景以及联盟竞争也对航空公司传统的收益管理提出了挑战,如何在航空联盟环境下进行收益管理是航空公司在新形势下大力发展的必经之路。

航空联盟的收益管理问题较单一航空公司的收益管理问题更为复杂,且具有如下特点:
(1) 公司的"自私性"——航空公司追求的并不是航空联盟整体收益最大化,而是自身利益最大化。当航空公司收到一个旅客请求,卖出该票对于航空联盟是有益的,但是航空公司所获得的收益小于单独出售单航段票的收益,此时航空公司往往选择拒绝该旅客请求。

(2) 法律的阻碍性——反垄断法是导致航空公司不能进行集中控制的重要原因,虽然航空联盟的实现依托于相关国家及机构的反垄断豁免,但仅限于削弱成本、拓宽市场等符合反垄断豁免的行为,并不意味着航空联盟可以如同一个公司一样进行集中控制。

(3) 技术的复杂性——在20世纪90年代,收益管理之所以能飞速发展的很大原因是由于计算机和网络技术的迅猛发展,美国麻省理工学院运输研究室的Simpson博士认为"飞机技术曾经是航空运输业竞争的核心,但是计算机和通信技术决定今天的胜利者属于谁",说明信息技术的发展水平很大程度上影响收益管理的深入程度。目前各个航空公司都有自己独立的收益管理系统。建立一个航空联盟集中的收益管理系统,通过接口的形式从各个成员航空公司获得相应的舱位存量、运价等信息,并对这些格式不相同的数据进行转化、分析,对航空公司来说并不是一件容易的事情。可以说,技术的不兼容性是难以实现航空联盟收益集中管理的一个重要原因。

8.5.2 航空运输收益管理未来的发展

我国航空业的收益管理系统目前还处于初级阶段,国内许多航空公司都逐渐开始建立和使用收益管理技术。然而,怎样才能将收益管理技术最大化收益的功能充分发挥出来,真正将收益管理技术作为管理手段运用在实际的工作中,中国的航空企业还有很长的一段路要走。我国的航空企业在实施收益管理系统的过程中应当注意以下几点。

1. 培养航空企业的"收益管理"氛围

(1) 注重收益管理理念的普及和员工观念的转变。

收益管理系统的先进性,不但要以大型的高精确性的计算机系统为基础,还要通过高素质的工作人员去实施。所以,国内的航空企业应当在公司内营造"收益管理"的氛围,也就是在公司员工内部培养收益管理的思想理念,使每个工作人员都认识到收益管理的重要性。航空企业也可以对员工进行一定程度的培训,让工作人员更好地运用该系统,以确保收益管理系统的正常运行。

(2) 各部门的协同合作。

对订座申请有选择地接受或者拒绝是收益管理技术实施中的重要手段,其目的是为了确保最大化航班的收益。而在此过程中,因为收益管理技术所使用的方法是基于概率的,所以在现实运行过程中就一定会存在偏差。这就要求航空企业各部门之间相互沟通和相互合作,且需要管理者快速而准确地做出判断。各部门沟通渠道通畅与否决定了收益管理的效率。收益管理系统涉及的各部门需要在市场信息、旅客需求预测、控制、座位定价、航线、航班计划以及收入结算等方面协同合作。

2. 提高数据质量及实施调研预测

航空企业通过大型计算机将累计的历史数据转化为收益管理需要的数据资料,技术人员通过分析这些数据信息就能够更加精确地预测乘客在不同周期的需求。另外,还可以细分航线,主动地去掌握市场的变化,以了解各种乘客类型以及他们的各种需求,从而建立合适的票价结构和舱位等级,实施多级票价和多舱位管理。不仅如此,通过此预测还能够把原本剩余的座位产品适时地降价销售出去,不仅可以刺激潜在乘客的消费,还能够提升航班的收益。

每个航线的管理者都应该充分了解自己管理航线的需求弹性,并且应该深入调研和分析航线上的乘客需求,及时和准确地对市场变化做出反应。另外,这些航线的管理者还应该掌握各种市场需求信息,可以相对精确地将航线市场的不同层次划分出不同的需求,并了解哪些乘客在不同的时间段内对票价的敏感性大于对机型、航班时刻以及服务质量的敏感性,并且掌握市场的变化情况,实施动态管理,及时和合理地调整航班的舱位设置。

3. 季节、假期以及团体旅客管理

航空企业的季节性管理除了对航线的旺季以及淡季的价格进行适当的调整以外,最重要的是对国内的各种假期等旅游高峰季节的管理。在我国,各大黄金假期、重要会议以及重大活动都会为航空业带来大量的客流量和收益。而在这些时期里,乘客的订票数量、方式以及需求都与正常情况下有所差异。收益管理技术就是利用过往积累的大量的历史数据,通过深入的市场调查和研究,从而预测特殊时期的乘客需求。另外,航空公司应依照市场竞争情况、订票情况、价格变化以及公司政策等适时地对特殊时期的舱位和座位进行调节,并可以适当增加航班。

在假期内出行的乘客中,团体旅客占绝大多数,他们往往主要以旅行社的形式出行。所以,怎样更好地与旅行社进行合作,是我国航空业收益管理做好季节性和假期乘客管理工作的又一重点。团体旅客有多种类型,但依然保持一定的规律。通常来说,那些与航空公司签订了合约的旅行社和代理人组织的团体出行会遵循其自身的规律,并且对座位产品的要求存在规律性和重复性。而另外一些临时组织的会议团体、旅行团体以及考察团等,相对来说规律性不强,这就要求航空企业的工作人员去全程跟踪管理。

另外,为了未来可以保证盈利,航空公司的收益管理应该开发新的方式,更注重乘客的需求,在公司的业务流程之中提升经营效率。此外,业务流程还需有可随时查看的实时信息,进一步形成以乘客为中心和零售的战略,并且不受市场竞争的影响。随着时代的发展,尽管航空公司遇到了新的挑战,但提高收益、增加生产力、提升对市场变化的响应能力以及优化乘客体验依然是收益管理的核心目标。

面对新的挑战,就需要新的收益管理技术才能实现核心目标。利用先进的科技来支持航空公司总收益优化的路径;航空公司可以利用所有可能的收益流,即共享代码、零售、联盟、合作伙伴以及其他税费等,获取收益。

新的收益管理技术不应该仅仅局限于管理座位的收益,而应该将更宽广的与收益相关的乘客视角呈现给航空公司,在用户的界面中整合服务和销售工具,向用户推送实时的航班信息,以支持航空公司的动态定价和库存。其未来的趋势为:

(1) 鼓励总收益优化。

航空公司通过建立成本共担的股权合作关系以及拥有收益管理的优化和库存联合能力的合作伙伴,取代了传统的合作关系。但是,因为有用的数据无法从合作伙伴那里获得,导致航空公司的收益管理技术精度不高,从而使得模型的预测精度也随之下降,使其盈利下降。

航空公司应该将新一代的业务流程引进,新的收益管理技术也应该用更细致的实时数据,以应对目前环境的挑战。航空公司需要认识到总收益优化(TRO)的价值和原则。总收益优化通过建立一个新的解决方案的框架,可以保证收益管理的实施能统筹票价的基本价值和乘客的各种潜在价值;可以利用大量的实时数据,使航空公司可以给予乘客优质的服务,并使航空公司增加从各种渠道盈利的机会。航空公司可以通过使用总收益优化使其收益管理能力得到很大程度上的提升。依照 Sabre Airline Solutions 在 2016 年的研究，TRO 的使用可使航空公司在零售上实现 0.5% 到 1.0% 的增长。

(2) 优化的实时性。

时间在激烈竞争的环境中是最重要的因素。信息的利用模式被按需经济所转变，对管理的时间要求也变得更高。如果实时的信息无法实时访问，就会延迟航空公司的决策，造成其产品的竞争力下降，损坏航空公司的收益，降低其市场价值。

收益管理技术在未来的环境下，应该可以实时呈现合作伙伴的信息和完整的乘客价值的视图，提供各市场各航班的所有出发日期的数据。此视角可以将准确的优化逻辑和实时预测提供给市场，并包含大量的合作伙伴、共享代码和潜在收益影响。

(3) 整合的必然。

在当今的环境下，系统同步的实现受到了航空公司的关注。然而，传统航空公司划分的职能及其各职能部门相对独立的技术，导致信息变得复杂离散，使信息的可用程度降低了。这就导致了航空公司不能实时了解运营的情况，也就不能尽快对市场的变化做出及时的反应。最终损害航空公司的总收益，丢失在市场上的份额，产品竞争力低。

随着世界经济的不断发展，全球化不断加剧，世界民航运输业的市场竞争方式也在逐步发生改变，航空公司间的竞争转变成了更为复杂的联盟之间的竞争，以及在合作的背景下，联盟成员之间的竞争与博弈。一方面，航空联盟可打破他国航权的限制，便于整合联盟内所有航空公司的航线、航班资源，建立合作共享的航线网络，进而达到扩大航空网络，增加旅客需求的目的；另一方面，由于航空公司间存在共同利益，利益驱使各航空公司不断延伸自身的航空网络，以实现整个联盟服务范围的延伸，促使各航空公司可以获得更多收益。

因此，整合在收益管理的实施中占据的地位愈加重要。航空公司的管理者不能片面地通过票价、库存、航班时刻以及共享代码等信息做出次优策略。所以，应该通过整合使收益管理可以避免部门间不必要的潜在矛盾，并对全部的商业规则进行管理。通过这种方式，航空公司可以更准确、更及时地响应竞争性的冲突，并及时抓住市场上转瞬即逝的机遇。

同时，随着航空联盟的不断发展，联盟成员间的合作机会不断增加。在联盟合作中，成员航空公司既是合作者，又是竞争对手，如何在复杂的市场环境中具有竞争优势，获得发展机遇，对航空公司来说是一个全新的挑战。考虑航空联盟的收益管理也将成为未来航空公司收益管理系统的趋势，航空运输产业正在不断地发生变化，所以也就必须不断地改进收益管理系统，以应对新的挑战。通过收益管理来进行促销和对库存进行管理，现在已不再符合长期发展的战略目标。航空运输业未来的成功离不开新的收益管理技术，尖端的技术可以将更有效的实时收益管理决策提供给航空公司，实现最大化收益的目的。

本章思考题

1. 收益管理实施的内部条件分别是什么？
2. 收益管理的基本方法有哪几种？请分别简要阐述其概念。
3. 请阐述航空公司多等级运价体系的缺陷。
4. 低成本航空公司的定价策略表现在哪几个方面？
5. 请简要阐述低成本航空未来发展的新趋势。
6. 请简要阐述航空运输收益管理面临的挑战。

第 9 章 航空公司货运收益管理

> **本章关键字**
>
> 航空货运管理(Air Cargo Management)　　集装器(ULD)
> 预留舱位量(Reserved Space)　　航空货运价值链(Air Cargo Value Chain)
> 货运产品设计(Air Cargo Product Design)
> 货运收益管理系统逻辑模型(Air Cargo Revenue Management System Logic Model)

> **教学重点**
>
> 1. 我国航空货运市场的发展现状和面临的挑战。
> 2. 货运产品与客运产品的共性和差异比较。
> 3. 航空货运收益管理的内容。
> 4. 航空货运产品的三个层次。
> 5. 航空货运舱位控制模型。

> 以合理的价格,将适合货运舱位在适合的时间销售给适合的顾客,是航空货运收益管理的核心内容。换而言之,航空货运收益管理就是指基于对舱位存量和销售时机的综合考虑,利用动态定价、需求预测以及舱位控制策略,使价格易逝风险问题可以被成功地解决,以期最大化航空货运企业的盈利。航空货运收益管理的目的是不仅可以满足货运市场的需求,还可以有效地利用运力资源,以最大化航空货运企业的利润。

参照航空业旅客运输的特点,对航空业货运收益管理的定义是:基于对舱位存量和销售时机的综合考虑,利用动态定价、需求预测以及舱位控制策略,使价格易逝风险问题可以被成功地解决,以期最大化航空公司的盈利。以合理的价格,将适合货运舱位在适合的时间销售给适合的顾客,是航空货运收益管理的核心内容。航空货运收益管理的目的是航空公司不仅可以满足货运市场的需求,还可以有效地利用运力资源,以最大化航空公司的利润。

9.1　航空公司货运收益管理研究综述

9.1.1　我国航空货运市场的发展现状

1. 宏观经济平稳发展,货运行业有巨大的发展潜力

改革开放后,全国的国民经济保持健康、快速和稳定的态势,这种良好的发展环境促进

了航空业货邮运输的发展。自1970年到2009年,我国航空业的货邮运输量翻了120倍。其中,2009年相对于2000年的航空货邮运输量增加了2.5倍,为445万吨,每年发展的速度超过15%。例如,2013年我国各大航空公司保有的全货机机队的数量为137架,相对于2012年的机队规模,新加了21架,以18.9%的速度增长。

2. 航空市场被国际巨头瓜分,竞争态势愈加激烈

我国逐步开放的航空市场,吸引了多家国际航空公司涌入我国市场,导致我国航空货运业产生了急剧的变化,使市场的竞争态势愈演愈烈。例如,航空公司FedEx在通过航空货运进行产品运输的同时,还可以将综合的产品提供给客户。不仅如此,FedEx不但可以实现"门到门"的工作目标,而且为满足客户的各种需求设计出了各种个性化服务。而我国当前的货邮运输却依然处于相对传统的"点对点""机场到机场"的初级运营模式。另外,我国的货运航空公司相对于国际上的大型航空货运公司只拥有很少的全货机,规模以及运输量都小,还是主要依赖于客机腹舱进行货邮运输。因此,国内的航空公司与国际的航空公司的市场竞争,仍处于劣势。

3. 不断上升的劳动成本,越来越大的企业成本

近些年,我国政府积极转变经济增长模式,调整产业结构,造成了劳动成本不断增加的趋势。而航空货运公司的运营成本也随着人工成本的增加而增加,并且我国的燃油价格也在不断增加,这使得航空货运企业在市场需求疲软的情况下面对的挑战加剧。2012年,欧盟公布了单方面征收碳交易税的法案。因此,碳排放交易体系包含了航空业。依照此体系的要求,国际上的各大航空公司必须较大程度上减少二氧化碳的排放,一旦违反,将会被依法处置。这就意味着实施该法案,会大大增加各大航空公司的成本支出。这使得航空公司面临愈加艰难的处境。

4. 国内过剩的市场运力,航空企业期望重组

海运竞争、四年的经济危机、国际大型航空公司涌入和国际市场环境较差等各种因素的影响,减缓了国际航空货运业市场需求发展趋势。虽然,我国的航空货运市场从长远的眼光来看,依然拥有很大的发展空间以及上升潜力,但是当前的航空货运市场的形势依然不容乐观。

近些年,我国航空货运市场面临运力过剩的困境,所以必须进行改革,以从困境中走出。当前,不断有航空公司因为运力过剩通过各种模式完成并购和重组,并且这种现象已经影响到了航空货运行业的上下游行业。只有在重组和整合资源的基础上,延伸到供应链两端,航空公司才可以使其核心竞争力得到增强,并找到更好的盈利机遇。

9.1.2 中国航空货运面临的挑战

虽然我国的航空货运行业发展迅速,形成了一定的规模,但仍然面临很多困难和挑战,通过以下几个角度呈现出来。

1. 竞争环境激烈

如前文所述,国际上的各大航空公司都对亚太地区和我国的航空货运市场抱以很大的期望,认为其前景广阔。所以,这些航空公司在近几年改变了发展策略,在公司的总体战略中提升了货邮运输的地位,并把亚太地区作为公司未来的发展中心,以求在亚太地区形成国

际航空货运网络。新加坡、大韩、日本和国泰等航空公司名列航空货运十强。大航、法航、日航、意航、美国联邦快递以及新航等国际航空公司都在中国开展全货运航班,且航班密度不断增加。外国的航空公司占据了65%的国内航空货运市场份额,而只有35%的市场由国内的航空公司竞争。以国际航空货运市场的视角去看,不管是自由化的双边层次的航空运输协定,还是亚太经合组织的"奥克兰宣言",都选择优先开放航空货运市场。在我国,也有多种货运方式与航空货运竞争市场,尤其是提速后的铁路运输(行包专列)以及公路运输(零担货运)都冲击了航空货运业的市场。

2. 依然保持"货随客走"以及"重客轻货"的经营理念

我国的经营指导理念一直有着重客轻货的传统思想,忽略了企业经济效益的提高、对外贸易的扩大以及经济发展的促进是受航空货邮运输的影响,不够重视货运工作,缺少促进货运发展的经济政策。

3. 货运运营管理较为简单,缺乏经营手段,经营方式不细致

多数航空企业经营货运时一般采用卖方市场的手段,坐等货源,货运市场的开拓却不被重视。甚至是有些航班吨位和货源条件都已经满足,但是却由于相互之间协调不好和货运经营组织方面的缺陷而导致航班缺载。所以,尽管当前条件下我国的航空货运市场发展较好,运输量快速增长,但是由于航空公司薄弱的货运吨位管理、不科学的配载、落后的装载工作以及粗放的管理,导致了我国航空货物运输量的提升远高于运输利润的提升。

对于以上问题,在我国航空货运快速发展的大环境下,我国的航空公司要想从与国际大型航空货运公司的竞争中取得优势,就需要对自身的经营理念和模式进行与时俱进的改进,以适应市场的发展。

9.1.3 航空货运产品与客运产品的共同点

航空货运产品是指在国际或国内的航线上,航空公司利用航空器(如直升机和飞机等),根据客户的需求,完成货物空间上的位移和在此过程中附属的服务。由于航空货运的产品与客运产品具备一定的相同点,因此航空货运业也同样可以通过使用收益管理技术来提高航空公司的收益。二者相同点如下。

1. 不可存性

例如,在航班起飞前,没有被完全销售出去的航空货运的货舱,将不可能把没有售出的产品进行储存以后再销售,剩余的舱位在飞机起飞后就会被浪费掉,无法为航空公司创造价值。因为这种不可存性,航空公司需要在飞机起飞前尽量售出更多的货舱产品,以求最大程度地利用航空货舱的价值。

2. 可预售性

航空公司在客户将准备运输的货物运抵机场前就已经订好了货舱,即在飞机起飞前提前把货舱销售给顾客。但是,由于存在客户基于某种考虑临时撤销预定货舱的情况,所以使得航空公司不能精确地掌握货舱的销售情况。这就导致那些已经售出却被临时撤销的预定产品因为没有足够的时间再次售出而使得航空公司无法充分地发挥货舱的最大价值,使得航空公司的收益减少。

3. 低变动成本性和高固定成本性

折旧费用、起降费用和航路费用等这些固定的成本在某航班的总成本中占据了超过80%的份额，而占总成本较少的是如装卸、配载等这些货物运输的变动成本。换句话说，更多地售出某个航班的货舱的成本相对较少，而在某航线上增加航班的成本却相对较高。

4. 多样化的市场需求

航空货运产品种类众多，包括鲜活易腐货物、急救货物、危险品、贵重货物、普通货物以及生物制品等。不同种类的货物要求不同的运输时限、处理措施和运输需求。所以，不同种类的货物在运输时产生的运输费用也各不相同，航空公司将航空器运力售卖给运价相对较高的货物可以获得更大的收益。

所以，由于货运产品上述的特点，航空货运公司在经营时需要利用收益管理技术来充分利用航空器的运力，以最大化航空公司的盈利。

9.1.4 航空货运收益管理实施的特殊之处

即使航空货运产品与客运存在相同点，使航空客运收益管理的实施经验和技术可以被借用到航空货运上，但是，航空货运还是有别于航空客运的产品。因此，航空货运公司实施收益管理时不能生搬硬套客运的模式。航空货运实施收益管理有其自身特点。

1. 航空货运供应的产品数量相对有较大波动

航空客运供应其产品的数量是相同的，也就是说航空器供应的座位产品的数量往往是相同的。与其不同的是，航空货运供应的产品数量相对有较大的波动。现在，我国的航空货运仍以全货机为辅，而主要使用客机腹舱运输货物。但是，如果通过客机腹舱进行运输，又会有各方面的影响因素限制飞机的运力，如客机乘客数量、行李总重量以及总载重等。并且飞行时的天气情况、过多的机油以及飞机的机型等因素又会影响客机的总载重。另外，货运供给能力的波动还受旅客数量、外部条件的不确定性和旅客行李的随机性等影响。

2. 供给能力具有不确定性以及多维性

"重客轻货"和"货随客走"的思想一直影响着我国航空货运业的经营。目前，我国的航空公司除了专业的航空货运企业，多数使用客机的腹舱实现运输货物的过程，较少通过客货两用机或全货机运输货物。

另外，航空货运业是两维的供给能力。重量和体积两种因素都会影响不同的货物对舱位的需求。不仅飞机腹舱的空间会影响航空货运产品的售卖，飞机的最大业载也会限制其销售。

3. 预定时间相对较短，有较大的控制难度

对于航空客运产品的预定，乘客可以在航班起飞前一年就预定座位，而航空货运的顾客却只能最多提前半个月预定货运产品。在正常情况下，航空货运公司会要求签订了货物运输协议的客户在飞机起飞前48个小时提前将其货物运输要求的舱位等级和舱位数量确定下来。然而在现实情况下，顾客在航班起飞前才将其需要的舱位数量和等级确定好的情况总有发生。较短的预定时间和处于劣势的价格谈判导致航空货运公司的收益管理很难实施动态定价技术。

4. 客户数量少,且其议价能力相对较强

因为客户分散程度较大以及众多的货物种类,航空公司一般只接受大型的贸易公司或者货运代理人的团体订舱,而规模较少的零星订舱较少被接受。这就导致了航空货运公司只能面对有限的客户数量。由于航空市场的零散货物需求集中在货运代理人手中,导致货运代理人与航空货运公司谈判时拥有较强的议价能力。但是在航空客运中,即使也还是有旅行社和酒店等协议顾客存在,但是一般占大多数的还是散客。另外,随着时代的发展,互联网技术,尤其是电子商务的普及,乘客可以选择在航空公司的购票网站上直接预订机票,这就在很大程度上使中间人的作用被消减了。因此,航空公司在客运业务上制定价格策略时一般占据主动的地位。与航空客运相比,航空货运业因为有限的客户数量以及客户较强的议价能力,使其制定了相对比较刚性的价格策略。

5. 较大的需求波动,较难预测的需求模式

即使航空客运业存在较大需求波动性,但却拥有比较固定的需求模式以及比较明显的季节性特征。例如,我国的"十一"国庆假期以及春节等法定节假日,都是航空客运的需求高峰期。根据有关机构的统计数据,航空客运每天的高峰需求时段大约在九点和十七点。需求低谷一般在前一天的晚上二十三点至第二天早上九点之间。与航空客运不同的是,航空货运的市场需求情况不但会被季节性的因素所影响,而且会被众多的不能控制的外部因素(如贸易政策和金融环境)所影响。而这些不能控制的因素又导致了可变的货运产品的需求模式,并且变化是无规律的。这就使得航空公司很难精确地预测其需求模式。货物是航空货运服务的对象,且货物种类众多。多样化的货物种类会造成多样化的价格弹性。所以,航空客运的需求变动性是远远小于航空货运的。这对优化航空货运的收益管理技术来说是极大的挑战。

6. 可选择的运输路径

在相同价格的前提下,航空客运的乘客往往倾向于直达的航班,而不喜欢需中转的航班。然而,航空货运业把货物作为服务对象。航空货运业的顾客往往只关心货物能否按时并且保质保量地运达目的地,一般不会特别要求货物运输路径。因此,航空货运公司可以在运输货物时将其庞大的网络规模以及协同效应充分发挥出来。航空公司只要可以承受中转过程中带来的风险以及装卸费,就可以使用中转的方式运输货物。然而,确定最佳运输路径对航空公司来说依然复杂,增加了优化航空货运收益管理的难度。

综上所述,航空货运公司想要成功地实施收益管理应该依照其自身的特点来展开。

9.1.5　航空货运收益管理销售方式上的特点

通过前文的描述,航空货运业不可以直接生搬硬套航空客运收益管理技术的理论。航空货运收益管理部门应该依照航空货运的运营特点合理构建收益管理体系。

航空货运收益管理与客运在销售方式上也有差异。在市场需求、销售管理以及运力资源供应等方面,航空货运销售与客运存在差异。因此,航空公司不是将航空客运收益管理的理论和方法简单地套用在货运上,而是通过使用收益管理理念,根据航空货运的销售环境的特性,研究和开创适合航空货运收益管理自己的方法和技术。

1. 多样性的货运市场需求

货运市场需求与待运货物的种类有关，待运货物种类的不同会呈现出需求量变化特性的差异性，并存在季节特征上的差异，且一般情况下会出现不同的价格需求弹性。另外，货物的运输表现为单向性，并且存在比较明显的货源地特性。货运相对于客运，对空间需求方面存在多维性。这指航空货运在重量和空间上都有需求。而在航空客运业中，其具有相对比较单一的空间上的需求，仅仅是指一个座位。

航空货运的服务质量更注重运输的结果而不是过程。航空货运最关键的是将需要运输的货物及时并且保质保量地运输到规定的目的地。运输的服务质量不会因运输的中转而降低，而只会增加航空公司运输货物的损坏风险以及周转的成本。航空公司借助货物运输的中转环节可以更加有效地利用飞机的运力实现其收益的提高。

由于航空货运的顾客数量是有限的，所以在航空货运中销售代理的存在有重要作用。他们将相对零散的货运需求集中起来，从而使其在与航空公司的谈判中占据了较为优势的地位。因此，在这种货源相对集中的情况下，航空公司的销售方式应该更有针对性。所以，在航空货运业务中，销售代理与销售人员的关系具有重要作用。

2. 运力供应

与航空客运相同，航空货运的运力供应存在低变动成本和高固定成本的特点，且运力不能储存。因此，为了对运力进行有效利用，航空公司往往通过预售系统提前销售运力。然而，航空货运的运力供应与客运存在某些差异，主要包括航空货运往往取决于客运的航班计划；运力不但要通过重量衡量，还需要通过体积衡量；货运运力未知且不固定；货运航程相对灵活。

3. 运力资源配置

航空货运的销售管理比较灵活，主要表现在：与航空客运业相比，乘客可以自主地选择其期望的路线到达目的地，但航空货运的航线则通过货运管理工作人员进行规划；航空货运中转航班与客运相比相对简单，所以航空货运可寻找一条通过起讫点组成的航班组，以充分有效利用运力，提升航空公司的收益。航空货运多样化的货物种类和航线，使得航空货运能提供多样化的产品服务。

另外，航空货运的销售系统与客运相比还不够完善，货运服务的预定期限通常相对较短。上述航空货运的特性以及销售管理的灵活性决定了航空货运收益管理不仅依赖于决策者的管理能力，还依赖于销售部门的工作人员对航空货运市场的把握。

9.2 航空货运收益管理的实施

9.2.1 航空货运收益管理的内容

航空货运收益管理是聚焦微观市场的市场需求，目标是最大化收益，优化分配航空货运的运力资源，不仅要满足市场需求，还要充分利用运力资源。若要达到这一目的，就要以下述几个方面为核心内容。

1. 估计可用运力

航空货运的运力是指可供运输使用的基础资源。在航空货运分配运力时，可供利用的资源包含现实中可使用的物理货舱舱位和进行超售的可用于分配的虚拟货舱舱位。因为天气情况、乘客总的行李数量以及载运质量等因素会影响货舱舱位的大小，而货舱舱位的实际大小在制订好航班计划后并不能确定，这就需要航空公司准确地预测货舱舱位实际的空间大小及吨位。超售是为了弥补那些预定了货运舱位却又临时取消的订单所带来的损失。所以，超售的关键在于准确把握订单的完成率。航空货运的超售与客运不同，货运超售以订单履行率和实际舱位量为主要的变化因素，这就加大了精确地预测航空货运的超售量的难度。

2. 分析并估计市场需求

航空运输收益管理针对微观市场需求的特点，开发适合的产品，然后将适合的产品在适合的时间通过适合的价格销售给适合的客户。收益管理部门通过细分市场，并依照其需求特性开发针对性的产品。而航空货运细分市场时可依照货物价值、货物种类、货主、货源地以及运输的时效性等因素。在确定待运货物之后，航空公司就可以确定不同货物所能带来的收益。在分配舱位时，货运舱位是否能被充分利用的关键在于是否能将舱位用于运输最能产生价值的货物。依照货物价值区分货物是非常重要的，然后以货物分类为基础，去优化分配运力以及分析和预测需求。因为航空货运需求存在较为明显的准季节性波动以及季节性波动，则其历史的时间序列也是季节性的变动模式。通过时间序列预测是航空货运需求预测最基本的方法，也就是依照历史时间序列的数据特性来预测市场需求。此外，因为航空货运市场需求的数据相对较少，并且偶尔质量不高，所以也经常使用定性预测的方法。

3. 市场需求与运力资源匹配

在现实中，航空公司往往通过估计航空货运的市场需求，将其运力分成两个阶段去分配运力。第一阶段，航空公司将部分货运运力通过在年初与货运代理人签订的合作协议，把运力以"包舱"或者"定价包量"的形式销售给代理人，即长期运力分配，又叫协议销售。第二阶段，航空公司将协议销售后剩下的部分货运运力在飞机起飞之前依照市场需求的供应情况向市场自由销售，也被称为短期运力分配。根据技术使用的不同将以上的研究内容划分为：运力超订模型；长期运力分配模型；可用货运舱位预测；自由销售控制；分析和预测货运市场需求和运输价值评估。这些领域的研究要通过大量的历史数据支持。

9.2.2 航空货运收益管理的实施

1. 信息管理

信息技术可以支持航空货运收益管理技术的实施，从而使收益管理部门可以及时精确地对大量的数据信息进行处理。航空公司应基于已拥有的货运订舱系统和离港系统，构建市场分析系统、客户管理系统、收益分析系统以及成本管理系统等。其中，客户管理系统的作用是记录顾客基本信息以及交运货物信息等，并和市场分析系统一起将收集的信息用于航空货运收益管理系统的需求预测当中。收益分析系统的作用是分析历史数据，然后模拟仿真后续工作所使用的方案。成本管理系统的作用是对各成本费用进行记录和分析。各种系统间需共享信息，为实施航空货运收益管理系统给予决策上的支持。

2. 需求预测

航空货运收益管理的基础是实现精确及时的需求预测,而需求预测要求尽量在较大的尺度上达到一定的精确度。例如,需求预测不但能够对某航向上需要运输的货物总量进行预测,还应该进一步准确地对各种类型的货物所需运输量和货主对运输价格的敏感度及订舱时间点等进行预测。

3. 动态定价

实施航空货运收益管理的前提是航空公司可以对其货运业务进行动态定价。在协议舱位方面,航空公司应该依照当前协议舱位的使用情况,待运货物的价值以及运输货物的过程中航空公司额外服务的需求程度等因素,考察评估代理的情况,对协议运价进行适当的调整。这种做法是为了利用价格杠杆作用将代理积极的一方面发挥出来,从而达到最大化盈利的目的。而对于进行自由销售的那些舱位,航空公司可以根据不同时间货主认同产品价值的差异和多样化的货运需求,给产品制定不同的价格。此方法是为了利用价格歧视实现收益最大化。

4. 运力分配

航空货运公司最大化收益的关键是运力分配。这是由于航空公司最根本上是利用运力的分配以及销售产生收益的。所以,航空公司应基于需求预测的支持,对运力进行合理的分配,实现货运航班运力的收益最大化。

5. 超售

超售指的是航空公司的某航班实际所能实现的货运运力低于其所销售的运力。超售是航空公司实施货运收益管理重点之一。航空公司通过利用历史数据中预定取消情况、No-show 数据以及分析超售赔偿的概率等,得出航空公司某航班超售的舱位量,以将货运舱位虚耗损失尽可能地减少,实现收益最大化。

航空货运的运力是可供航班使用的基础资源。在航空货运的运力分配中,可以将可用资源划分为两种:一种是实际的可用舱位;另一种是考虑通过超售进行售卖的虚拟舱位。超售在航空客运收益管理中指的是航空公司实际卖出的乘客座位数多于飞机上所能够允许的最大座位数。航空公司使用超售的方法是达到降低航班座位售卖过程中虚耗损失的目的。而航空公司使用超售的原因是在座位销售过程中存在预定了座位却没有登机,即 No-show,以及预定后又临时取消的现象。依照美利坚航空公司的推算,航班不使用超售时大约存在 15% 的虚耗座位。而在航空货运业中,航空公司可以通过使用收益管理中的超售技术增加航班飞机的载运率,降低货舱虚耗的舱位。然而,因为飞机的货舱往往存在着不确定性,并且待运的货物存在体积、重量以及形状上的多维性,这就导致航空货运公司对超售量的精确预测的难度增加。

9.2.3 航空货运收益管理实施中存在的问题

目前,我国航空货运收益管理在实际的工作过程中依然存在某些问题需要解决。这些问题在一定程度上影响了航空公司在货运业务上的收益,这表现在下述几方面。

1. 装卸以及配载中出现的问题

航空货运业的配载工作是在市场部做出决定后,发出配载单,然后航空货运部门的货站在收到配载单以后,将相应的货物从仓库中挑出,在完成打包和集装等作业后,对其进行装载作业。在配载的过程中,运力相同的航班会在一定程度上受到经验以及人为因素的影响。并且在实际运作中,这会导致航空公司不能有效地利用航班的运力,降低了航空公司的收益。航空货物装载问题的收益管理的研究对货物的装载具有重要作用。

2. 飞机减载问题

安全性是航空运输的首要保证。现实中,某些特殊条件会要求飞机减载飞行。航空货运减载的影响要大于客运。尤其是在国内一般使用航空客机的腹舱进行货物运输的情形下,为了保证完成旅客运输,在飞机需要进行减载时,为了实现减少飞机载重的目的,航空公司就会选择减少货物的运输量。例如,对于那些需要在高原上飞行的飞机航班,当出现天气突变、起飞地或目的地的温度较高等情况时,为保证飞机飞行的安全性,就应该对飞机进行减载。

从航空货运管理部门的角度来看,就需要在实现减载的目的下,尽可能做到减少收益上的损失。所以,航空货运管理部门需要制定合理的减载原则,对减载要求做到可以随机应变,从而达到减轻损失的目的。通常情况下,航空公司货运部门在减载时需要注意下述两点:第一,为完成飞机的减载,应当尽量减少货物订单的数量。这是由于货单越少,其所涉及的货运代理人就越少。这就有利于简化在其他航班的调配方面协商问题。第二,应当尽可能保证那些重要的货运代理人以及在时间方面要求比较严格的货物的运输。这种做法可以在一定程度上保持与客户的良好关系以及对待客户的良好信誉。所以,航空公司在减载情形下可以通过实施收益管理技术将可能损失的收益降到最低。

3. 航空货运运价调整滞后

目前,国内的航空货运运价依然是被动地进行调整,并且对货运运价的调整相对滞后,不能将市场上供求关系的变化情况准确地反映出来。对于航空公司来说,我国的航空货运的价格虽然是使用国家统一定价的方式,然而货运的运价在一定程度上还是存在调整的空间。当前的航空货运业,经常是当某条航线上的运力需求呈现出明显的下降趋势,航空公司在与运力的历史数据进行比较且发现运力有明显的降低后,才开始进行市场调查,然后分析运力下降原因,最后调整货运的运价。这导致航空公司在市场变化后的运价调整总处于被动。这种方式存在很大的缺陷。因为即使航空公司及时地调整货运运价后可以在一定程度上保留一部分市场,但仍然会将一部分客户损失掉,损害航空公司的收益。所以,如果航空公司可以对运价的定价方式进行改进,对市场的情况进行主动的调查,在市场发生变化前及时地调整运价,就可以在市场竞争中占据主动,从而实现收益最大化。

4. 维持客户关系对收益的影响

因为航空货运业客户群的特点,航空公司货运部门通常只接货运代理人的大额订单,而较少接受零散货物的订单。因此,在航空货运业中,航空公司与客户之间的关系是非常重要的。维持重要客户的良好关系体现在航空货运的每个环节,而与货运代理人维持长期稳定的关系正是航空货运业收益长久的原因所在。不仅如此,航空公司在保证与现有货运代理人良好关系的同时,还应该积极开拓市场,寻找和发展新的优质客户,统筹兼顾两个方面的发展才能使航空货运业得到长远、稳定的收益。

航空货运收益管理将先进的管理理念和技术注入航空货运业。在现实的运营中,航空货运管理部门结合货运管理经验,及时准确地分析把握市场动态,再加上科学先进技术的应用,使得我国航空货运管理更加成熟,有利于促进航空货运业的快速发展,并为航空公司的收益最大化的实现提供了方法。

9.2.4 航空货运收益管理系统逻辑模型

通过对收益管理的定义及目标的研究,收益管理系统的有效性需履行下述职能:对容量存量进行动态的调整,分析并预测目前和潜在客户的需求,从而制定最佳的合理存量分配以及价格策略,将合适的产品提供给客户,实现收益最大化。

我国航空货运行业实施收益管理技术自身所具备的特色,取决于我国航空客运行业的运作国情和航空货运行业的运作特点。收益管理在我国航空货运行业的应用逻辑模型可以从下述角度进行说明。

1. 优化目标

因为边际成本低于固定成本,最大化收益是传统的航空客运收益管理的目标,成本影响不予考虑,而认为绝大多数利用收益管理提升的收益变成净利润。但在航空货运业,收益管理的优化目标为最大化净收益;与航空客运不同的是,货运需将变动的运输成本纳入考虑范围之中,统筹考虑成本和收益。这有两个原因。一方面,运输变动成本随货物类型的不同而不同。例如,体积和重量较大的货物的装卸成本往往大于体积和重量较小的货物;某种货物由于其特殊的性质,往往需要特殊的包装以及储存,并且其具有较高的运输成本。另一方面,起点和终点相同的货邮运输,当运输的路线不同时,其运输变动成本也有所区别。例如,单航段和单航班货运的单位运输成本要低于多航段和多航班的协同货运。这是由于后者增加了在各个航段和航班之间装卸和转移的成本。

2. 优化的层次分类

航空货运行业实施收益管理应该在三个层次上实现:

(1)以航段为基础。以航段为基础的航空货运收益管理的目标是最大化单航段的净利润,设定各个航段间没有相互作用,这比较符合现实。这是由于航空客运的航班往往是直达形式的"点对点"运输,而我国的航空货运又大多数是以货随人走的形式。

(2)以航线为基础。航线指航班代码相同的多个航段连成的航线。以航线为基础的航空货运收益管理的目标为最大化航线净利润,将某一航线的各航段之间的相互意向纳入考虑范围,忽略了与其他航线的航段的交互,所以依然属于局部优化。

(3)以航线网络为基础。以航线网络为基础的航空货运收益管理是认为可通过多条运输路径满足起点和终点间的需求,不仅可以是多个航线的转运航班,还可以是直达的"点对点"运输。以航线网络为基础的航空货运收益管理研究了航段之间以及航线之间的相互作用关系,以求最大化航线网络的净盈利。

3. 将短期规划和长期规划结合起来

因为航空货运行业运作过于复杂,这就导致了收益管理技术必须贯穿于整个长期规划之中。从战略层次或长期的角度来看,应当与某些大型的货主和代理货运的公司制定合理的协定价格,同时对协议舱位售卖的数量进行适当的分配;从战术层次或短期的角度来看,需要对航空的货邮运输的供应能力和市场的需求进行精确的预测,对零星舱位制定合理的运输价格,对航班运力进行合理的分配,对运输路径进行合理的规划,从而对边际贡献高的货物进行运输,减少运输成本,实现货运净盈利最大化的目标。

(1) 长期规划。

长期规划分为两个方面。第一是协议价格的制定。航空公司只能直接面对有限的客户。因为货物进行交易的数量很大,所以货主往往希望在价格上得到一定程度的折扣,同时他们一般与航空公司很早(提前半年甚至一年)就签署了价格协议。在协议的执行时间内,货主在航空公司处通过固定的价格买得某一数量的舱位。并且由于在航空公司的总客户数中大部分为协议顾客,所以航空公司应该精确地预测市场情况,计算出适当的协议价格,这使得航空公司不仅可以保留和开发顾客,还能使其自身的利益得到保证。第二是协议舱位数量的分配。协议顾客在与航空公司签署协议时,不但要明确需要购买多少舱位,而且要明确货物运输的价格。在协议的执行时间内,协议客户可以使用固定数量的舱位。因为零星客户的购买价格相对较高,协议客户的购买价格相对较低,所以航空公司在能有效利用资产的同时(尽量把绝大多数舱位销售给协议客户),还应该保留一部分舱位,并把这些舱位通过较高的价格销售给有较高价值的但较晚购买舱位的顾客(即为零星客户),以使航空公司的货运盈利得到保证。

(2) 短期规划。

短期规划由下述几方面组成:

① 预测供给能力。货物总供给能力等于飞机业载减去行李重量和旅客总重量。通过航班客运订座系统采集航班旅客的数据,以对行李和旅客的重量进行预测。

② 对需求进行预测。决策的基础是需求预测。航空公司通过外部市场的需求特征和产品特点,细分市场。市场细分标准既能是产品类型,也能是货物种类、货主类型、货物价值、运输时间、起始地和目的地等。在分析历史数据的基础上,航空公司通过寻找外部市场规律,借助因果关系预测、时间序列预测和神经网络等手段预测特定子市场和特定航期的市场需求。

③ 超售。基于历史取消预订、No-show 和需求预测结果等数据,航空公司可得到需超售的舱位数量,目的是降低虚耗损失。在进行订舱的过程中,航空公司可以依照已经产生的订舱取消记录和随着时间的发展订舱数量的变化,实时调整超售的数量,尽最大可能防止产生拒载情况。

④ 动态定价。零星客户的订舱是动态定价针对的目标。这是由于在协议期内协议客户的价格是固定的。航空公司基于需求预测,通过市场的竞争情况、舱位剩余存量和顾客订舱的时间,给予各种产品以不同价格。

⑤ 舱位控制。因为飞机只能装载一定体积和重量的货物,所以航空公司希望既能够达到协议客户的运输需求,又可以运输边际利润相对较高的零散货物,充分利用航班的货运能力。因为一种运输需求有多种路径可供选择,所以航空公司不但应该确定可接受的货物数量及类型,还需确定最佳的运输路径。这是为了充分发挥网络的规模和协同效应,并可以实现运输成本的降低。

货运优化技术是航空货运收益管理的核心,包括货运优化算法和模型。航空货运收益管理系统的逻辑模型如图 9-1 所示。

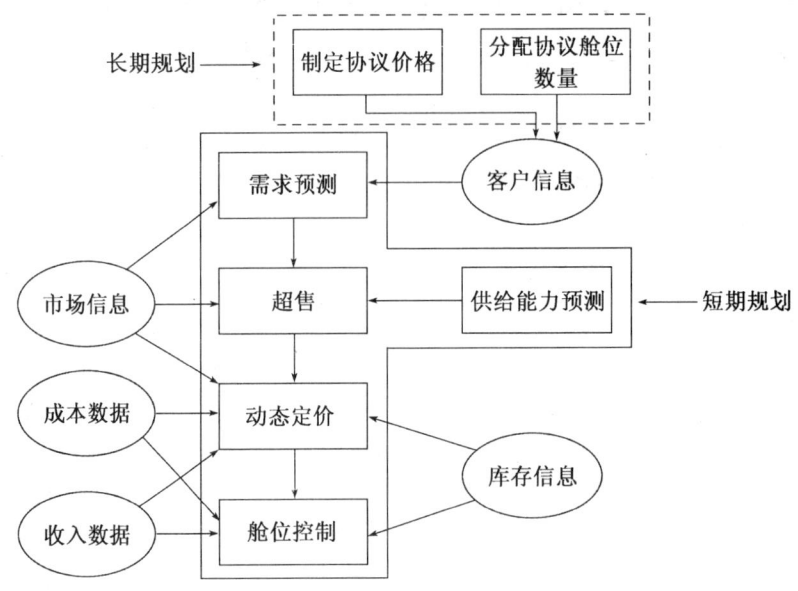

图 9-1 航空货运收益管理系统逻辑模型图

9.3 航空货运产品的优化设计

航空公司在运营收入大于运营成本的基础上,使航空公司航班设计中所能提供的运力与市场上需要承运的货物量相符合,同时,将运力在各航段、各客户、各种类型货物中进行合理分配后,接下来,需要考虑的是对航空货运产品进行改善,使企业提供的货运产品与客户的实际需求相匹配,从而在货运竞争中比竞争对手得到客户更多的认可,赢得客户,实现运力的销售。

9.3.1 航空货运产品的三个层次

航空货运产品指的是航空公司在国内和国际航线上使用飞机、直升飞机等航空器,按照客户要求,实现货物的空间位移以及该过程伴随的服务。航空货运产品可以分为三个层次:核心产品、形式产品和延伸产品,见表 9-1。核心产品是客户购买货运产品时所追求的基本利益和效用;形式产品是核心产品借以实现的形式;延伸产品是客户购买核心产品和形式产品后所期望获得的额外附加服务或利益。

表 9-1 航空货运产品

核心产品	货物的空间位移
形式产品	载运飞机机型、舱位、按里程收费 电话订舱服务、办理交运手续、空中运输、货物查询服务 货站及代理点的地理位置、内部环境布置、企业职工的着装风貌等
延伸产品	中转联运、货物代办进出口手续、门到门运输、优质员工服务等

9.3.2 客户对航空货运产品的需求特点

与航空货运企业提供产品对应的是客户对产品的需求,航空货运客户对核心产品和形式产品的需求,可以将其归纳为基本需求;客户对延伸产品的需求,则可以称为增值需求。虽然目前大多数的航空运输企业提供给客户的还仅限于基本产品和形式产品,但这并不影响客户对延伸产品需求的存在。下面就分别从基本需求和增值需求两个角度分析客户对航空货运产品需求的特点。

1. 基本需求

第一,时效性。客户选择航空货运产品,就是看中航空运输速度快的特点,同时由于客户进行生产和销售的需要,也要求运输过程能在一定的时间期限内完成,保证在规定的时限内交付。

第二,安全性。通过航空运输的产品,往往是价值较高,较为紧急,或者较易损坏的产品。因此,客户希望能够保证整个运输过程中货物完好无损和无差错。

第三,方便性。即客户希望能够方便地进行订舱、货物交运、查询货物运输状态和货物提取,同时希望航空货运企业能够按客户指定的地点进行收货和交付。

第四,经济性。即客户希望航空货运产品可以在时效性、安全性、方便性满足的前提下,尽可能降低货运产品的价格。

2. 增值需求

第一,多样化的服务项目。随着经济生活的发展,客户已经不仅仅满足于机场到机场的"点到点"服务,而是追求"门到门"、全程跟踪、保证送达日期与保证舱位等周到、细致的航空货运服务,甚至是物流型的航空运输服务。客户希望能够在足不出户的情况下,实现货物运输。

第二,优质的服务质量。航空运输业作为一种服务业,客户在与其进行业务往来中,往往希望能够像其他服务业一样,享受高质量的服务。

第三,更多等级的运价体系。目前,相对于航空客运而言,航空货运运价体系划分还比较粗放,只有普通货物运价、特种货物运价和指定商品运价这些级别体系,还不能很好地反映出低价值货物与高价值货物对运价差别的需求,以及航空淡季、旺季运输对运价差别的需求。随着航空运输市场买方市场的形成,客户希望航空货运企业能就不同的运价产品制定更多等级的运价来更好地满足自身的需要。

航空货运企业要想在竞争中比竞争对手得到客户更多的认可,使自己的运力产品更充分地被销售,就需要使企业提供的货运产品与客户的实际需求相匹配。这可以通过优化设计航空货运产品来实现。

9.3.3 从价值链着手优化设计航空货运产品

1985年,迈克尔·波特提出了价值链理论。他认为企业的所有生产经营都是价值创造活动,所有的价值创造活动就构成了企业的价值链。不同企业的价值链千差万别,而每个价值链都造就了企业的具有不同竞争优势的产品。航空货运产品也是通过一系列既相互分离又相互联系的价值活动创造出来,基于对航空货运企业实践的分析,本文得出航空货运企业价值链如图9-2所示。

企业基础结构	行政管理、计划、财务、会计、法律和质量管理等活动				
人力资源	招聘、培训飞行员、地勤人员、管理人员				
技术开发	飞行计划软件	航班保障系统SITA系统	离港系统	市场研究/服务手册和规范程序	
采购	租赁，购买飞机以及航材、航油采购				
	订舱货物安检配载平衡装机作业地面服务	飞行器作业准时送达转机	机场后勤地勤服务	广告及运价折扣	上门收货服务
	内部后勤	生产经营	外部后勤	市场销售	服务

图9-2 航空货运企业价值链

企业价值链活动塑造出企业产品，当航空公司所定位的客户需求不同时，企业价值链也会有所差异。航空公司货运链的形成、构建和整合应基于客户需求出发，只有这样所提供的航空货运产品才能满足客户的需要。

由于航空货运市场客户相对集中，客户数量相对较少，所以航空货运企业能够较容易地确定企业要服务的重要客户，分析其需求特点，并据此优化调整企业价值链。

航空货运企业基于自己所定位的目标客户，将价值链上9个环节（企业基础结构、人力资源、技术开发、采购、内部后勤、生产经营、外部后勤、市场销售、服务）所对应的各价值活动相对于客户需求目标进行分析，确定需要增加、减少或变更哪些价值活动，能够使企业更好地满足客户需求。图9-3是以客户需求目标经济性和时效性为例，在原有价值链基础上寻找的能够进一步改善和增加客户满意度的价值活动。

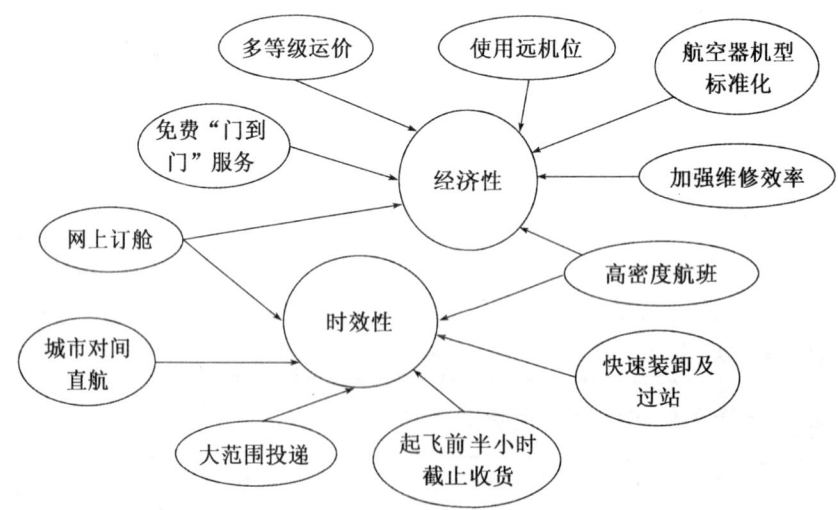

图9-3 航空货运客户需求目标和价值活动匹配图

通过客户需求和价值活动匹配，去掉原价值链上一些不必要的活动以及重新对重要的战略性的价值活动进行排序和组合，可以实现航空货运价值链内部优化设计，提供满足客户需求的产品。图9-4是根据以上分析重构的满足客户重视经济性和时效性要求的航空货运价值链。优化后的价值链可以更好地满足客户需求。

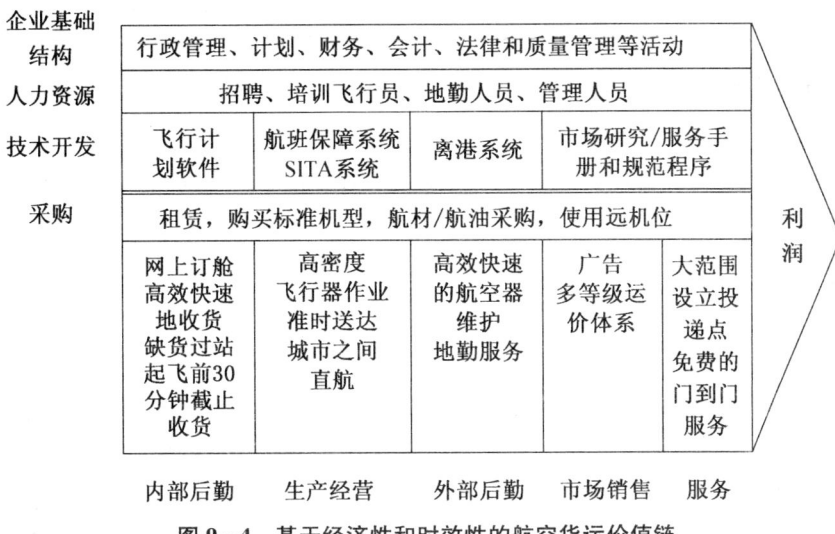

图9-4 基于经济性和时效性的航空货运价值链

企业价值链的联系不仅存在于企业内部,同时也存在于企业的外部。航空货运产品要满足客户需要,企业不仅要致力于企业内部价值链流程的优化,而且也要对价值链的外部联系进行改善。航空公司货运价值链与其他航空货运企业、机场、第三方物流企业的价值链之间,也存在着不可忽视的联系。通过协调与改善这种外部联系,同样能够增强航空货运企业的竞争优势,提高客户满意度,满足客户需求。

目前,大多数航空公司货运业务提供的还是机场到机场间的分段式运输服务,要满足客户"门到门"全程货物运输服务的需求,还必须对货物运输的众多环节进行有效的控制,在横向和纵向上与其他企业进行合作,减少运输瓶颈,打造行业价值链。航空公司可以在主要的目标城市市场成立自己的直销网点,在其他城市则通过加强纵向价值链联系,与货代、专业运输公司或物流服务商合作提高配送的能力,增加收益,降低成本,实现对货物运输全过程的控制和管理,提高客户满意度。考虑货运需求地域上的广泛性,航线网络覆盖对企业快速良好地响应客户需求而言意义重大,但目前大多数航空货运企业的航线网络覆盖面不足,因此,航空货运企业在发展自身航线网络的同时,还可以积极寻求联盟伙伴,加强企业价值链的横向联系,通过航空货运企业间的优势互补来提高竞争力和服务质量,满足客户需要,从而最大程度地使运力产品为客户所接受,最大化企业收益。

9.4 航空货运舱位控制

9.4.1 航空货运舱位控制概述

在激烈的市场竞争中,航空公司竞争的关键是收益管理。航空货运收益管理的关键为舱位控制。航空货运收益管理的舱位控制原理起源于运筹学、经济学以及控制理论等专业。因为航空货运的运作比较复杂,所以航空公司在销售货运舱位时将其运力划分成两种:短期销售和长期销售。相对地，货运舱位的优化控制分为短期舱位控制和长期舱位控制。

其中，长期销售又叫协议销售。长期销售指的是航空公司利用已制订的航班计划以及各航班可用运力的历史数据，根据未来市场需求状况和与大货主的协议合同，依照协议规定的价格进行售卖。一般来讲，长期销售比较平稳，可以在一定程度上降低航空公司控制的风险。然而，与其谈判的却是议价能力较强的货运代理人，这导致货运的运价通常比较低。

所以，长期舱位控制重点研究有多少舱位签订了协议，又有多少舱位可以选择短期销售，并且在协议的签订时是在哪条航线上通过怎样的价格和哪位货运代理人签订了怎样的协议合同。

而短期销售又叫自由销售。自由销售是指在航班起飞以前，航空公司依照目前航空货运市场的需求情况和航空货物订单的到达情况，对货运舱位进行自由销售。短期销售需解决以怎样的价格使剩余的货仓舱位接受什么等级的货物订单问题。其具有较高的价格，但是市场需求却并不平稳，在舱位控制方面相对复杂。

所以说，根据销售协议进行长期销售可以相对容易地实现销售量的目标，并且能够使舱位控制方面降低难度，然而却会使航空公司的收益流向货运代理方，使得航空公司难以达到最大化利润的目标。所以，对于那些控制力相对较强的航空公司，长期销售只占了比较小的份额。我国竞争实力较强的航空公司，如南方航空集团公司，都构建了基于多等级货物价格的舱位销售体系。而这种体系主要通过短期销售进行货运舱位的销售。

短期销售的舱位控制主要研究航班目前剩余的可用货运舱位数、货舱需求量和从这些需求中可以得到的利润，以在托运人的货运订单提交时，决定订单请求的接受与否。需要注意的是，这些剩余的可用舱位指的是在该航班考虑了超售情况后的舱位量，而且是航班已经除去已定的舱位量。这些数据的获取是通过分析舱位的相关数据和订舱的历史数据的 No-show 和 Cancle 的评估。剩余舱位的需求量是通过订舱的历史数据的需求预测，通过需求预测和差别定价机制决定了需求量所能够产生的利润。

综上所述，舱位控制的简要流程如图 9-5 所示。

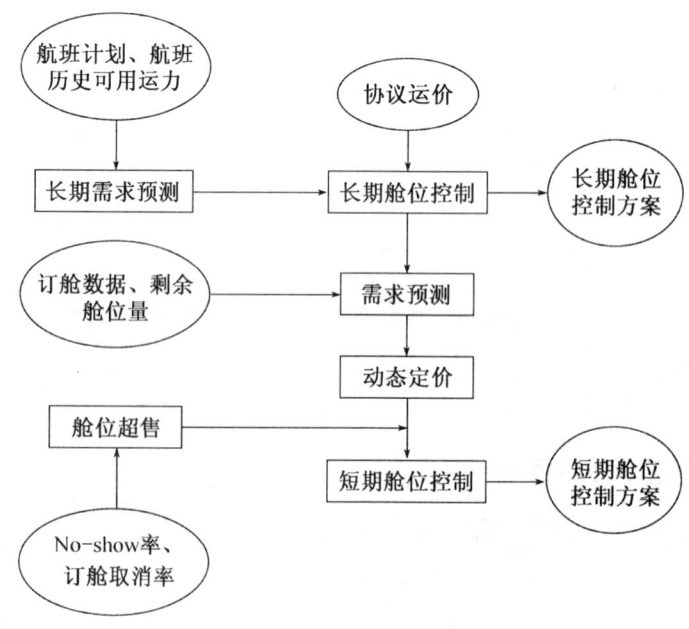

图 9-5　舱位控制流程图

9.4.2 航空货运舱位控制效果的评价指标

1. 航空公司最大化收益

因为在航空运输中存在边际销售的成本相对较小,而固定成本相对较大的特性,所以边际销售的成本相对于巨大的固定成本允许忽略不计。航空货运舱位控制的目标是最大化收益,把货运舱位通过尽量高的价格售出,也就是在保证航班的载运量的前提下,尽可能接受高运价货物的订单。销售部门的目标是最大化收益。

2. 托运人的满意度

托运人对航空运输服务的满意程度取决于航空公司是否可以保质、保量以及按时地把货物运抵目的地。如果航空公司提供的航空货运服务较差或者没有充足的运力为托运人运输货物时,托运人就可能会选择其他航空公司的运输服务。这不但会使航空公司的收益受到损害,还会使航空公司的信誉受到严重影响。

因此,航空公司不仅要拥有充足的运力,还应该保证自身的服务水平以及服务质量,使托运人的各种需求得到满足,以保证航空公司的可持续发展。

3. 销售量目标

销售量指的是在某一时期内航空公司实际卖出的货舱量。这其中包含了长期销售以及短期销售的货运舱位数量。航空公司对销售量进行研究不但能够对市场占有率的变化趋势以及货运舱位的利用程度进行分析,在销售量的构成方面进行研究还可以对航空货物种类和货运市场区域的变化等进行分析,从而可以为航空货运舱位控制策略的制定提供依据。

4. 货运市场的发展目标

航空货运舱位控制策略的制定不仅需有可调性、指导性以及全局性,还要能够适应航空货运市场的远期发展。良好的航空货运舱位控制策略是市场发展战略规划实施的重要手段。其可以指导航空公司积极地去引导消费、适应需求以及应对市场中的挑战。

9.4.3 影响航空货运舱位控制的不确定因素

在现实情况下,因为复杂的环境以及管理技术的制约,航空货运舱位控制还受众多的不确定因素的影响。

1. 数据不完全导致的不确定性

由于不充足的统计数据、不完善的信息和在构建模型前采集、分析和处理数据的过程中不可避免地存在误差,从而导致航空货运收益管理系统的不确定性。

2. 随机性的需求造成的不确定性

航空货运需求指的是在一定时期和运价水平条件下,各种贸易行为对航空货运运力以及服务的需求。然而,在各航段,航空货运需求在不同的日期和季节出现不同的波动,并且受经济、环境和政策等条件影响。实际需求和计划需求一般有着较大的差异,精确预测的难度较高,所以有误差的存在。

3. 运力的波动引起的不确定性

航班运力指某航班在某航线上的承载能力。因为国内航空货运一般使用客机的腹舱运输货物,较少使用全货机运输。所以航班的运力不但被机型、航班计划以及天气情况影响,而且还被乘客行李重量、客座率、装载系数以及燃油重量等条件影响,这使运力存在较大的波动性以及不确定性。

因此,处理不确定性因素的能力主要通过决策者对航空货运市场的把握,是决策系统的评价标准之一。

9.4.4 舱位控制模型

1. 航空货运 EMSR 模型

(1) 假设与说明。

引入航空运输中用来装载货物的集装器(ULD),既可以是箱,也可以是板。

EMSR 方法是一种静态的舱位控制方法,本部分利用这种方法根据对于舱位的 ULD(集装器单元舱)需求的预测,确定每个子舱的舱位需求量,是只在对需求做出新的预测值时才更新的分配方案。

假定订舱请求的货物、实际装载的货物、取消预订的货物和延后运输的货物具有相同的平均密度,该假设已被学者证实具有统计意义。

假定货物可无限细分,各货物的形状不同,飞机货舱形状也不同。如果假定货物可无限细分,就能平均分配到各 ULD 中,使装载货物的最终体积与货舱体积容量相等。

假定某航空公司的某航班最大可用舱位数为 M 个 ULD,航班最大承载重量为 Wt,依照 IATA 运价标准,航空货物的运费质量可通过货物的体积质量和实际毛重计算。实际毛重指货物的质量,体积质量是把货物体积按比例转化为质量,换算标准为:体积质量(吨)=货物体积(立方米)×6,一般将体积质量或实际毛重的较大者当做货物的计费质量。单位 ULD 的平均重量为 $\overline{w}$,则该航空公司航班的舱位容量为 $C=\min\left\{M,\dfrac{W}{\overline{w}}\right\}$,即航班的最大容量为可承载的体积和重量中较小者,反映出货运容量空间的三维特性。

本部分将几个客运方面的专有名词同时作用于货运方面。

① 舱位限制水平(BL):对于较低等级舱位,限制其可销售的最大舱位载量,确保将足够的载量留给较高等级舱位。

② 嵌套式销售策略:在航班舱位销售中,分配给某等级舱位 ULD 的同时,也分配给所有高于该舱位等级的舱位;反之,则不允许。这样以一个折扣等级舱位的订舱限制定义了它的销售上界 BL(舱位限制水平),该等级及所有低于该等级的订舱总数不能超过限制水平,所有高于该等级舱位的销售总 ULD 数量最少为总的个数减去限制水平。

③ 预留舱位量(Reserved Space):针对某个或几个舱位,指定一定量的 ULD,这些预留的 ULD 不允许销售给较低舱位的订货人员。

设一个航班的货运舱位被分成 m 个等级舱位,每个等级舱为一种价格,对舱位等级按照它们的票价从高到低进行编号,用 $f_i(i=1,2,\cdots,m)$ 表示为 i 舱的预订舱位的平均收入,即 i 舱的销售价格,$p_i(x_i)$ 为第 i 舱的第 x 个 ULD 的售出概率。如同航空客运,我们也同样假设航空货运舱位需求服从正态分布,记 $p_i(r_i)$ 为舱位等级 i 的需求为 r_i 时的概率密度函数,s_i 为分配给 i 等级舱位的单元舱数,则需求不大于 s_i 的概率为:

$$P_i(x_i) = P(r_i \leqslant x_i) = \int_0^{x_i} p_i(r_i) \mathrm{d}r_i \qquad (9.1)$$

则需求被拒绝的概率为 $1-P_i(x_i)$。

(2) 模型的建立。

第 i 舱的第 x 单元舱的期望边际收益为：

$$EMSR_i(x_i) = f_i[1 - P_i(x_i)] \qquad (9.2)$$

根据嵌套规则，如果舱位等级 1 预留的舱位所获得的预期收益，大于等级 2 级销售收入，那么在这个时候舱位空间应预留给等级 1，而等级 2 不被允许出售。在等级 1 舱位数量增多时，销售出去的概率变小，预期边际收益下降。计算两个期望收益相等的临界点，就可以决定保留等级 1 和等级 2 不允许出售的载量。这样只存在两个等级舱位时满足公式：

$$EMSR_1(x_1) = f_2 \qquad (9.3)$$

这是有名的 Littlewood 准则。

存在 m 个等级舱位时，且 $f_1 > f_2 > \cdots > f_m$，对于 $f_i > f_j$，为保证收益最大化，等级舱位 i 相对于 j 设置的舱位保护水平 x_j^i 应当满足公式：

$$EMSR_i(x_j^i) = f_i[1 - P_i(x_i)] = f_j \qquad (9.4)$$

记 BL_i 为 i 等级舱位的 ULD 数量限制水平，设可用销售总量为 C；按照上面的公式计算出 x_j^i，然后计算各个等级舱位的载量销售水平（N）：

$$N_1 = C, N_j = \max\left\{0, C - \sum_{i<j} x_j^i\right\}, j > 1 \qquad (9.5)$$

(3) 采用 EMSR 方法的舱位等级控制图。

利用上述方法，航空公司货运舱位控制过程如图 9-6 所示。

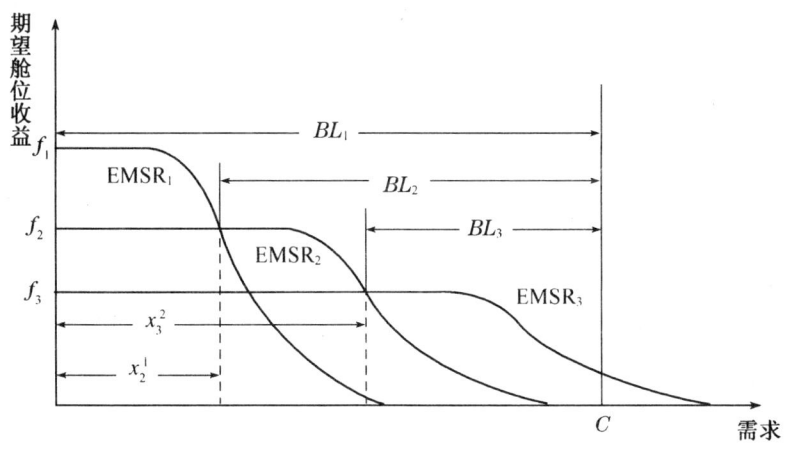

图 9-6 采用 EMSR 方法的舱位等级控制图

(4) 案例分析。

假设在某条航线上的航空公司某一班波音 747-400 货机从上海到浙江运输货物总共有 200 个单元舱位置，价格为 A 舱 1 000 元每 ULD，B 舱 900 元每 ULD，C 舱 800 元每 ULD，各舱位需求与价格如表 9-2 所示。

表 9-2 航班舱位需求与价格

货舱等级	A	B	C
货舱价格(元)	1 000	900	800
期望需求均值(个)	30	90	70
需求标准差(个)	6	10	8

采用以上计算方法,利用 Excel 中的 NORMINV 正态分布函数得出:

$N_A = 200$;

$x_B^A = 23, N_B = C - x_B^A = 177$;

$x_C^A = 25, x_C^B = 78, N_C = C - x_C^A - x_C^B = 97$。

运用 EMSR 模型的订舱限制如表 9-3 所示。

表 9-3 运用 EMSR 模型的订舱限制

货舱等级	A	B	C
预留舱位量(个)	23	80	
订舱限制(个)	200	177	97

(5) 结果分析。

为了航空公司货运收益的提升,在其销售中引入航空客运收益管理思想,根据航空货运需求的不同实施差别定价与服务。那么在建立多等级运价后怎样有效地控制舱位等级是货运收益管理亟待解决的问题。

上述是基于航空客运收益管理,使用 EMSR 模型实现单航段的舱位控制方法,可用于解决航空公司预测阶段的舱位控制问题。

2. 长期舱位控制

航空公司的货运舱位控制阶段分为两个部分:首先,航空公司依据大型贸易团体或者货运代理公司的申请,然后把大多数的货舱舱位按照协定好的价格销售,形成销售合同;然后依据需求预测,航空公司对外公布价格,使货主可以进行订舱。所以,航空货运有两种需求:一种是货运代理公司等大客户对航空货运的长期舱位需求,暂称为长期客户需求;另一种是小型的零散客户的临时舱位需求,暂称为临时客户需求。本部分主要讲述在签订和不签订销售合同的条件下,临时和长期客户需求的舱位分配策略。

(1) 符号说明。

k 表示待运货物的种类,$k = 1, 2, \cdots, n$。d_{ik}^l 和 d_{ik}^s 分别为长期客户和临时客户在第 i 条航线的第 k 种货物的舱位需求量,$i = 1, 2, \cdots, n$。$r \in (-1, 1)$ 为两种客户需求的相关系数。q_{ik}^l 和 q_{ik}^s 分别为在第 i 条航线上被分配给长期客户和临时客户的第 k 种货物的舱位量,其基准为重量。p_{ik}^l 和 p_{ik}^s 分别为在第 i 条航线上长期客户和临时客户的第 k 种货物的单位运量净收益。C_i 为第 i 条航线上最大可用舱位量。

(2) 基本假设。

第一,临时和长期客户需求量遵循正态分布。d_{ik}^l 和 d_{ik}^s 的均值和标准差分别为 u_{ik}^l, u_{ik}^s 和 $\sigma_{ik}^l, \sigma_{ik}^s$。

第二,需求量和舱位量的单位都是重量,当前民航将重量作为计量单位与该假设相符。

第三,不对货运舱位进行超售。

(3) 不签订销售合同的模型。

在现实的运作中,若航空公司与客户签订了大宗的销售合同,那么这种类型的客户的议价能力往往比较强。在这种情形下,航空公司可以使用客运的方法进行处理。以最大化航空公司收益为目的建立舱位分配模型为:

$$\max \sum_{i=1}^{m} \sum_{k=1}^{n} (p_{ik}^l q_{ik}^l + p_{ik}^s q_{ik}^s)$$

$$\text{s. t.} \begin{cases} \sum_{k=1}^{n} (q_{ik}^l + q_{ik}^s) \leqslant C_i \\ q_{ik}^l \leqslant d_{ik}^l \\ q_{ik}^s \leqslant d_{ik}^s \\ q_{ik}^l, q_{ik}^s \geqslant 0 \end{cases} \quad (9.6)$$

该模型约束条件中,第一个表示临时和长期客户的舱位分配量之和不能大于其相对应的最大可用舱位量。而第二个及第三个表示舱位需求量应小于其分配量,且需求量为随机变量。所以,此模型的约束条件共 $m+4mn$ 个,变量为 $2mn$ 个。

(4) 签订销售合同的模型。

如果航空公司与顾客签订的销售合同是长期的,航空公司就能根据长期客户需求改进临时客户需求的预测,增加需求预测的精确性,以向客户分配更适合的舱位量。建立模型如下:

$$\max \sum_{i=1}^{m} \sum_{k=1}^{n} (p_{ik}^l q_{ik}^l + p_{ik}^s q_{ik}^s)$$

$$\text{s. t.} \begin{cases} \sum_{k=1}^{n} (q_{ik}^l + q_{ik}^s) \leqslant C_i \\ q_{ik}^l \leqslant E(d_{ik}^l) \\ q_{ik}^s \leqslant d_{ik}' \\ q_{ik}^l, q_{ik}^s \geqslant 0 \end{cases} \quad (9.7)$$

模型中,$E(d_{ik}^l)$ 指长期客户需求的期望值。因为在与客户签订长期销售合同后,其舱位的需求量波动比较平稳,因此此约束条件为确定型,也就是 $q_{ik}^l \leqslant E(d_{ik}^l)$。$d_{ik}'$ 为通过长期客户需求更新的临时客户需求,其均值和标准差为 u_{ik}', σ_{ik}',且 $u_{ik}' = u_{ik}^s, \sigma_{ik}' = \sigma_{ik}^s \sqrt{1-r^2}$。

(5) 模型的求解。

因为在上述模型的约束条件中都存在随机变量,求解较难,一般使用 Monte-Carlo 仿真法求解。另外,还能将上述模型转换成确定性的规划问题,然后再求解。如果式(9.6)中的第二个和第三个约束条件成立的概率大于等于 α 和 β,且临时和长期客户的需求量满足正态分布,那么依据确定性等价类转化定理,式(9.6)转化为:

$$\max \sum_{i=1}^{m} \sum_{k=1}^{n} (p_{ik}^{l} q_{ik}^{l} + p_{ik}^{s} q_{ik}^{s})$$

$$\text{s.t.} \begin{cases} \sum_{k=1}^{n} (q_{ik}^{l} + q_{ik}^{s}) \leqslant C_i \\ q_{ik}^{l} \leqslant u_{ik}^{l} + \sigma_{ik}^{l} \phi^{-1}(1-\alpha) \\ q_{ik}^{s} \leqslant u_{ik}^{s} + \sigma_{ik}^{s} \phi^{-1}(1-\beta) \\ q_{ik}^{l}, q_{ik}^{s} \geqslant 0 \end{cases} \quad (9.8)$$

同理,式(9.7)转化为:

$$\max \sum_{i=1}^{m} \sum_{k=1}^{n} (p_{ik}^{l} q_{ik}^{l} + p_{ik}^{s} q_{ik}^{s})$$

$$\text{s.t.} \begin{cases} \sum_{k=1}^{n} (q_{ik}^{l} + q_{ik}^{s}) \leqslant C_i \\ q_{ik}^{l} \leqslant u_{ik}^{l} \\ q_{ik}^{s} \leqslant u_{ik}^{s} + \sigma_{ik}^{s} \sqrt{1-r^2} \phi^{-1}(1-\beta) \\ q_{ik}^{l}, q_{ik}^{s} \geqslant 0 \end{cases} \quad (9.9)$$

式(9.8)和(9.9)就是确定型的线性规划模型,求解相对简单。

(6) 实例。

某航空公司在北京—慕尼黑、北京—戴高乐、北京—洛杉矶、北京—法兰克福的4条航线,六个月内的最大可用舱位量都是10 000吨。运输的货物种类有普货($k=3$)、鲜活($k=2$)和快件($k=1$)三种。通过该公司的历史数据可得到这四条航线的三种货物的临时和长期客户需求的单位净收益(见表9-4),并且各航线上这三种货物的临时和长期客户需求分别服从 $d_{i1}^{s} \sim N(500,30)$,$d_{i2}^{s} \sim N(200,10)$,$d_{i3}^{s} \sim N(700,40)$ 以及 $d_{i1}^{l} \sim N(4\,000,200)$,$d_{i2}^{l} \sim N(2\,000,100)$,$d_{i3}^{l} \sim N(5\,000,150)$ 分布。另外,此公司临时和长期客户需求的相关系数为 $r=0.6$,置信水平 α 和 β 为 0.90。

表9-4 航空公司航线的单位净收益　　　　　　　　　　单位:元/kg

	北京—洛杉矶		北京—戴高乐		北京—法兰克福		北京—慕尼黑	
	长期	临时	长期	临时	长期	临时	长期	临时
快件	12	14	13	13	10	11	9	9
鲜活	7	8	7	5	6	6	5	6
普货	5	6	6	7	4	5	4	5

通过模型式(9.8)和(9.9),使用ILog/Cplex软件计算签订和不签订销售合同时临时和长期客户的舱位分配结果,如表9-5和表9-6所示。

表 9-5　不签订销售合同时的舱位分配结果　　　　　　　　　　　　　　　单位：kg

	北京—洛杉矶		北京—戴高乐		北京—法兰克福		北京—慕尼黑	
	长期	临时	长期	临时	长期	临时	长期	临时
快件	3 744	461	3 744	461	3 744	461	3 744	461
鲜活	1 872	187	990	0	1 872	187	1 872	187
普货	3 086	648	4 804	0	3 086	648	3 086	648

表 9-6　签订销售合同时的舱位分配结果　　　　　　　　　　　　　　　　单位：kg

	北京—洛杉矶		北京—戴高乐		北京—法兰克福		北京—慕尼黑	
	长期	临时	长期	临时	长期	临时	长期	临时
快件	4 000	469	4 000	469	4 000	469	4 000	469
鲜活	2 000	190	530	0	2 000	190	2 000	190
普货	2 682	659	5 000	0	2 682	659	2 682	659

通过对表 9-5 和表 9-6 的比较，可以得出，因为临时和长期客户需求存在正相关性，所以航空公司与客户签订长期销售合同后，其所拥有的需求信息就更加精确，使临时客户的舱位分配变得更加合理，从而增加航空公司的收益。在签署了销售合同时，航空公司可得 32 197 600 元的总收益。在不签署销售合同时，其可得到 3 149 306 元的总收益。所以，航空公司可以通过签署销售合同增加 2.2% 的净收益。这是通过签订合同而产生的价值。

本章思考题

1. 请简要阐述我国航空货运市场的发展现状。
2. 航空货运产品与客运产品的共同点有哪几种？请简要说明。
3. 航空货运收益管理的实施相对于客运有哪些特殊？
4. 航空货运收益管理通过哪几个方面实施？
5. 我国航空货运收益管理实施中存在哪些问题？
6. 短期规划由哪几方面组成？
7. 航空货运舱位控制效果的评价指标有哪些？

参考文献

[1] 陈仕优. NF 航空深圳分公司基于收益管理的机票定价策略研究[D]. 南京:南京航空航天大学,2019.

[2] 张亚楠. 基于博弈分析的航空公司动态定价策略研究[D]. 北京:中国民航大学,2015.

[3] 余真翰. 中国民航"禁折令"的"囚徒困境"[J]. 郑州航空工业管理学院学报,2003(03):1-3.

[4] 孙宏燕. A 航空公司收益管理优化研究[D]. 上海:上海外国语大学,2020.

[5] 谢琦. 竞争环境下定价和舱位控制联合决策研究[D]. 南京:南京航空航天大学,2019.

[6] 高金敏,乐美龙,曲林迟. 基于离散时间的定价与舱位控制联合决策[J]. 交通运输工程学报,2016,16(06):125-131.

[7] 李宗活,杨文胜,司银元,刘晓红. 短视型与策略型消费者并存的双渠道两阶段动态定价策略[J]. 系统工程理论与实践,2019,39(08):2080-2090.

[8] http://www.ceair.com/.

[9] 臧兰. C 航空公司机票定价方法研究[D]. 上海:东华大学,2019.

[10] 李沐纯,马素云. 我国高星级酒店收益管理绩效影响因素的实证研究[J]. 旅游科学,2016,30(03):80-94.

[11] 彭杰. 中国民航客运应用收益管理的条件及策略[D]. 成都:四川大学,2002.

[12] 张永莉,张晓全. 航空公司收益管理[M]. 北京:中国民航出版社,2012.

[13] 杜长海. 航空公司收益管理的应用研究[D]. 上海:复旦大学,2013.

[14] 胡一鸣. 我国低成本航空公司竞争战略研究[J]. 时代金融,2018(27):275+280.

[15] 苑永月. 我国低成本航空运营模式优化研究[D]. 德阳:中国民用航空飞行学院,2016.

[16] 崔国伟. 低成本航空公司成本管理研究[D]. 北京:对外经济贸易大学,2015.

[17] 景崇毅,孙宏,曾文水. 机票价格管制问题的博弈分析及解释[J]. 中国软科学,2008(03):140-147.

[18] 曾国军. 收益管理与定价战略[M]. 北京:中国旅游出版社,2018.

[19] 李豪,熊中楷,屈卫东. 基于乘客分类的航空客运座位控制和动态定价综合模型[J]. 系统工程理论与实践,2011,31(06):1062-1070.

[20] 林彦,朱丽萍,张丽. 航空货运收益管理研究[J]. 商场现代化,2007(30):110-111.

[21] 宋绍峰. 收益管理在我国航空货运业中的应用研究[J]. 兰州大学学报,2006(03):125-129.

[22] 马明华. 航空货运舱位优化控制方法研究[D]. 天津:中国民航大学,2013.

[23] 李程. 航空货物运输优化运营若干问题研究[D]. 上海:东华大学,2015.

[24] 罗利,彭际华. 竞争环境下的民航客运收益管理动态定价模型[J]. 系统工程理论与实践,2007(11):15-25.

[25] 许渲. 航空货运舱位存量控制方法研究[D]. 南京:南京航空航天大学,2013.
[26] 赵坤. 航空货运收益管理[D]. 南京:南京航空航天大学,2007.
[27] 朱金福. 航空运输规划[M]. 西安:西北工业大学出版社,2009.
[28] 李雅静. 航空货运舱位优化控制问题研究[D]. 天津:中国民航大学,2010.
[29] 汪瑜. 民航运输收益管理[M]. 成都:西南交通大学出版社,2018.
[30] 张永莉. 航空公司收益管理理论、应用与创新研究[D]. 天津:天津大学,2005.
[31] 李金林,雷俊丽,冉伦,贾慧颖. 航空收益管理柔性舱位控制机制的研究现状与展望[J]. 北京理工大学学报,2012,32(04):331-347.
[32] 潘海莹. 国内航空公司收益管理的应用和研究[D]. 厦门:厦门大学,2007.
[33] 刘军,邱菀华. 收益管理发展的背景和条件[J]. 中国民用航空,2001(02):42-44.
[34] 陈敬光. 航空公司收益管理中的超售策略研究[D]. 重庆:重庆大学,2012.
[35] 吴桐,李东. 航空公司在实施收益管理前需要解决的问题[J]. 中国民用航空,2003(02):55-57.
[36] 高荣环. 航空公司团体旅客收益管理研究[D]. 南京:南京航空航天大学,2010.
[37] 李慧兰. 浅析收益管理在航空公司客运销售中的应用[J]. 沈阳航空工业学院学报,2004(03):92-94.
[38] 董裴君. 航空公司网络舱位控制方法研究[D]. 南京:南京航空航天大学,2007.
[39] 李实萍,崔毅. 风险规避型航空联盟的收益共享机制研究[J]. 工业工程,2014,17(04):47-53+62.
[40] 姜智慧. 航空收益管理机票超售与运量预测问题研究[D]. 山东:山东科技大学,2018.
[41] 陆丹. 机票超售问题及建议[J]. 法制与社会,2016(27):103-104.
[42] 王乙伊. 机票超售法律问题研究[D]. 上海:华东政法大学,2018.
[43] 黄奇. 基于动态定价的航空公司团队收益研究[D]. 南京:南京航空航天大学,2017.
[44] 吕刚. 对基于政府规制的航空公司收益管理分析[J]. 建筑与预算,2019(10):65-68.
[45] 李永超. 基于收益管理的复合预测研究[D]. 大连:大连理工大学,2013.
[46] 潘夏霖. 整合营销视角下的超售策略改进建议[J]. 中国民用航空,2014(01):34-35.
[47] 周艳. 收益管理中座位存量控制的可召回制度研究[D]. 南京:南京航空航天大学,2005.
[48] 刘强. 基于市场预测和竞争分析的航空公司团队收益管理研究[D]. 山东:山东大学,2012.
[49] 李艳华,周兴华. "互联网+"背景下航空收益管理创新[J]. 港口经济,2017(08):48-50.
[50] 徐晓丽. 收益管理国内研究综述[J]. 内蒙古财经大学学报,2014,12(04):66-69.
[51] 周蔷,刘长有. 考虑 No-show 的多航段航空机票定价模型[J]. 交通运输系统工程与信息,2014,14(04):201-208.
[52] 刘玮. 航空客运收益管理中超售问题的研究[D]. 南京:南京航空航天大学,2005
[53] 倪冠群,徐寅峰,徐玖平. 航空收益管理价格和座位在线联合控制策略[J]. 管理科学学报,2014,17(07):10-21.
[54] 乔晗,宋楠,高红伟. 关于欧盟航空碳税应对策略的 Stackelberg 博弈模型分析[J]. 系

统工程理论与实践,2014,34(01):158-167.

[55] 罗利,萧柏春.航空客运平行航班动态定价模型[J].中国管理科学,2012,20(03):104-111.

[56] 谷雨哲.我国航空公司货运收益最大化研究[D].天津:中国民航大学,2014.

[57] 李根道,熊中楷,李薇.基于收益管理的动态定价研究综述[J].管理评论,2010,22(04):97-108.

[58] 席丽娟,徐虹.饭店收益管理的定价决策研究[J].旅游科学,2005(02):43-47.

[59] 施若,顾宝炎.收益管理理论的基础问题及发展研究[J].企业经济,2008(09):12-15.

[60] 王文卿.山航收益管理策略分析[D].济南:山东大学,2013.

[61] 肖勇波,陈剑,刘晓玲.基于乘客选择行为的双航班机票联合动态定价模型[J].系统工程理论与实践,2008(01):46-55.

[62] 黄文宏.航空公司货运收益管理研究[D].厦门:厦门大学,2008.

[63] 梅虎,朱金福,汪侠.基于博弈分析的航空收益管理定价研究[J].预测,2006(06):45-49.

[64] 樊玮,吴桐水.航空公司收益管理研究综述[J].中国民航学院学报,2006(05):42-50.

[65] 陈锐锐.中国民营航空公司收益管理定价问题研究[D].南京:南京航空航天大学,2010.

[66] 谢泗薪,李荣.收益管理的完善与超越——中国民航客运收益管理案例[J].管理科学,2005(02):78-84.

[67] 陈志刚.收益管理:航空业价格歧视的实现策略[J].管理现代化,2003(06):49-51.

[68] 康锦江,张玉庆,陈静.航空收益管理及对中国企业的启示[J].东北大学学报(社会科学版),2003(06):420-422.

[69] 张意文.航空公司收益管理中团队旅客预定问题研究[D].南京:南京航空航天大学,2015.

[70] 易陵.基于收益管理的客运专线超售策略研究[D].四川:西南交通大学,2011.

[71] 黄为,刘永俊.航空公司收益管理初探[J].民航经济与技术,1998(05):25-28.

[72] 都业富.航空运输管理预测[M].北京:中国民航出版社,2001.

[73] 郭晖.论航空客运收益管理[D].上海:华中师范大学,2002.

[74] 安宁.民航高端经济舱动态订价方法研究[D].南京:南京航空航天大学,2015.